John Fisher

Vom Strolch zum Freund

Das ABC für Problemhunde

Inhalt

4

Einführung

Es ist 10 Minuten vor 23 Uhr. Der Film ist gerade so spannend, daß ich das Ende kaum abwarten kann – da klingelt das Telefon. Ich vergaß, den Anrufbeantworter einzuschalten! Ich wette, jemand wurde gerade gebissen oder der Ehemann kann nicht ins Bett, weil der Hund es nicht zuläßt. Warum warten Hunde mit ihren Problemen immer auf die spannendsten Momente im Fernsehen?

'Hallo, hier spricht John Fisher'.

'Mr. Fisher, ich heiße Adrian Silvey, ich habe Ihre Nummer von meinem Tierarzt bekommen.'

Ganz bestimmt nicht nachts um 11, denke ich.

'Es geht um unseren 7 Monate alten Parson Jack Russell Terrier namens Zippy. Er möchte dauernd George decken.'

Ich widerstehe der Versuchung eines Kommentars, ob man derartiges Verhalten von einem Parson Jack Russell Terrier nicht erwarten dürfe und frage statt dessen, wer George ist.

'George ist unser Kater! Wir gehen mit Zippy in die Hundeschule und sind gut vorangekommen, aber wir können ihm nicht abgewöhnen, sich bei jeder Gelegenheit auf den Kater zu stürzen...das Problem ist, ich habe das Gefühl, der Kater gewöhnt sich daran!'

Es ist eine seltsame Lebenserfahrung – je später der Abend, desto dümmer die Fragen. Vielleicht rufen mich die Leute extra am späten Abend an, weil sie glauben, daß ich tagsüber einem 'richtigen' Beruf nachgehe. Das ist nicht der Fall. Dies ist mein Beruf. Unter anderem versuche ich, die Befürchtungen der Hundebesitzer, ihr Hund könne sexuell pervers sein, auszuräumen. In Zippys Fall handelt es sich um ganz normales männliches Dominanzverhalten, verbunden mit einer hormonellen Aktivität. Er hat sich von einem 'es' in einen 'er' verwandelt. Mangels eines anderen Hundes konzentriert Zippy sein sexuelles Dominanzverhalten auf die arme alte Katze. Mr. Silvey war ernsthaft besorgt über das Verhalten des Hundes, beruhigte sich aber, als ich ihm erklärte, daß zwei Möglichkeiten bestehen: Entweder gewöhnt sich Zippy das ab, wenn sich sein Hormonspiegel normalisiert hat, oder die Katze wird es leid und bringt Zippy auf Katzenart bei, es

7

sein zu lassen. Falls Mr. Silvey Zippys Verhalten nicht ertragen kann oder Zippy gerade die Katze vergewaltigt, wenn der Pfarrer zu Besuch ist, dann kann ein wohlgezielter Wasserstrahl aus einer Sprühflasche die erhitzten Gefühle kühlen. Sollte sich die Familie zu dieser Abwehrmaßnahme entschließen, muß darauf geachtet werden, daß George nichts abbekommt, der arme Kerl muß schon genug erdulden. Ebenso wie ich, denn gerade erscheint der Nachspann meines Films auf dem Fernsehapparat!

Ich will damit nicht sagen, daß ich täglich solche Anrufe bekomme. Die meisten Gespräche handeln von aggressiven Hunden, heulenden Hunden, sogar solchen, die sich selbst verstümmeln oder unter Zerstörungswut leiden – tatsächlich geht es um eine Vielzahl nicht sozialer und unerträglicher Verhaltensweisen. Nur wenige Probleme können am Telefon gelöst werden. Man muß sich meist intensiv mit der Familie befassen und den Hund in bestimmten Situationen beobachten. Wir legen den Hund ganz sicher nicht auf die Couch und fragen ihn, ob ihn seine Mutter gequält habe.

Bei den meisten Problemen, die dem Verhaltenstherapeuten vorgetragen werden, handelt es sich um normales Hundeverhalten am falschen Ort zur falschen Zeit. Ziel dieses Buches ist, die ursächlichen Instinkte zu klären, die den Hund tun lassen, was er tut, und wie wir diese Instinkte in Bahnen lenken können, so daß wir damit leben können.

Ein Hund soll als Lebensgefährte Freude machen. Wenn Frust und Unannehmlichkeiten diese Freude überwiegen, dann ist dies das richtige Buch für Sie!

Halt, warten Sie – da klingelt schon wieder das Telefon. 'Was meinen Sie damit, Zippy hat George gerade einen Blumenstrauß gekauft....?'

Teil 1

Verhaltenstherapie für Hunde

1

Was ist ein Verhaltenstherapeut?

Das Oxford Wörterbuch sagt dazu "Behandlung neurotischen Verhaltens durch allmähliches Training, um Normalverhalten zu erzielen". Gewissermaßen beschreibt dies meine Arbeit. Aber nicht allen meinen Patienten kann durch Training geholfen werden. Und nicht alle meine Patienten sind neurotisch. Entgegen dem beliebten Glauben, es gäbe keine schlechten Hunde, nur schlechte Hundebesitzer, kann ich sagen, nicht alle Besitzer meiner Hundepatienten sind neurotisch.

Die Ursachen für Verhaltensprobleme sind vielfältig. Eine genauere Beschreibung meiner Arbeit wäre: Herausfinden der Ursache für ein bestimmtes Verhalten; Entwurf eines Verfahrens, das Verhalten zu verändern; und dem Hundebesitzer die Anwendung des Verfahrens verständlich zu machen.

Verhaltenstherapie für Hunde ist eine recht neue Wissenschaft, aber ich glaube, sie wird rascher akzeptiert als jede andere neue Wissenschaft bisher. Natürlich gibt es immer noch einige Unbelehrbare, die Fortschritt niemals anerkennen, wie die "Ich habe mich über 30 Jahren mit Hunden befaßt"-Truppe. Ein Kollege hatte darauf eine passende Antwort: "Ich habe ebenso lang Luft eingeatmet, aber deshalb bin ich noch lange kein Chemiker."

Was dazu führte, daß ausgerechnet diese neue Idee so gut ankam, liegt an den unglaublichen Ergebnissen, die bei der Behandlung von Problemhunden erreicht wurden – manchmal sogar innerhalb weniger Tage.

Tierärzte werden zuerst zum Verhalten oder Fehlverhalten der

9

Hunde befragt. Natürlich haben sie gerade dann ein Wartezimmer voller Patienten. Sie haben einfach keine Zeit, nach der Ursache zu forschen und eine Behandlungsweise zu empfehlen. Bisher konnte man den Hundebesitzer nur an den örtlichen Hundeausbildungsverein verweisen. Doch das Üben der Leinenführigkeit macht den Hund nicht stubenrein.

Heute kann der Tierarzt auf Fachleute verweisen, die das Problem ausführlich durchsprechen können, die Erfahrung, Zeit und Verständnis besitzen, um praktische Hilfe anbieten zu können.

Anfang 1989 war ich bei einem Treffen mit Leuten, die sich ausschließlich mit den Nöten von Problemhundbesitzern befassten. Unser größtes Problem waren all die Ratschläge, die die Hundebesitzer vor dem Gespräch mit uns erhalten hatten. Aufgrund dieses Treffens wurde ein Dachverband gegründet, mit dem Ziel Fachleute zu erfassen, die auf Empfehlung der Tierärzte herangezogen werden. Wir hoffen, daß es sich im Laufe der Zeit unter den Hundebesitzern herumspricht, daß es einen solchen Verband gibt und man nur bei einem Mitglied dieses Verbandes Rat sucht.

Innerhalb kurzer Zeit wurde der offensichtliche Bedarf eines solchen Verbandes deutlich. Die Association of Pet Behaviour Counsellors (APBC) (Verband der Haustierverhaltensberater) hat heute Mitglieder in vielen Ländern und alleine 50 Beratungsstellen in Großbritannien. Die meisten befinden sich bei Tierarztpraxen, drei davon an tiermedizinischen Fakultäten. Insgesamt sehen wir über 2.000 Fälle im Jahr, von denen jeder meist mehrere Probleme zu bewältigen hat.

Ein Vorteil, dieser Organisation anzugehören wurde erst kürzlich klar. Ich besprach mit einem Hundebesitzer das gegen Hunde aggressive Verhalten seiner dreijährigen Staffordshire Bull Terrierhündin, als ich bemerkte, daß ihre Beine ständig zitterten. Befragt, ob das normal sei, sagte er ja, er glaubte, es sei rassetypisch. Sie tat es schon im Alter von 12 Wochen, als er sie bekam. Ich fragte, ob sie schon immer aggressiv gegen Hunde war. Er bejahte dies, aber es schien schlimmer zu werden. Als ich ihn fragte, ob auch das Zittern in letzter Zeit schlimmer geworden wäre, meinte er nach einigem Nachdenken, das könne wohl sein.

Ich weiß, daß häufig Muskeln bei ruhenden Hunden zucken, insbesondere, wenn sie einmal Staupe hatten; aber diese Muskeln zuckten ständig, egal was der Hund auch tat. Ehe ich mit meiner

Mein Problem ist, daß ich mich stets wie ein Hund verhalte!

Behandlung fortfahren konnte, mußte ich die Ursache dafür kennen und ob es mit dem aggressiven Verhalten zusammenhängen könnte. Ich rief ein Mitglied des Verbandes an, ob er schon Ähnliches gehört hätte. Die Antwort lautete: Ja, zweimal, und beide Fälle waren ernährungsbedingt.

Obgleich es keine Anzeichen dafür gab, daß der Hund in irgend einer Weise nicht richtig ernährt wurde, empfahl ich zunächst eine kurzfristige Futterumstellung und bat den Besitzer um Bericht, sobald sich etwas veränderte. Drei Tage später rief er mich an, das Zittern hatte aufgehört, und er habe einen deutliches Nachlassen des aggressiven Verhaltens bemerkt.

Alles, was ständig das zentrale Nervensystem belastet, beeinflußt das Verhalten, wenn die Belastung zu groß wird. Das war offensichtlich der auslösende Faktor für die Aggression dieses Hundes. Durch den Austausch von Erfahrungen und Erkenntnissen können die Mitglieder des APBC dem Hundebesitzer den bestmöglichen Rat zu erteilen. Dies ist nur eines von vielen Beispielen, in denen wir Fallhistorien besprechen und dem Patienten helfen konnten. Jeder zieht Vorteile aus dieser Zusammenarbeit – der Hundebesitzer, der Tierarzt, der sich über einen glücklichen Patienten freut und wir selbst, denn wir lernen aus den Erfahrungen anderer.

Ich finde, der Hauptunterschied zwischen dem Herangehen an das Verhalten im Gegensatz zur herkömmlichen Ausbildungsvorgehensweise liegt darin:

Der Ausbilder empfiehlt einen Weg, das Verhalten zu kontrollieren.

Der Verhaltenstherapeut beseitigt die Ursache des Verhaltens, so daß keine Kontrolle mehr erforderlich ist.

2

Was beeinflußt Verhalten?

Ernährung

Wir haben die Ernährung als mögliche Ursache für bestimmte Verhaltensweisen beim Hund berührt. Bei dem Beispiel war der Zusammenhang nicht offensichtlich, aber meist ist er es.

"Man ist was man ißt" ist ein oft zitiertes, aber selten verstandenes Sprichwort. Ich denke, daß wir alle inzwischen akzeptieren, daß vieles, was Kinder heute so gerne essen, ihr Verhalten beeinflußt und ihre Konzentrationsfähigkeit beim Lernen stört. Diese Nahrungsmittel sind möglicherweise eine Folge unserer veränderten Lebensweise: je schneller wir essen, desto schneller können wir uns wieder ans Geldverdienen machen. Die Nahrung muß schmackhaft, gut zu lagern und schnell zuzubereiten sein. Das bedeutet in vielen Fällen Geschmacksverstärker, Konservierungsmittel und idealerweise die Eignung für die Zubereitung in der Mikrowelle.

Hundefutter hat ebenfalls eine Revolution hinter sich, und die Tierfutterindustrie beherrscht heute einen Multimilliardenmarkt. Vorbei sind die Zeiten, als Hunde noch mit Essensresten gefüttert wurden – es gibt heute eine riesige Auswahl an Leckerbissen, unter denen der Hundebesitzer wählen kann. Aber wie wissen wir, welches Futter das beste für unseren Hund ist? Hören wir auf die Futtermittelhersteller, dann ist jedes Futter ideal für jeden Hund. In bezug auf den Menschen sehen wir die Wahrheit in dem Spruch "man ist was man ißt". Aber wir denken selten so, wenn es um unsere Haustiere geht. Sie können uns nicht sagen, daß sie Kopfschmerzen bekommen, wenn wir ihnen Milch geben – Menschen können das; sie können uns nicht sagen, daß die Schokodrops sie unruhig und aggressiv machen – Menschen könnten das; sie können uns nicht erklären, daß eine bestimmte Nahrung eine allergische Reaktion hervorruft – Menschen würden schnell Zusammenhänge erkennen. Es gibt nur eine Möglichkeit, diese Informationen von unseren Hunden zu erhalten, nämlich ihr Verhalten insbesondere kurz nach dem Fressen oder Trinken zu beobachten.

Folgendes Beispiel verdeutlicht, was ich meine. Ich wurde von

einem erfahrenen Rottweilerzüchter um Rat zum Verhalten eines seiner Welpen gebeten, den er an Erwachsene (keine Kinder, ziemlich ruhig) verkauft hatte. Der 12 Wochen alte Welpe begann ganz unvermittelt im Zimmer herumzurennen und gegen Anwesende aggressiv zu werden. Der Züchter und seine Frau hatten die neuen Besitzer besucht und das Verhalten beobachtet. Nach ihrer Meinung war das nicht normal und stand im Widerspruch zum Charakter und der Aufzucht des Welpen. Die neuen Besitzer hatten alle Anweisungen des Züchters befolgt, man hatte ihnen sogar ein Video über die Entwicklung des Hundes, frühe Sozialisierung, Welpenerziehung usw. mitgegeben.

Der Züchter war überzeugt, daß mit dem Wesen des Hundes alles in Ordnung war, aber auch, daß man den Besitzern keine Schuld zusprechen konnte. Da ich den Züchter seit einigen Jahren kannte, respektierte ich sein Urteilsvermögen und schlug vor, mir den Hund vorzustellen. Der Züchter und seine Frau sollten mitkommen.

Sie waren alle pünktlich: Mama, Papa, Omi, Züchter, Züchterehefrau und der süßeste Rottweilerwelpe, den ich seit langem gesehen hatte. Er war ein sehr aufgeschlossener, zutraulicher Welpe, aber er zeigte keine Frühanzeichen eines dominanten Charakters, wie ich es aufgrund des aggressiven Verhaltens erwartet hatte.

Rief ich ihn, kam er gerne und fröhlich heran, aber mit der angemessenen Ergebenheit (tiefe Kopfhaltung, Vermeidung von Augenkontakt). Ich bat den Besitzer, ihn zu rufen, doch ich hinderte ihn am Kommen. Nach einigem Zappeln ergab er sich in die Tatsache, daß ich ihn nicht losließ, aber er verhielt sich nicht ag-

14

gressiv. Ich spielte mit ihm, rollte ihn auf den Rücken, hielt ihn in dieser Position etwa 30 Sekunden lang fest. Wieder versuchte er aufzustehen, doch dann lag er ziemlich passiv da. All das zeigte mir, daß er ein freundlicher, zutraulicher und nicht übermäßig dominanter Welpe war.

Wir unterhielten uns noch etwa 10 Minuten über die tägliche Routine rund um den Hund. Inzwischen war der Welpe auf den Füßen seines Herrn eingeschlafen. Bis dahin war ich ratlos. Der einzige Beweis, den ich für das aggressive Verhalten hatte, war eine 5 cm lange Wunde an der Hand des Besitzers, die meiner Meinung nach genäht werden mußte.

Gerade als ich mich gänzlich geschlagen geben wollte, zuckte ein Vorderlauf des Welpen – nicht immer, eher krampfartig, als ob ihn eine Fliege kitzelte. Der Welpe wachte auf und beknabberte die Pfoten und Läufe. Innerhalb weniger Minuten tobte er in meinem Büro umher, knurrte und schnappte nach jedem, der ihm in den Weg kam. Es war jedoch zu bemerken, daß die Aggression gegen sich selbst, insbesondere die Läufe, gerichtet war.

Ich hatte herausgefunden, daß er noch immer viermal täglich gefüttert wurde, und daß das Futter noch immer das war, was der Züchter empfohlen und selbst gefüttert hatte (das gleiche Futter, mit dem er vorher erfolgreich mehrere Würfe aufgezogen hatte). Trotzdem vermutete ich einen Zusammenhang mit der Nahrung, denn das hemmungslose Pfoten- und Läufebeißen war ein klassisches Zeichen einer allergischen Reaktion. Weitere Nachforschungen ergaben, daß das Verhalten stets innerhalb 2 Stunden nach dem Füttern auftrat und immer gleich ablief. Es begann stets mit einem Zittern im Bein.

Eine Nahrungsumstellung ergab, daß dieser bestimmte Welpe, obgleich er das Futter vorher vertragen hatte – nun eine bestimmte Zutat nicht mehr vertragen konnte. Innerhalb von 24 Stunden war das Problem gelöst.

Veraltete Ausbildungsmethoden

In obigem Beispiel wurde der Hund nicht bestraft, weil er noch ein Welpe war. Wäre er älter gewesen, hätte man ganz sicher strenge Erziehungsmaßnahmen ergriffen, ehe man fachlichen Rat gesucht hätte. Ebenso sicher hätte sich das Verhalten verschlimmert. Es ist eine Eigenart des Menschen, bei der Hundeerziehung Strafen als Ausbildungshilfen anzuwenden. Stets führt dies dazu, die Symptome zu bestrafen, anstatt die Ursache herauszufinden und mit der Wurzel auszureißen.

In Anbetracht der großen Fortschritte, die in anderen Erziehungsbereichen wie sie beispielsweise in der Kinderpsychologie und in der Medizin gemacht wurden, ist es traurig, daß bei der Mehrheit der hiesigen Hundeausbildungsvereine noch die gleichen Techniken angewandt und Ratschläge erteilt werden, wie vor Jahrzehnten. Zugegeben, es gibt immer mehr fortschrittlich denkende Ausbilder, aber es gibt noch immer viel zu viele der alten Schule, die fest daran glauben, daß ihre Methoden erfolgreich sind, trotz der Tatsache, wie wir in Kapitel 3 sehen werden, daß das Verhalten des modernen Haushundes Problemlösungen durch Erziehung nicht zuläßt.

Einer meiner Klienten erzählte mir, daß er einen Kurs bei einem privaten Hundeausbilder besucht habe, weil sein Hund mit anderen raufte. Am Kursende ging der Hund bei Fuß, machte auf Kommando Sitz und Platz – bis er einen Hund sah. Dann überhörte er alle Kommandos und griff an. Als er dem Ausbilder mitteilte, daß der Hund noch immer raufte, riet er ihm, sich das nächste mal in den Kampf einzumischen, den Hund geradewegs nach Hause zu bringen, ihn dort zwei Stunden lang in einen dunklen Schrank einzuschließen und den ganzen Tag nicht zu füttern.

Selbst mit nur geringer Kenntnis der Hundeerziehung bemerkt man, wie sinnlos eine solche Langzeitstrafe ist, so weit entfernt von der Missetat, daß es keinen Lerneffekt geben kann. Aber dieser Ausbilder verdient seinen Lebensunterhalt damit, derartige Ratschläge zu erteilen.

Am gleichen Tag hörte ich von einem anderen Ausbilder, der demonstrierte, wie man einen Hund daran hinderte, die Treppen hinaufzugehen. Er erlaubte dem Hund hochzugehen, hob ihn oben hoch und warf ihn herunter. Der Hund schlug mit dem Kopf gegen einen Heizkörper und war bewußtlos. Er brüstete sich damit, daß seine Methoden Erfolg haben, weil niemand mehr auf ihn zurückkam. Das Beängstigende ist, daß solche Menschen glauben, im Recht zu sein.

Diese Art Micky Mouse Ratschlag ist gar nicht so selten, wie man annehmen möchte. Sicherlich höre ich mehr davon als andere Leute: über 55 % meiner Klienten haben den Weg über die Erziehung gewählt, ehe sie Rat bei ihrem Tierarzt suchten und zu mir geschickt wurden. Es gibt natürlich einige hervorragende Ausbilder und Hundevereine. Ich rate, sich auf persönliche Empfehlung oder die Empfehlung des Tierarztes zu verlassen.

Selbst wenn die Methoden nicht so dumm oder hart sind, wie in meinen beiden Beispielen, können viele herkömmliche Erziehungsmethoden eher einen nachteiligen Effekt auf das zu heilende Verhalten haben. Nehmen wir z.B. das aggressive Verhalten gegenüber Hunden und betrachten wir die üblichen Methoden in einem Hundesportverein.

Dem Besitzer wird gesagt, den Hund bei Fuß absitzen zu lassen und die Halskette hoch am Hals zu halten, gerade hinter den Ohren. Andere Hunde werden vor dem Hund auf und ab geführt. Jede aggressive Reaktion des Hundes wird mit hartem "Pfui" und Ruck an der Halskette geahndet. Als Ergebnis hat der Hund meist Angst vor aggressivem Verhalten, wenn er sich auf dem Gelände des Hundesportvereins befindet und die Halskette hoch hinter seinen Ohren sitzt – und er lernt, daß andere Hunde Vorboten der Strafe sind. Es erscheint ihm sinnvoll, in einer anderen Lage den fremden Hund rechtzeitig zu vertreiben. Ergebnis: kontrolliert im Verein, doppelt so aggressiv draußen – genau das Gegenteil dessen, was man erreichen wollte. (Alternative Methoden werden in Teil 3 Seite 185 besprochen).

Betrachten wir nun die dummen und harten Beispiele privater Ausbilder und sehen, was ein Hund aus diesen Methoden lernt.

Methode 1)

| Lehrmethode | eingeschlossen in dunklen Schrank und 1 Tag hungern lassen |
| Lerneffekt | wann immer mein Herr die Schranktür öffnet, versuche ich zu entwischen |

Methode 2)

| Lehrmethode | den Hund die Treppe hinaufgehen lassen, ihn runterwerfen, vorzugsweise auf einen Heizkörper |
| Lerneffekt | Wann immer der Ausbilder im Hause ist, halte dich fern. Wenn die Besitzer |

17

es ihm gleichtun, halte dich fern.
Wenn sie dich fangen wollen, verteidige
dich durch Beißen.

So würde ich jedenfalls lernen, wenn ich ein Hund wäre, denn
ich hätte ja keine Ahnung warum man mich derart mißhandelte.
Menschen haben die Fähigkeit, eine Strafe mit einer zurücklie-
genden, unerwünschten Tat zu verbinden; deshalb entspricht die
Strafe der Tat, vorausgesetzt sie wurde dem Täter erklärt.
Hunde können nicht logisch denken. Sie lernen durch eine Folge
von angenehmen und unangenehmen Erfahrungen, die innerhalb von Sekunden nach einer bestimmten Handlung folgen. So
verstehen wir, warum
– die Anwendung der Kette hinter den Ohren, den sitzenden
Hund dazu bringt, andere Hunde zu hassen, die ihm nahekommen.
– bei Methode 1 der Hund lernt zu entwischen, wann immer der
Besitzer zu diesem Schrank geht.
– bei Methode 2 der Hund lernt, Menschen unter bestimmten
Umständen zu meiden, besonders wenn sie die Treppe hinaufge-
hen, oder Besitzer, die ihren Arm um den Hund legen.
Nun sollte das Problem mit den herkömmlichen Erziehungsmethoden klar sein: Wir wissen, was wir vermitteln wollen, aber versteht der Hund das? Diese Frage sollten wir uns stellen, ehe wir
ein Ausbildungsprogramm beginnen, egal wer den Rat erteilt.
Ehe ich dieses Thema verlasse, möchte ich auf einen Vorfall
zurückkommen, der mir vor einiger Zeit erzählt wurde. Eine
Dame besaß einen besonders wilden, aber gutmütigen Hund. Sie
wollte mehr Kontrolle über ihn haben und schloß sich einem
Hundeausbildungsverein an. Am ersten Abend zerrte der Hund
sie in den Saal und riß den Tisch um, auf dem Kaffee und Tee
ausgegeben wurden. Es gab einige Minuten lang Tumult, und als
sich alles beruhigt hatte, schloß man die Dame mit Hund zur
Strafe während der ersten Unterrichtsstunde in einen Schrank
ein. Ich brauche nicht zu sagen, daß sie an keiner zweiten
Übungsstunde mehr teilnahm. Ich muß zugeben, daß es sich um
ein extremes Beispiel handelt, aber es zeigt, daß manche Menschen, die sich für Ausbilder ausgeben, keineswegs die Fähigkeiten dazu besitzen.

Umwelteinflüsse

In Kapitel 3 sehen wir, wie drastisch sich die Lebensumstände der Hunde innerhalb kurzer Zeit verändert haben und wie solche Veränderungen Probleme bei den Hunden hervorrufen können. Bis zu einem gewissen Grade beschreibt Kapitel 3 die Umwelt und ihren Einfluß auf den Hund, aber jetzt möchte ich Sie darauf aufmerksam machen, wie sich unsere Hunde uns anpassen, damit Sie bei Kapitel 4 besser verstehen, wie diese Veränderungen das Verhalten beeinflussen können.

Das moderne Leben läuft viel schneller und unter höherem Wettbewerbsdruck ab als jemals zuvor. Folgen sind zunehmend streßbedingte Erkrankungen beim Menschen. Zweifellos werden unsere Haustiere unbewußt als Streßableiter benutzt. Besonders Hunde fühlen unsere Launen und Gemütsregungen, dennoch begrüßen sie uns immer wieder mit großer Freude. Es ist medizinisch bewiesen, daß das Streicheln eines Haustieres den Puls verlangsamt und den Blutdruck senkt. Kurz gesagt, Hunde sind gut für uns, heute mehr denn je in dieser langen Lebensgemeinschaft. Aber sind wir gut für die Hunde? Beeinflußt diese enorme Belastung, die wir ihnen unbeabsichtigt aufbürden, ihr Verhalten? Wir müssen zwei Bereiche abklären, ehe wir diese Frage beantworten können. Erstens, ob die Hunde unsere Gemütsregungen so sensibel empfinden, wie wir glauben, und zweitens, ob es einen Wandel in unserer Einstellung zum Hund gegeben hat.

Hunde uns gegenüber

Wahrscheinlich kennen Sie Geschichten über Hunde, deren Verhalten einen sog. sechsten Sinn vermuten läßt. Für viele gibt es eine logische Erklärung, wenn man weiß, wie hoch entwickelt die Sinne unserer Hunde sind, insbesondere der Geruchssinn, Hörbereiche, größeres Umfeldsehen und das Vermögen, Bewegung zu erkennen. Dennoch gibt es Dinge, die sich nicht so leicht erklären lassen. Die Frage nach den psychischen Fähigkeiten der Hunde muß unbeantwortet bleiben, aber dies ist nicht das Feld der Sensibilität, das ich erforschen möchte. Vielmehr betrifft es seine Rolle innerhalb der Familie.

Wenn wir einen Raum betreten und Spannungen fühlen, kann dies auch ein Hund? Fühlen wir eine solche Spannung, verändern wir unser Verhalten entsprechend. Vorausgesetzt, Hunde spüren das auch, wie gehen sie damit um?

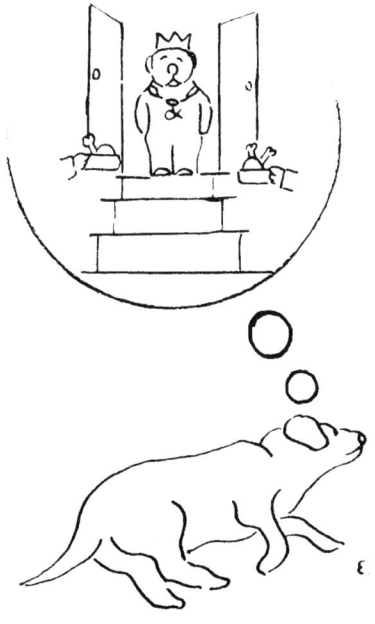

...manchmal Platz 1

Meiner Erfahrung nach sieht der Hund seine Rolle in der Familie nicht nur im Streicheltier. Der Hund betrachtet sich selbst als einen Teil der Einheit oder der Meute. Er stuft jeden Menschen auf einen bestimmten Rang in bezug auf sich selbst innerhalb der Meute ein. Fragten wir eine Familie von 5 Personen, wo sie den Hund einstuften, dann wäre dies unweigerlich Platz 6. Der Hund sieht das selten so. In den meisten Problemfällen, die ich zur Behandlung vorgeführt bekomme, sieht sich der Hund auf Platz 2 oder 3, manchmal auf Platz 1.

Der Hund hält sich sehr viel mehr für einen Bestandteil der Familieneinheit – nicht als ein Anhängsel, wie wir die Struktur erleben. Als Teil und nicht Anhängsel der Familie, hat der Hund sehr viel mehr mit den täglichen Abläufen in der Familie zu tun. Man braucht einen Hund nur bei einem Familienkrach zu beobachten, wie besorgt er dreinschaut. Im Falle von ständigen Familienstreitigkeiten wurden schon die seltsamsten Verhaltensweisen bei Hunden beobachtet – Kotabsetzen auf dem Bett, dem Tisch oder auf sauberer Wäsche. Würde sich ein Kind so verhalten, wäre sofort klar, daß es sich um ein psychologisches Problem handelt, und man riefe um Hilfe. Bei einem Hund denken wir sofort an ein Erziehungsproblem.

Kürzlich brachte man mir einen drei Jahre alten Berner Sennenhundrüden namens Guiness. Er lebte mit Erwachsenen zusammen, Vater, Mutter, einer 21 und einer 19 Jahre alten Tochter und einem 18jährigen Sohn. Man hatte Guiness mit 8 Wochen bekommen, und er war ein perfekter Familienhund. Grundlos begann er, die 19jährige Tochter anzugreifen, zuletzt jagte er sie die Treppe hinauf und brachte ihr mit den Eckzähnen einige tiefe Wunden in den Waden bei. Hätte er sich den übrigen Familienmitgliedern gegenüber nicht tadellos benommen, wäre er sicher eingeschläfert worden.

Als ich Guiness und seiner Familie begegnete, war deutlich, daß es ein Problem zwischen ihm und dieser Tochter gab. Er war in Anwesenheit aller, auch mir, vollkommen entspannt, doch er wurde sofort aufmerksam, sobald sie sich bewegte oder sprach. Er sah alle gleichermaßen an, aber sie beobachtete er auf Schritt und Tritt. Doch da war noch etwas, und es dauerte eine ganze Zeit, bis ich es herausfand. Es gab Spannungen zwischen Mutter und Tochter, die nur durch kaum merkliche Anzeichen kenntlich wurden. Vermeidung direkten Augenkontakts, man lächelte sich im Gespräch nicht an, man hielt Abstand – je mehr ich sie beobachtete, desto mehr sah ich.

Manchmal verlangt mein Beruf meine Nase in Dinge zu stecken, aus der ich sie lieber heraushielte. Man hatte mir versichert, daß es keine Familienprobleme gäbe, die das Normale überstiegen. Ich beschloß, etwas tiefer zu schürfen. Man redete ein wenig um den heißen Brei, bis endlich der Sohn meinte, man sollte es mir sagen, denn ich würde es ohnehin erraten.

Diese Bemerkung sparte uns allen viel Zeit. Die Tochter wollte seit einigen Wochen das Haus verlassen und zu ihrem Freund ziehen. Die Mutter mochte den Freund nicht und erlaubte den Umzug nicht. Das Verhältnis war mehr als gespannt. Guiness spürte offenbar, daß der Grund für den häuslichen Unfrieden die Tochter war, und er tat, was die Mutter gerne getan hätte: er disziplinierte sie und verwies sie auf ihren Platz.

21

Warum der Hund glaubte, dies sei seine Aufgabe, ist eine ganz andere Sache und wird in Kapitel 3 ausführlich behandelt. Für den Augenblick zeigt diese Begebenheit nur, wie sehr sich der Hund in die Familie einbezogen fühlte. Weil wir leider den Hund nicht als Familienmitglied akzeptieren, werden viele Hunde wegen Fehlverhaltens eingeschläfert (sofern kleine Kinder in Gefahr sind, ist diese Entscheidung, wenn auch traurig, doch sicher richtig). Betrachten wir das Geschehen aus der Sicht des Hundes, können viele Probleme gelöst werden.

Wir gegenüber Hunden

Viele schaffen sich einen Hund als Begleiter an, seit es modern ist, Hunde als Hausgenossen in Familien zu halten. In letzter Zeit werden immer mehr Hunde aus weniger gutem Grund gehalten. Kürzlich wurde ich von einem rund um die Uhr arbeitenden Ehepaar um Rat gefragt, welcher Hund wohl für sie in Frage käme, obwohl sie Hunde so gar nicht mochten.

Ihr 6jähriger Sohn, der von anderen Leuten betreut wurde, weil sie keine Zeit hatten, hatte angefangen bettzunässen und war tagsüber zügellos. Der Arzt hatte ihnen geraten, einen Hund anzuschaffen, damit das Kind Verantwortung und eine Bezugsperson bekommen sollte. Eigentlich hätte das Ehepaar zu diesem Zeitpunkt bemerken sollen, daß sie besser geeignet wären als ein Hund, aber sie waren so mit ihrer Arbeit beschäftigt, daß sie noch nicht einmal in Betracht zogen, dem Kind mehr Zeit zu widmen.

Ich weigerte mich zu helfen und schlug ziemlich direkt vor, daß obgleich Ärzte beginnen, den therapeutischen Wert von Hunden zu erkennen, sie keinesfalls in Familien untergebracht werden sollten, die sich ihm nicht widmeten, und ganz bestimmt nicht als Elternersatz. Natürlich kauften sie einen Hund, der nach ein paar Wochen wieder abgegeben wurde, weil er gegen die Eltern aggressiv wurde – nicht gegen das Kind. Ich weiß genau, was in dem Hund vorging, und trotz der traurigen Umstände finde ich es faszinierend, wie rasch der Hund die aggressive Einstellung des Kindes gegenüber seinen Eltern aufnahm.

Sicherlich handelte es sich hier um eine Ausnahmesituation, aber es kommt nicht selten vor, daß Hunde als Ersatz gebraucht werden. Jahrelang war das Muster des Hundehalters: Heirate, bekomme Kinder, schaffe einen Hund an. Heute ist es eher so, daß beide Eltern eine eigene Karriere haben. Gleichberechtigung, Lebenshaltungskosten, materieller Gewinn, sind nur einige Gründe für diesen Trend. Das Ergebnis ist eine merkliche Veränderung im Muster des Hundehalters: heirate (vielleicht), kaufe einen Hund, bekomme ein Kind, werde den Hund los.

Es scheint, daß die Paare, um ihre eigene, individuelle Karriere verfolgen zu können, die Kinder auf ein späteres Datum vertagen. Doch es scheint auch eine Art Freudscher Bedarf zu bestehen, gemeinsam etwas Lebendes zu hegen, und darum kauft man sich einen Hund. Der Hund wird Kindersatz. Klienten, die keine Kinder haben, gehen mit ihren Hunden gänzlich anders um als diejenigen mit Kindern.

Das macht sie nicht notwendigerweise zu schlechten Hundehaltern – sie hätten sich sonst nicht die Mühe gemacht, ihre Probleme mit dem Tierarzt zu besprechen und mich dann aufzusuchen. Sobald ihnen die Ursachen für das Fehlverhalten ihres Hundes klar geworden sind, bemühen sie sich intensiv um Besserung, und das mit mehr Erfolg, weil es keine Kinder gibt, die sie ablenken. Doch dann kommt später das Baby, sie werden damit konfrontiert, das Baby in einen Haushalt einzufügen, in dem der Hund bisher Mittelpunkt war (anstatt andersherum). Die jungen Eltern werden sich plötzlich der Medienhysterie um gefährliche Hunde und zerfleischte Kinder bewußt. Sie machen sich verständlicherweise Sorgen, und die Spannung im Haushalt wächst. Jeder Seitenblick des Hundes wird fehlgedeutet, und der Hund wird zum Gegenstand heißer Diskussionen.

Ein Humanpsychologe würde viele dieser Streitigkeiten wahrscheinlich als Gefühl des Freiheitsverlustes deuten, weil man seine Karriere unterbrechen mußte, weil man als junge Eltern an postnatalen Depressionen leidet und andere Streßsituationen mehr. Aus welchem Grund auch immer, der Hund bekommt die Schuld zugeschoben. Selbst wenn der Hund unter dem Argwohn der Gefahr für das Kind die ersten Monate mit dem Baby übersteht, schafft er selten das Krabbelalter. Spätestens dann wird ein neues Heim für ihn gesucht, selten nur wird er eingeschläfert. Vielleicht deutet dies auf Schuldgefühle hin, daß der Hund vielleicht doch keine so große Gefahr darstellte, um die Trennung zu rechtfertigen.

Diese Problematik der Hundehaltung tritt immer häufiger auf. Nicht, weil es die Menschen so planen. Es passiert nur, weil unser Umfeld und unsere Lebensverhältnisse sich ändern, und als Folge davon leidet der Hund.

Kürzlich wurde ich von einem Pensionär und seiner Frau konsultiert, weil ihr Hund sofort weglief, wenn er von der Leine gelassen wurde. Es handelte sich um eine 2 Jahre alte Beagle Hündin aus dem Tierheim. Das Ehepaar hatte sich lange Zeit nach dem richtigen Hund umgesehen und sie bei seiner Pensionierung übernommen.

Die Frau wollte einen, der nicht so viele Haare verlor, relativ ruhig im Haus war, nicht zu groß und stubenrein. Sie hatten beide noch nie einen Hund oder irgendein anderes Haustier besessen. Deshalb wollten sie eine Hündin, weil sie gehört hatten, sie seien einfacher zu halten als Rüden.

Ich bin immer etwas mißtrauisch gegenüber den Motiven von Menschen, die ihren ersten Hund so spät im Leben anschaffen wollen. Ich sehe ein, daß ein Ehepaar im Arbeitsleben schon früher gerne einen Hund hätte, sich aber dagegen entschlossen hat, weil die nötige Zeit fehlte. In den meisten Fällen hatten sie schon einen Hund. Meist halten sie eine Katze, bis sie Zeit genug für einen Hund haben. In anderen Worten, sie wissen sehr genau, was Hundehaltung bedeutet.

Die vorrangigsten Fragen, die sich mir stellen, sind: Warum beschließt man, so spät im Leben mit einem Haustier zu beginnen? Und warum hatte der Ehemann nichts mitzureden? Die Antwort ist einfach. Er wollte sich bei seiner Pensionierung Wanderschuhe kaufen und lange Wanderungen unternehmen. Beide befürchteten, daß heutzutage ein älterer, alleine wandernder Mann mit Mißtrauen betrachtet würde, insbesondere von jungen Mädchen. Wenn er aber einen Hund ausführte, wäre das in den Augen der Leute in Ordnung. Das mag sich für einige Leser seltsam anhören, aber tatsächlich steckt viel Wahrheit in diesem Gedankengang. Fragen Sie ein junges Mädchen oder eine junge Frau wie sie sich fühlt, wenn sie einen alleine daherkommenden Mann trifft, und ob sie erleichtert sind, wenn sie einen Hund bei ihm bemerken.

Dieser Mann wollte eigentlich gar keinen Hund, obwohl es offensichtlich war, daß beide den Hund nun sehr mochten – er wollte eine Entschuldigung. Er überließ seiner Frau die Auswahl, und sie traf aus der Sicht einer Hausfrau eine praktische. Hätte er sich ein anderes Hobby gesucht, Golf oder Gartenarbeit, hätten sie nie daran gedacht, einen Hund zu haben. Da man kein natürliches Bedürfnis nach dem Umgang mit einem Hund hatte, hatte man sich auch nicht um Erziehung gekümmert, weil man glaubte, ein erwachsener Hund täte, was man ihm sagte. Wahrscheinlich hätte die Hündin auch gehorcht, wenn eine Bindung zwischen ihr und dem Mann bestanden hätte. Ohne gründliche Erziehung des Herankommens, kommt kein Hund freiwillig zu jemandem, der unterbewußt seinen Hund so behandelt wie einen Spazierstock. Ich sollte das Problem für sie lösen, ebenso wie sie voraussetzten, daß der Schuster die Schuhe reparierte.

Jeder professionelle Tierausbilder, oder auch Lehrer für Menschen, wird es Ihnen sagen: wenn keine natürliche Bindung zwischen zwei Individuen besteht, ist alles nur Zeitverschwendung. Alle Formen intelligenten Lebens sind feinfühlig – meist untereinander – aber zwischen Mensch und Hund gibt es eine enge, gefühlsmäßige Bindung. Es gibt keine Möglichkeit seine Gefühle vor dem Hund zu verbergen oder zu vertuschen. Die Zuneigung zum Hund muß natürlicherweise vorhanden sind.

Auch wenn es sich so lesen mag, diese Leute waren nicht hartherzig. Sie, ebenso wie ihr Hund, waren Opfer ihrer Umgebung. Ihr Grund, einen Hund anzuschaffen, war rein praktisch und kein Herzenswunsch. Ähnlicherweise sehe ich immer mehr Menschen mit Problemhunden, die sie als Schutz gegen Verbrecher halten. Man sollte sich stets die Frage stellen, wenn ich den Hund nicht zum Schutz haben wollte, wollte ich dann überhaupt einen haben? Wenn die ehrliche Antwort nein ist, werden die Probleme, die zwangsläufig kommen werden, unüberwindlich.

In all diesen Fällen rate ich den Besitzern so, als ob die Bindung zum Hund echt wäre, aber ich weise stets darauf hin, daß die Ursache darin liegt, daß sie den Hund aus falschem Grund angeschafft haben und deshalb die Prognose nicht gut ist.

Eine moderne Lebensanschauung ist, möglichst schnell alles zu bekommen, was man haben will, um dann den Rest seines Lebens dafür zu bezahlen. Früher kaufte man, was man bezahlen konnte und sparte auf Dinge, die man wollte. Das ist eine Tatsache und keine Kritik. Der Druck, den diese Einstellung "lebe jetzt, bezahle später" ausübt, hat alle möglichen Nebenwirkungen. Da wir alle so überlastet sind mit unseren privaten Beschäftigungen, Sorgen und dem Bestreben nach immer mehr materiellem Gewinn, kommunizieren wir weniger miteinander als früher. In einem Verkehrsstau kann man den Erfolgreichen aufgrund seines Autos kaum noch von dem weniger Erfolgreichen unterscheiden. Jeder tut so, als sei er erfolgreich und habe Geld. Durch diese Maskerade kann man nur hindurchsehen, wenn man mit den Menschen spricht.

Es gibt zwei weitere Elemente in diesem Szenario, die das Verhältnis Mensch/Hund veränderten und einen zusätzlichen Umwelteinfluß schufen: Der Wunsch, so auszusehen als habe man Geld, und die Angst miteinander zu reden, obwohl wir es gerne täten.

Es ist offensichtlich, daß immer mehr Menschen einen Hund kaufen, der ihren Charakter oder Lebensstil widerspiegelt. Die Anzahl der Rassehundbesitzer hat gegenüber den Mischlingshundbesitzern stark zugenommen. In vielen Fällen benutzen Menschen ihren Hund (ebenfalls unbewußt) als Brücke, über die sie mit anderen Menschen kommunizieren können. Sitzen Sie in der U-Bahn alleine, spricht niemand mit Ihnen. Sitzen Sie dort mit Hund, sprechen viele Menschen zuerst den Hund, dann Sie an. Ein Gespräch kommt schneller in Gang, wenn es sich um einen seltenen und teuren Hund handelt, weil jeder wissen möchte, ob er die Rasse richtig erraten hat. Einen Barsoi oder Saluki zu besitzen, bedeutet wohlhabend zu sein. (Ehe ich alle Barsoi- und Salukibesitzer verärgere, stimme ich natürlich zu, daß die meisten die Rasse wirklich lieben).

Einen Hund im Haushalt zu halten, der seit Generationen für eine spezielle Aufgabe gezüchtet wurde, kann zu Problemen führen. Ein klassisches Beispiel ist die wachsende Anzahl Border Collies – wahrscheinlich der beste Hütehund der Welt, und ganz und gar arbeitssüchtig. Versetzen Sie ihn in die normale Familienhundlage mit weniger oder gar keiner geistigen Anregung, dann beginnt er zu hüten, und nicht selten schnappt er dabei nach Familienmitgliedern. Er wird rasch als Problemhund oder aggressiv eingestuft, ist es aber nicht. Er ist nur ein Hund, dessen angestauter Arbeitstrieb nicht befriedigt werden konnte. Ihn zu unterdrücken ist Zeitverschwendung, denn das Problem ist ererbt. Einen solchen Hund in einem Hochhaus zu halten, ohne ausreichende Bewegung, muß Probleme bringen!

Hunde als Kommunikationsmittel zu betrachten; Hunde als Statussymbol oder Alarmanlage zu halten; Hunde aus falschem Grund zu besitzen, sind nur einige der neuen Umweltbelastungen, die auf die seit unzähligen Generationen erfolgreiche Beziehung zum Hund einwirken.

Meine überzeugte Antwort auf die Frage, ob die zusätzliche Belastung, der unsere Hunde heute ausgesetzt sind, ihr Verhalten beeinflußt, ist JA. Diese so rasch eingetretenen Veränderungen sind wahrscheinlich der Hauptgrund für den Bedarf an Tierverhaltenstherapeuten. Leider wird der Bedarf weiter steigen, so wie sich unser Lebensstil ändert.

3

Der moderne Hund

Die Veränderungen der Gründe, einen Hund zu besitzen, betreffen – obwohl häufiger werdend – nur einen relativ kleinen Teil der Hundebesitzer. Die meisten Leute besitzen einen Hund, weil sie es wirklich wollen. Trotzdem gibt es Veränderungen, die das Verhalten des Hundes beeinflussen. Bei weitem den größten Einfluß auf das Verhalten hat jedoch die ART, wie wir mit Hunden heute leben.

In den vergangenen 20 oder 30 Jahren hat sich der Ablauf unseres täglichen Lebens so stark verändert, daß es sich auf unsere Hunde auswirkt. Wie im letzten Kapitel bemerkt, leben Hunde innerhalb des Familienverbandes und fühlen sich als Teil in der Rangordnung dieser Familie. Bis vor kurzem war das noch kein Problem, denn unser Lebensstandard stellte den Hund an letzte Stelle. Nicht, daß er weniger geliebt wurde, sondern aus finanziellen und praktischen Gründen. Heute haben wir mehr Geld und genießen einen völlig anderen Lebensstandard. Das kommt auch dem Hund zugute, denn er darf nun, was er früher nicht durfte. Diese Sonderrechte, die wir ihm unbeabsichtigt einräumen, geben ihm instinktiv das Gefühl, eine höhere Stufe in der Rangordnung einzunehmen, als wir wahrhaben. Nach menschlichem Verständnis bedeutet das, je höher der Rang, desto mehr Verantwortung trägt man, desto mehr Entscheidungen muß man treffen. Das gilt auch für Hunde.

Wenn wir uns nur diesen einen Bereich der Veränderungen betrachten, der für uns normal ist, und uns einen Augenblick lang in die Lage eines Hundes versetzen, verstehen wir, warum sein Verhalten dadurch beeinflußt wird.

Als Meutetiere gebietet ihnen der Instinkt, daß diejenigen, die am Rande der Meute schlafen und deren Bewegungsfreiheit um das Wurflager durch andere eingeschränkt wird, einen niederen Rang einnehmen. Das regeln die Instinkte des Wolfs, von dem der Hund abstammt. Sie wirken sich auch noch auf die Hunde aus. Noch vor 20 oder 30 Jahren hatten die Menschen noch keine Zentralheizung als Standardausrüstung. Sie heizten jeden Raum einzeln. Die Türen blieben geschlossen, um die Wärme zu halten.

Damit wurde die Bewegungsfreiheit des Hundes innerhalb unseres Lagers automatisch eingeschränkt. Wir taten es nicht absichtlich, sondern aus der Notwendigkeit heraus.

Weil unsere Häuser (Lager) in kleinere Räume aufgeteilt waren, um sie leichter zu beheizen, gab es stets ein Paradezimmer. Darin standen die besten Möbel, und man benutzte sie nur zu bestimmten Anlässen. Da man weniger Geld hatte und nicht so rasch einen Kredit aufnahm, schätzten wir den Wert dessen, das wir uns leisten konnten, höher ein. Alles in diesem "guten Zimmer" mußte lange Zeit halten. Da wir uns nur zu bestimmten Zeiten darin aufhalten durften, wurden Hunde darin gar nicht geduldet.

Der traditionelle Schlafplatz des Hundes war in der Küche. Da die Türen geschlossen blieben, hielt er sich meist in Küche und Garten auf. Am Abend durfte er die Familie in deren Aufenthaltsraum begleiten, aber zum Schlafen mußte er zurück in die Küche. Heute noch bereiten die meisten Besitzer den Hundeschlafplatz in der Küche, der jedoch vom Hund selten benutzt wird.

Heute sind fast alle Häuser zentralbeheizt. Wir bevorzugen einen offenen Wohnstil, der Hund kann sich frei im gesamten Lager bewegen. Er kann alle Plätze einnehmen, die seinen Rang instinktiv fördern: oben auf der Treppe, von wo aus er seine Meute aus erhöhter Position betrachtet; in den Türdurchgängen, insbesondere vor der Eingangstür, was unsere Bewegungsfreiheit einschränkt und von wo aus er das Lager überwachen kann; unsere Schlafzimmer, Betten und Sessel, die menschlichen Schlafplätze, dafür bleibt sein teures Superbett meist unberührt als sichtbares Zeichen seines Ranges – Ich schlafe wo ich will, aber niemand schläft auf meinem Platz! Wir haben nicht einmal etwas dagegen, wenn unser Hund auf die Möbel klettert, denn wir können es uns leisten, sie schneller als früher zu ersetzen.

Ich möchte damit nicht "die gute alte Zeit" heraufbeschwören, ich weise nur auf Tatsachen hin. Wir leben in einer reicheren, offeneren Umgebung und fördern damit, ohne es zu ahnen, unsere Hunde. Kein Wunder, daß viele Hunde entscheiden, wer und wer nicht Zutritt zu unserem Lager bekommt, es ist ihre Aufgabe dies zu regeln – wir haben es ihnen aufgetragen.

Ehe es Fertigfutter gab, bekamen die Hunde Essensreste, vielleicht noch ein paar Fleischabfälle vom Metzger. Nach unserem heutigen Wissen um die Hundeernährung vermutlich eine dürftige Kost. Doch der wesentliche Punkt liegt darin: Da der Hund die Reste bekam, aßen die Menschen zuerst. Ohne es zu wissen, haben wir den Hund im Rang abgestuft. Im Wolfsrudel fressen die ranghöchsten Tiere zuerst und bekommen so die besten Bissen und sichern damit das Überleben der besten Tiere.

Heute füttern die meisten Hundebesitzer aus verschiedenen Gründen ihre Hunde zuerst. Es bedeutet, daß sie sich in Ruhe an den Tisch setzen können, ohne an die Fütterung des Hundes denken zu müssen. Sie glauben, daß der Hund dann weniger bettelt und mit speichelndem Maul bei Tische zuguckt. Selbst wenn sie feststellen, daß es nichts hilft, füttern sie den Hund vor der eigenen Mahlzeit. Bei den heutigen Futtermitteln geht die Futterzubereitung schnell. Trotzdem will sich niemand darum kümmern, wenn gerade die Lieblingsserie im Fernsehen beginnt. Auch eine drastische Veränderung unseres Lebensstils.

Es gibt viele andere Bereiche, in denen unsere moderne Lebensweise das Hundeverhalten beeinflußt. Wir haben schon davon gesprochen, daß die Rassehundehaltung zugenommen hat. Auch hier spielt das Geld eine Rolle. Viele dieser Hunde wurden ursprünglich für eine bestimmte Aufgabe gezüchtet, die dafür benötigten Fähigkeiten müssen in Bahnen gelenkt werden; passiert das nicht, folgt der Hund seinen Instinkten und große Probleme sind die Folge.

Vor nicht allzu langer Zeit brachten Mütter Kinder zu Fuß zur Schule, der Hund kam an der Leine mit (meist ein Mischling). Hunde hatten dabei eine ausgesprochen anregende Erfahrung, wenn sie fremde Menschen, Kinder und andere Hunde trafen. Sie wurden vor Läden angebunden, Passanten streichelten sie und sprachen mit ihnen. Wir waren damals nicht so besessen von den lang hinausgezogenen Impfprogrammen, daher kam der Hund viel früher mit der Umwelt in Berührung als heute. Forschung hat uns gezeigt, daß frühe Sozialisierung von größter Wichtigkeit für den Hund ist, um zu einem ausgeglichenen, vertrauensvollen Erwachsenen heranzureifen.

Heute werden die Kinder zur Schule gefahren, der Hund sitzt hinter einem Trenngitter. Man kauft im Supermarkt ein und läßt den Hund im Auto auf dem Parkplatz. Der Auslauf erfolgt meist auf zu kleinen, ausgewiesenen Flächen, wo er gerade seine Notdurft verrichten kann. Sobald er das tut, geht's wieder ins Auto

und ab nach Hause, denn die Pflichten der Hausfrau warten schon.

Unsere Hunde wurden jedoch meist für hohe Arbeitsleistung gezüchtet. Sie bekommen nicht die gleichen Anregungen wie bei einem Gang an der Leine, auch Freilauf bekommen sie nicht, keine Aktivitäten außerhalb des eigenen Grundstücks. Sie leben in vollkommen anderer Umgebung als noch vor wenigen Generationen, und innerhalb dieser Umgebung wird ihnen ein höherer Rang zugestanden durch die Privilegien, die wir ihm gewähren (siehe auch Teil 3 Seite 148 Rückstufung in der Rangordnung).

Zusätzlich zu diesen dramatischen Veränderungen sieht sich der moderne Hundebesitzer nun einer zunehmenden Anti-Hund-Bewegung ausgesetzt. Wir befinden uns in der Gefahr an einen Punkt zu gelangen, daß der Hund als aggressiv eingestuft wird, sobald er nur jemanden anbellt. In diesem Jahr mußte ich mehr Gutachten über Charakter, Temperament und Verhalten für Gerichte erstellen, als in all den Jahren meiner Praxis bisher. Dieser Druck veranlaßt Hundebesitzer, immer weniger menschenreiche Umgebungen aufzusuchen, oder sie führen den Hund gar nicht mehr aus. Insbesondere, wenn ein großer Garten vorhanden ist, in dem der Hund frei laufen kann. Ohne regelmäßige, praktische, soziale Erfahrung werden die Probleme, die Hundebesitzer vermeiden wollen, eher noch verschärft. Befindet sich der Hund unerwartet in einer unbekannten Situation, fehlt ihm das Selbstvertrauen, um sie zu bewältigen. Die meisten Fälle von Hundebissen beruhen auf mangelndem Selbstvertrauen des Hundes. Wir sollten uns über eines stets bewußt sein: Jeder Hund kann beißen!

4

Fallstudien

All das vorher Gesagte und vieles mehr muß in Betracht gezogen werden, ehe ein Programm zur Verhaltensregulierung erstellt werden kann. Der Verhaltenstherapeut muß jeden Aspekt des Hundelebens, auch die tägliche Routine, in Betracht ziehen, z.B. wo er schläft, was er frißt und was er in der Zeit dazwischen tut. Tut man das nicht, riskiert man einen wichtigen Hinweis zu verpassen, der auf die Ursache des Verhaltens deuten kann, auch wenn er bei der Befragung noch so unbedeutend erscheint.

Um Ihnen eine Vorstellung von dem Vorgehen zu geben, hier unsere Fragen:

In welchem Alter wurde der Welpe aus dem Wurf genommen?
Sieben Wochen ist das ideale Alter; früher verpassen sie wichtige Lernvorgänge im Hundeverhalten und schließen sich zu eng an den Menschen an. Jede Woche nach der neunten fehlen ihnen Lernprozesse als Hund innerhalb der menschlichen Gemeinschaft, und sie binden sich zu eng an Hunde.

In welchem Alter wurde der Hund zuerst mit der Umwelt vertraut gemacht?
Die derzeitige Praxis, Welpen von Hunden und fremder Umgebung fernzuhalten, bevor das Impfprogramm abgeschlossen ist, macht zwar Sinn für die Gesundheit, aber sein künftiges Selbstvertrauen und die Fähigkeit, mit Streß fertigzuwerden, werden ganz klar beeinträchtigt, wenn sich diese Zeit der Abgeschiedenheit hinauszieht. Es gibt ein Impfprogramm, bei dem die Welpen mit 12 Wochen sozialisiert werden können. Von der 12. zur 18. Woche ist die beste Zeit den Welpen (unter Aufsicht) an fremde große und kleine Hunde, Kinder und Erwachsene, ja so viele verschiedene Situationen wie möglich heranzuführen.
Vorausgesetzt alles wird zu einer freudigen Erfahrung für den Welpen, werden Verhaltensprobleme im künftigen Leben so gut wie ausgeschaltet. Jede Woche, die nach dieser 18. Woche verstreicht, macht es dem Welpen immer schwerer, sich an das

Leben außerhalb seiner sicheren Heimat anzupassen. Das bedeutet, er wird niemals all seine ererbten Möglichkeiten des Selbstvertrauens und Charakters ausschöpfen können. Es gibt keinen Ersatz für frühe Erfahrung.

Etwas über diese kritische frühe Phase im Leben des Hundes zu erfahren, hilft uns, den Hund viel besser zu verstehen. Die Ursache für Angst, Aggression und viele Gehorsamsprobleme können auf diese wenigen ersten Wochen zurückgeführt werden. Obwohl man nichts Versäumtes nachholen kann, hilft uns das Wissen bei der Problemlösung weiter.

Einzelheiten bezüglich der Ernährung

Wann immer ein Verhaltensproblem nach einer Mahlzeit auftritt, kann man die Verbindung zueinander leicht erkennen. Gibt man einem Hund über längere Zeit hinweg das gleiche Futter ohne Nebeneffekte, bedeutet dies nicht, daß nicht doch das Futter Ursache der Störung sein kann. Bislang ist der Körper vielleicht mit allergieauslösenden Stoffen fertiggeworden, doch irgendwann bricht dieser Abwehrmechanismus zusammen, und Störungen treten auf. Es gibt bestimmte Hinweise, die uns erkennen helfen, ob die Nahrung zu der Verhaltensstörung beiträgt. Zwanghaftes Benagen der Pfoten und Läufe wurde schon erwähnt, oft kratzt sich der Hund hinter den Ohren, reibt sich die Augen oder Nase mit den Pfoten oder auf dem Teppich. Kratzen der Brust oder des Bauches, Beknabbern des Rutenansatzes können ebenfalls allergisch bedingt sein. Es gibt natürlich auch andere Gründe, warum ein Hund so etwas tut, aber wenn es zu vorhersehbaren Zeiten auftritt, dann muß das Futter in Betracht gezogen werden.

Weitere Dinge, auf die wir achten, sind:
- Ist der Hund in schlechtem Gesundheitszustand oder leidet er ständig unter Allergien gegen Gras oder Flöhe?
- Hat er Blähungen?
- Ist der Stuhlgang von unterschiedlicher Beschaffenheit, manchmal dünn, manchmal fest?
- Setzt der Hund täglich viel, übelriechenden Kot im Verhältnis zur aufgenommenen Nahrung ab?
- Frißt er mit Heißhunger, nimmt aber nicht zu?
- Ist er abnormal träge oder überaktiv?

34

- Trinkt der Hund sehr viel?
- Sind Fell und Haut gesund, oder gibt es ständigen Haarausfall?
- Frißt er regelmäßig Gras, Zweige, Gewebe, seinen eigenen oder fremden Kot?

All diese Dinge können auf irgendeine andere Störung hinweisen, aber wenn zwei oder drei auftreten, dann ist es vernünftig, mit Hilfe des Tierarztes eine Ernährungstherapie zu beginnen.

Wie sieht der Tagesablauf des Hundes/der Familie aus?

Es ist wichtig, Auslauf und Fütterungsroutinen zu kennen – wer mit dem Hund geht und wer füttert; wann Hund und Familie essen; wo sich der Lieblingsplatz des Hundes außer seinem Bett befindet. Sein Verhalten gegenüber Besuchern und den Familienmitgliedern muß notiert werden. Stürmt er morgens als erster los und begrüßt alle, oder bleibt er auf seinem Bett und läßt sich begrüßen? Wie begrüßt er jeden einzelnen, der nach Hause kommt? All diese Informationen lassen auf den Rang des Hundes in der Familie schließen. Manchmal sind die Leute überrascht, wenn ich nach dem Begrüßungszeremoniell frage und sie feststellen, daß der Hund verschiedene Personen unterschiedlich begrüßt – etwas, das ihnen bisher nie aufgefallen war.

Die Informationen zu den Familienverhältnissen gehören zu den wichtigsten Werkzeugen des Verhaltenstherapeuten. Meist setzt sich die Familie zum ersten Mal zusammen und macht sich über den Hund als Teil ihrer Gruppe Gedanken. Das Ergebnis trägt ungemein zum besseren Verständnis des Hundes bei. Verständnis ist der erste Schritt zur Besserung!

Jede Antwort ergibt eine neue Frage, und im Verlauf der Sitzung entsteht das Gesamtbild der Situation.

Wie verhält sich der Hund?

Während der Besprechung kann man das Verhalten des Hundes beobachten, das oft für sich spricht.

Man kann Verhaltensstörungen zwar nicht in Kategorien einreihen, aber wie sich ein Hund während der Konsultation verhält, hilft dem Therapeuten zu erkennen, ob die Störung mit Überanhänglichkeit oder Überdominanz zu tun hat.

Überanhängliche Hunde zeigen Problemverhalten, wenn sie alleingelassen werden, z.B. durch Zerstörungswut, Verunreinigung des Hauses, Heulen und Bellen, Tür-und Fensterkratzen, um auszubrechen oder in ernsten Fällen Selbstverstümmelung. Zu Hause folgen diese Hunde ihrem Herrn meist auf Schritt und Tritt, sie wollen sogar mit auf die Toilette. Oft dürfen sie im Schlafzimmer schlafen, weil sie zu viel Unruhe stiften, wenn man sie irgendwo anders einsperrt. Haben sich die Klienten in meiner Praxis alle gesetzt, bitte ich sie, den Hund von der Leine zu lassen. Dieser Hundetyp läßt sich, nachdem er alle Hundegerüche des Raumes erforscht hat, ruhig vor den Füßen seines Herrn nieder.

Überdominante Hunde entwickeln Probleme wie Revieraggression, Leinenziehen, Weglaufen, Leute Anspringen, besonders Besucher, allgemein unkontrollierbar, was oft als Überaktivität bezeichnet wird. Zu Hause erlaubt man diesen Hunden meist alle Privilegien eines hohen Ranges, die wir schon beschrieben haben. In meiner Praxis von der Leine gelassen, rennen sie zwischen mir und den Besitzern hin und her, versuchen auf Möbel zu springen und bellen bei jedem Geräusch draußen. Falls sie sich überhaupt beruhigen, dann niemals neben dem Besitzer. Entweder liegen sie mitten im Zimmer zwischen mir und seinen Leuten oder legen sich an die Tür. Die Antworten auf meine Fragen dürften die Sichtdiagnose bestätigen.

Einzelheiten zur bisherigen Erziehung

Wie ich schon sagte, haben die meisten Klienten bereits ein Erziehungsprogramm zur Beseitigung des Problems ausprobiert. Ziemlich oft hat es nicht geholfen, sondern die Situation verschlimmert. Ich führte einige Beispiele auf, in denen der Hund etwas ganz anderes lernte, als beabsichtigt. Folgende Geschichte soll verdeutlichen, wie wichtig es ist, zu wissen welche Schritte zur Überwindung des Problems bisher unternommen wurden.

Lucy war eine drei Jahre alte Mischlingshündin aus dem Tierheim. Als sie die Besitzerin übernahm, war sie schrecklich dünn und kränkelnd. Der Tierschutz hatte sie dem Vorbesitzer weggenommen. Inzwischen war sie gesund und kräftig, aber die neue Besitzerin konnte sie nirgendwo mit hinnehmen, weil sie steif vor Angst wurde, wenn sie ins Auto einsteigen oder durch fremde Türen gehen sollte. Lucy geriet in Panik, sobald sie merkte, daß es in Richtung Auto oder einer Tür ging. Beim ersten Mal hatte sie die neue Besitzerin auf den Arm genommen und in das Auto gehoben. Lucy biß vor lauter Angst um sich und verletzte sie erheblich.

Glücklicherweise wohnte sie im Ort und konnte zu Fuß zu mir kommen. Ich beobachtete die seltsame, übersteigerte Angst, zunächst auf meinem Parkplatz beim Vorbeigehen, dann am Hauseingang. Sie warf sich flach auf den Boden und versuchte verzweifelt davonzukrabbeln. Nach dem ersten vergeblichen Versuch, sie in ein Auto zu setzen, lockte sie die Besitzerin. Sobald Lucy Angst zeigte, hockte sie sich neben die Hündin und versuchte, sie zu beruhigen. Half auch das nichts, befragte sie einen Ausbilder, der ihr riet, die Angst zu übersehen und den Hund einfach ins Auto und durch die Türen zu zerren. Auf diese Weise brachte sie sie an den Autos auf meinem Parkplatz vorbei und durch meine Tür. Einmal im Haus, benahm sich Lucy normal und freundlich.

Auf meine Frage, wie sie es geschafft hatte, den Hund nach Hause zu bekommen, meinte sie, daß er einfach zu krank gewesen sei um zu reagieren.

Sowohl freundliche Beruhigung als auch Zwang hatten nicht geholfen. Durch das Trösten wurde die Angst sogar noch belohnt. Lucy wollte nicht ins Auto, also weigerte sie sich. Die Besitzerin streichelte sie und flüsterte zärtliche Worte in ihr Ohr, damit lobte sie das Verhalten anstatt das Gegenteil zu erreichen.

Der Zwang verstärkte ihre Angst, denn Lucy wurde immer an kurzer Leine und dünner Halskette ausgeführt. Der Zug am Halsband verursachte Schmerzen. Lucy war ein sehr berührungssensibler Hund, der bei seinem vorherigen Besitzer praktisch keine Spaziergänge kennengelernt hatte. Ihre jetzige Besitzerin führte sie an einer dünnen Würgekette, weil sie es so mit all ihren Hunden getan hatte und für richtig hielt. Der ständige Druck durch das Halsband schädigt Muskulatur und Gewebe des Nackens, so daß die Schmerzgrenze herabgesetzt wird. Bei den meisten Hunden tritt das im Laufe vieler Monate ein, so daß wir es gar nicht bemerken. Das bedeutet, daß anfängliche Reaktionen auf Zug am Halsband ausbleiben, weil der Hund den Druck nicht mehr spürt. Lucy hatte in ihrem bisherigen Leben so gut wie nichts am Hals gehabt, aber weil sie recht gut an der Leine ging, war ihr das Zughalsband nicht unangenehm. Außer, wenn sie an Autos vorbei und durch Türen gehen mußte – dann tat es höllisch weh! Die Situation war demnach, daß sie zunächst dafür gelobt wurde, wenn sie nicht ins Auto gehen wollte, und dann hatte sie gelernt, daß alleine das Herangehen an ein Auto fürchterlichen Schmerz bedeutete.

Wir begannen binnen 5 Minuten mit der Therapie. Zunächst bekam sie ein breites Lederhalsband, anstatt der kurzen Leine eine Flexileine, die Lucy etwa 6 m Freiraum bot. Als wir zum Auto kamen, sprang sie etwa einen Meter zurück und blieb stehen. Der Grund, weshalb sie sich auf den Boden geworfen hatte war offenbar, weil sie an der kurzen Leine nicht zurückweichen konnte. Jetzt konnte sie es, also geriet sie nicht in Panik, und das neue Halsband verursachte keine Schmerzen.

Wir beide beachteten sie gar nicht – sahen sie nicht einmal an. Wir setzten uns in die offene Autotür und schwatzten. Nach etwa einer Minute bat ich sie, Lucy heranzurufen, sie kam sofort. Wir lobten sie überschwenglich, und wir gingen vom Auto weg, ohne zu versuchen, sie hineinzusetzen. Im ersten Stadium sollte eine panik- und schmerzfreie Annäherung an das Auto erfolgen. Wir gingen zurück zum Büro. Als wir zum Hauseingang kamen, sprang Lucy wieder einen guten Meter zurück. Wir gingen hinein, riefen sie dabei, und sie folgte uns ohne zu zögern.

Wir hatten herausgefunden, daß die Wurzel des Übels in einer bestimmten Entfernung lag. Aus irgendeinem Grund, den wir niemals erfahren werden, zögerte Lucy, sich Autos und Hauseingängen zu nähern (sie hatte keine Angst im Verkehr). Sie brauchte Platz und Zeit, um ihre Unsicherheit zu überwinden – ebenso wie wir reagieren, wenn wir unsicher sind. Der Sprung ins Schwimmbecken ist ein klassisches Beispiel. Das letzte, was ein schlechter Schwimmer braucht, ist jemand, der einen hineinschubst. Durch unsere Nichtbeachtung haben wir das Fehlverhalten nicht belohnt; da wir sie nicht zwangen, versetzten wir sie nicht in Panik; durch das neue Halsband verband sie die Situation nicht mehr mit Schmerz.

Während unserer Unterhaltung merkte ich, daß Lucy ihre Seele für ein Stückchen Käse verkaufen würde. Wir gingen zum Auto, setzten uns in die offene Hecktür und riefen sie zu uns. Sie kam sofort und bekam ein Stückchen Käse. Ich hielt ihr noch eines vor die Nase, und als sie gerade zuschnappen wollte, warf ich es hinten ins Auto. Lucy sprang sofort hinein, verschlang den Leckerbissen und sprang wieder heraus. Ihre Rute wedelte wild. Wir gingen ein Stück spazieren, kehrten um und gingen geradewegs auf das Auto zu. Lucy verhielt ein wenig, sprang aber nicht zurück wie vorher. Ich öffnete die Hecktür, und ich bemerkte den Ausdruck des Zögerns in Lucys Gesicht. Ich zeigte ihr den Käse und warf ihn hinein, Lucy sprang schon ins Auto, ehe der Käse gelandet war. Ab jetzt mußte nur noch ihr Selbstvertrauen gestärkt werden, und ich konnte eine glückliche Hundebesitzerin nach Hause fahren.

Futter als Belohnung hat keineswegs mit Bestechung zu tun, wie viele glauben. Zunächst muß der Hund das erwünschte Verhalten zeigen, um es zu bekommen. Wenn der Hund diesen Leckerbissen ganz besonders gerne mag, dann verstärkt er die Belohnung. Betrachtet man Futterbelohnung als Bestechung, dann müßte das auch für unser Arbeitsentgelt gelten.

Befassen wir uns mit einem Verhaltensproblem, müssen wir zunächst die Ursache erforschen und dann alle anderen Dinge beachten, die verstärkend dazu beitragen können. Wir müssen diese beseitigen und korrektes Verhalten belohnen. Mit anderen Worten – wir tun genau das, was das Concise Oxford Dictionary (siehe Kapitel 1) über den Verhaltenstherapeuten sagt. Manchmal erreichen wir schon durch das Weglassen des negativen Einflusses unser Ziel.

Die vorangegangenen Seiten sollten Ihnen einen Einblick in die Arbeit des Verhaltenstherapeuten geben. In Teil 2 lesen Sie, wie groß und noch relativ unberührt dieses Gebiet ist, das sich der Hundebesitzer zunutze machen kann.

Teil 2

Was ist ein Hund?

5

Ein Hund ist ein Hund ist ein Wolf

Die Antwort auf die Frage, "warum tut mein...?" ist meist leicht zu beantworten: 'weil er ein Hund ist'! Vieles, das uns als abnormales Verhalten erscheint, ist, wie ich schon eingangs erwähnte, normales Hundeverhalten am falschen Ort zur falschen Zeit.

Mein Hund hat gerade jemanden gebissen! Ja nun, Hunde beißen eben, nicht wahr?
Mein Hund bellt andauernd! Hunde bellen nun mal!
Mein Hund knurrt mich an, wenn ich an sein Futter gehe. Hunde knurren nun mal. Sie verteidigen ihre Nahrung!

All diese Verhaltensweisen dürfen keinesfalls hingenommen werden, aber es sind Dinge, die Hunde tun. Verhalten Sie sich Ihrem Hund gegenüber immer wieder aggressiv, dann wird er eines Tages so verärgert sein, daß er zubeißt. Was sonst soll er tun? Seinen Anwalt schreiben lassen?

Ehe wir uns einige Probleme ansehen, denen sich Hundebesitzer gegenüber sehen, sollten wir uns zunächst gründlich das Wesen anschauen, dem unsere Bemühungen gelten. Wie ich schon erwähnte, stammt der Hund direkt vom Wolf ab. Eine neue Forschungsarbeit beschreibt, daß von den 90 Verhaltensmustern des Haushundes, alle bis auf 19 auch beim Wolf vorhanden sind. (In den Tausenden von Jahren der Domestikation hat der Hund wahrscheinlich Verhaltensmuster entwickelt, die der Wolf in der Natur zum Überleben nicht braucht).

In Anbetracht der Tatsache, daß es 71 gemeinsame Verhaltensmuster gibt, verstehen wir den Hund leichter, wenn wir uns zunächst den von der Domestikation vollkommen unberührten Wolf betrachten. Was der Wolf natürlicherweise tut, akzeptieren wir. Verhält sich ein Hund ebenso, halten wir das für eine Verhaltensstörung. In den meisten Fällen liegt gar keine vor, er ist eben nur ein Hund; wir haben das Problem ihm beizubringen, zur rechten Zeit ein Hund zu sein.

A bis Z des Wolfs-Hunde-Verhaltens

Beim Lesen der folgenden Zeilen, DENKEN SIE WIE EIN HUND!

A. Angriff

Als Raubtiere und Teil einer Jagdgemeinschaft, hat jedes Mitglied seine Aufgabe zu erfüllen, wenn es um die wichtigste Nahrungsquelle geht – rohes Fleisch. Einige der Meute schleichen sich an, andere treiben die Beute denjenigen zu, die den Angriff anführen. Diese verschiedenen Verhaltensweisen nutzte man dazu Hunde zu züchten, die jagen und vorstehen, Hunde die hüten und solche, die furchtlos beschützen.

A. Aufreiten

Sexuell gerichtetes Aufreiten wird von jeder Art als die höchste dominante Position betrachtet. Bei Wölfen ist es ein klarer Ausdruck des Ranges. Mutter Natur bestimmt, abhängig vom Wetter und ausreichendem Futter, wie viele weibliche Tiere Junge aufziehen können. Diese Fähen kommen ebenso wie ihre Freier aus den Reihen der ranghöchsten Rudelmitglieder. Daraus folgert, daß das Recht zu decken an sich ein Zeichen für Ranghöhe ist.

Aufreiten ist ähnlich wie Hochspringen, denn es beinhaltet das Auflegen der Pfoten auf das andere Tier. Deshalb sieht man es in Kampfspielen – sei es Rüde zu Rüde oder Hündin zu Hündin. Es hat zwei Gründe: einmal zur Fortpflanzung, vollkommen abhängig vom sozialen Status, und zum anderen um zu herrschen, indem man die höchste Position einnimmt, allerdings ohne sexuelle Absichten.

Es ist nicht ungewöhnlich, daß Rüden und Hündinnen bei Einsetzen der Pubertät aufreiten. In ihrem Körper findet nicht nur eine starke hormonelle Veränderung statt, sondern der Hund geht auch psychisch durch das Stadium des Erwachsenwerdens – er versucht, sich einen Rang innerhalb seiner gemischten Mensch/Hund-Meute zu schaffen. Meist legen sie dieses Verhalten ab, sobald sich der Hormonhaushalt eingespielt hat, aber nur, wenn Sie die Position des Rudelführers eingenommen haben. Ist das erreicht und das Verhalten bleibt, dann hilft gewöhnlich eine Kastration sowohl beim Rüden als auch bei der Hündin.

Bedenken wir, daß im Wolfsrudel nur die ranghöchsten Fähen heiß werden, und das nur einmal im Jahr, während die meisten Haushündinnen zweimal, immer häufiger dreimal im Jahr läufig werden, zeigt dies, daß unsere fortschrittlichen Kenntnisse der Ernährung ein Sterilisations- und Kastrationsprogramm verlangen. Was Mutter Natur über die Instinkte regelt, müssen wir operativ erledigen.

B. Bellen

Wölfe bellen nicht wie Hunde, sondern geben einen ulkigen Ton ab, der sich anhört wie ein ausgeatmetes 'uuuff' (falls Sie sich solch einen Ton vorstellen können). Aber man weiß, daß in Gefangenschaft und in der Nähe von Hunden gehaltene Wölfe lernen zu bellen wie ein Hund. Das Gegenstück zum Bellen soll vor drohender Gefahr warnen; es ruft die anderen Meutemitglieder um Hilfe. Reagiert die Meute, beschließt der Rudelführer, was zu tun ist. Die anderen gehorchen. Daraus folgert, daß der Wolf, der die meisten Töne von sich gibt, einen niederen Rang hat. Im Rang höhere Tiere haben den Hilferuf nicht so oft nötig. Das gilt auch für Hunde: diejenigen die uns anbellen, sind selten gefährlich; diejenigen, die ruhig in ihrem Revier stehen, könnten es durchaus sein.

E. Essen

Es scheint unpassend im Zusammenhang mit Wölfen von essen zu reden. Sie sind zwar Raubtiere, aber sie sind auch Aasfresser. Besitz von Nahrung ist 9/10 des Gesetzes. Bei Futterknappheit bedeutet der Besitz 10/10 des Gesetzes. Sie verteidigen Futter wild und überzeugend. Tote Vögel, Mäuse, angeschwemmte Fische, alles ist Besitz des Wolfes, der sie findet.
Wir sind oft stolz darauf, daß sich unser Hund das Futter beim Fressen wegnehmen läßt. Wir können das nur, weil unser Haushund gut ernährt und satt ist. Lassen wir ihn ein paar Tage hungern und versuchen dann, sein Futter wegzunehmen, lernt man rasch die Instinkte kennen. Lassen Sie ein Steak unbeaufsichtigt liegen, wird es der Finder behalten.

F. Fäkalien

Wie bei allen Tieren muß das, was reinkommt auch wieder raus. Der junge Wolf lernt früh, seinen Schlafplatz nicht zu verunreinigen. Die Mutter entfernt den Kot der Welpen durch Fressen. Dieses Kotfressen wird von Jungtieren alleine durch Beobachtung manchmal gelernt. Wölfe haben kein Problem mit der Stubenreinheit, außer auf dem Schlafplatz ist jeder Platz recht. Unsere Welpen lernen das gleiche. Sich in die Mitte der Küche zu begeben, ist für sie in Ordnung. Nun kommt der Mensch mit ganz anderen Vorstellungen und bringt alles durcheinander. Anstatt den Welpen zu begrüßen und das Lager zu säubern – wie es die Wölfin täte – wird er ärgerlich und manchmal sogar grob.

Mit zunehmendem Alter verläßt der junge Wolf das Wurflager ganz von selbst, um sich zu entleeren. Gibt man dem jungen Hund die Gelegenheit, passiert das gleiche. Die grausame und barbarische Altweibermethode, die Welpennase in die Missetat zu stecken, erwirkt nur, daß der Welpe Angst bekommt und sein Vertrauen in uns verliert. Da alle Hunde irgendwann einmal lernen, hinauszugehen, sind die Menschen der Meinung, ihre Methode habe geholfen. Sie kommen gar nicht auf die Idee, daß es in der Natur des Hundes liegt.

G. Graben

Wölfe graben! Sie graben Höhlen, um ihre Jungen darin aufzuziehen; die graben sich kühle Liegeplätze im Sommer; sie graben sich schützende Gruben bei schlechtem Wetter; sie vergraben überschüssige Nahrung; sie graben Wurzeln als Ballaststoffnahrung aus; sie graben nach Kleinlebewesen im Boden – sie sind in der Tat grabfreudige Tiere. Wie beim Jagd-, Hüte-, und Schutzinstinkt graben manche besser als andere. Von denen stammen unsere Terrier ab – Hunde mit einem außerordentlich starken Überlebensinstinkt, der sie befähigt, sich bis zum Tode zu verteidigen.

H. Heulen

Die bekannteste Ausdrucksform des Wolfes ist vermutlich das Heulen. Die meisten können sich lebhaft den einsamen Wolf auf dem Hügel vorstellen, der scheinbar den Mond anheult. Längst nicht so viele Menschen wissen um das Meuteheulen, das einer Jagd vorausgeht. In beiden Fällen bedeutet es Aufruf zum Sammeln – ein Ruf nach Gesellschaft.

Einsame Hunde heulen. Sie sind meist überanhänglich an ihre menschlichen Meutegenossen und können das Alleingelassensein nicht ertragen, während die Meute auf der Jagd ist (meint er). Das Heulen des Wolfes und des Hundes ist ergreifend. Wahrscheinlich handelt sich um die ausgeprägteste Form der Gefühlsübermittlung beider Arten.

I. Instinkt

Das Lebensmotto des Wolfes heißt überleben. Außer den Kampf- und Jagdspielen der Welpen – die alle dazu dienen Jagdtechniken einzuüben – gibt es keine Ausbildung. Das Verhalten ist angeboren und vollkommen instinktiv. Kürzlich sah ich einen Film, in dem 15 Wölfe eine schneebedeckte Landschaft durchquerten. Sie gingen in einer Reihe dem Rang entsprechend hintereinander her, nur am Ende gab es einige kleinere Rangeleien. Als ich so zusah kam mir in den Sinn: Das ist die wölfische Art, bei Fuß zu gehen. Keiner von ihnen war im Wolfsverein, und keiner trug ein Zughalsband. Wenn diese Instinkte in unserem Hund ruhen, warum haben wir dann solche Schwierigkeiten, Hunden das Zerren an der Leine abzugewöhnen? Sind wir der Rudelführer, müßten sie automatisch hinter uns gehen. Sind wir es nicht, geht der Hund voraus. Unter diesem Gesichtspunkt ist es reine Zeitverschwendung, dem Hund beibringen zu wollen, nicht zu ziehen. Tief im Innern, wo die Instinkte ihrer Vorväter ruhen, müßten sie wissen, wo sie zu gehen haben.

J. Jagen

Hetzen ist Bestandteil des Jagdrituals. Der Lernprozess beginnt schon beim Wolfswelpen. Sie spielen Fangen untereinander und benutzen Stöcke und Zweige als Beute. Gute Hetzer bekommen die Aufgabe, die fliehende Beute zum Wenden zu veranlassen, während diejenigen, die geduldig in der Deckung lauern, um dem Wurfbruder die Beute abzunehmen, vermutlich angreifen. Beobachtet man Wolfs- oder Hundewelpen im Spiel, erkennt man schon gut, wie sie alle Jagdverhaltensweisen üben, die sie später zum Überleben brauchen. Sie spielen nicht aus Zeitvertreib, Spiel ist ein Teil des Lernprozesses. Das Motto heißt – bewegt sich was schnell, dann jage es!

K. Knurren

Wie Bellen und Beißen sind Grollen und Knurren natürliche Lautäußerungen. Bellen ist ein Hilferuf, Knurren eine deutliche Warnung vor einem bevorstehenden Angriff, sofern sich der Eindringling nicht zurückzieht. Die Tatsache, daß er warnt zeigt, daß er einer körperlichen Auseinandersetzung lieber aus dem Wege geht. Das Wolfsrudel ist eine sehr soziale Gruppe, in der – entgegen allgemeinen Denkens – selten Gewalt unter Mitgliedern vor-

45

kommt. Knurren ist die hörbare Warnung, noch wichtiger ist jedoch der begleitende Gesichtsausdruck. Diese Mimik ist unterschiedlich und unterstreicht den Gemütszustand des Knurrenden. Liegen die Ohren flach am Kopf, die Lippen sind horizontal nach hinten gezogen und bilden ein unterwürfiges Grinsen, dann heißt das – ich habe Angst und werde mich verteidigen, wenn ich muß. Stehen die Ohren nach vorne, das Nackenhaar ist gesträubt, die Mundwinkel nach vorne gezogen, die Lefzen werden senkrecht hochgezogen, dann heißt das – ich greife an, wenn Du nicht zurückweichst!

So verstehen sich Wölfe untereinander ebenso wie die Hunde. Verhält sich unser Hund uns gegenüber so, dann sind wir der Meinung: 'Mich knurrt kein Hund an' und strafen ihn. Folge ist meist ein Biß, und der Hund wird als aggressiv bezeichnet – aber der eigentlich Aggressive ist der Mensch.

K. Kreischen

Ebenfalls ein Laut des Unwohlseins, jedoch begrenzt auf Schmerzempfinden oder Überraschung. Wird von Wolf und Hund in gleicher Weise angewandt und spricht für sich selbst.

L. Lecken

Lecken ist ein Wolfsverhalten, das mehreren Zwecken dient. Die Mutter pflegt ihre Welpen und regt die Verdauung an, um die Exkremente aufzunehmen und das Nest sauberzuhalten, ehe die Welpen alt genug sind, es selbständig zu verlassen. Lefzenlecken bleibt ein Leben lang Zeichen der Unterwürfigkeit, ebenso wie das Lecken der Genitalien eines anderen Wolfes. Lecken zur Körperpflege kommt vor, wird aber meist vom Ranghöchsten eingeleitet und gilt daher als dominante Geste, hat jedoch hohe soziale Bedeutung. Es kommt öfter bei Hündinnen vor, aber nicht nur. Bei Rüden folgt meist dominantes Aufreiten. Hunde lecken unsere Haut wahrscheinlich nicht ab, weil sie das Salz mögen, sondern es beruht eher auf dem unterwürfigen Lecken der Welpen, das wir belohnen, weil wir uns durch die vermeintliche Zuneigung des Welpen geschmeichelt fühlen.

Der Welpe wird durch unser Verhalten belohnt, und später wird das Verhalten zur Dominanz. Wir würden einen Hund kaum für etwas schelten, das wir als freundliche Geste ansehen. In anderen Worten, wir gehen auf seine Pflegeveranlassung ein.

46

M. Markieren

Der Geruchssinn des Wolfes ist eine erstaunliche Einrichtung. Er lebt in einer Welt voller geruchlicher Informationen, viel vielfältiger als die Informationen, die wir verbal über Schallwellen vermitteln. Ein kurzes Beschnüffeln des am Boden haftenden Geruchs eines Tieres sagt dem Wolf genau, um welche Art es sich handelt, ob krank oder gesund, wohin es ging. Diese Fähigkeit erlaubt es dem Wolf, Nachrichten innerhalb der eigenen Gruppe und der benachbarten Wolfsrudel zu empfangen oder zu hinterlassen.

Die Informationen werden auf chemische Weise in Form von Pheromonen, – entgegen den nur innerhalb des Körpers wirkenden Hormonen – nach außen abgegeben. Ein hitziges Weibchen sondert Pheromone in ihrem Urin ab, die den Rüden sexuell erregen. Rüde und Hündin (jedoch meist Rüden) setzen Pheromon-Signale, meist durch Urin oder Kot, aber auch über die Pfotenballen, und markieren so ihr Territorium. Daher auch das Kratzen nach dem Urinabsetzen – die Errichtung eines unsichtbaren Grenzpfostens des Grundstücks, wie es Menschen in Nachbarschafts-Wachposten tun. Pheromone sollen das Verhalten anderer Mitglieder einer Spezies beeinflussen, entweder als Warnung, sich fernzuhalten, oder als Einladung, sich weiter aufzuhalten. Die Geruchsmarkierung des Wolfes ist sehr komplex und innerhalb der Art anerkannte Form der Kommunikation.

Ich rieche Pheromone!

Pheromone werden von vielen Lebewesen, von Insekten aufwärts, benutzt. Keines aber nutzt diese chemische Sprache so gründlich und in solch einer vielfach unterschiedlichen Form wie der Wolf. Die chemischen Signale werden auffällig verbreitet, ein

Grund für das Beinheben des Rüden – der Geruch soll sich so hoch wie möglich in der Luft befinden, um sich am besten verbreiten zu können. Einige sehr an Rüden interessierte Hündinnen heben ebenfalls ihr Bein, die meisten jedoch hocken sich beim Urinieren hin. Hündinnen, die das Bein heben nehmen meist innerhalb der Gruppe einen hohen Rang ein, ebenso wie die besonders auffällig beinhebenden Rüden. Es scheint so, als ob das Recht markieren zu dürfen, von der Ranghöhe eines Tieres abhängt.

Dem modernen Hund geht es nicht anders. Aufgrund von Zuchtauslese gibt es Hunde, die nur einen Bruchteil der Größe der Ausgangsform Wolf haben. Nicht selten kann man Hündinnen kleiner Rassen, insbesondere der dominanten Terrierrassen beobachten, wie sie sich auf die Vorderbeine stellen und den Urin in kurzen Spritzern an senkrechte Objekte abgegeben. Der Hund muß sich nicht entleeren, er verbreitet Informationen: ähnlich dem Menschen, der einen Warnruf ausstößt oder schreibt, per Telefon oder in jüngerer Zeit per Fax. Es kann sich auch um eine Art Einladung handeln, aber da wir die erstaunlichen Fähigkeiten der Geruchsunterscheidung nicht besitzen, können wir nur raten.

N. Natürliches Verhalten

Obwohl Hunde viele Verhaltensweisen des Wolfes zeigen, wurden sie doch über Generationen der Haustierwerdung und Zuchtauslese verändert. Ein Hund kann sich zwar wie ein zahmer Wolf verhalten, ein Wolf jedoch kaum wie ein zahmer Hund. Immer mehr Menschen wünschen sich einen Wolf oder Wolfsmischling, was ich angesichts der wachsenden Anti-Hund-Bewegung verantwortungslos finde. Es gibt 'Wolfsgesellschaften', deren Mitglieder sicher sehr viel über das Wolfsverhalten wissen und ihre Schützlinge unter Kontrolle haben. Ich fürchte jedoch, daß immer mehr ungeeignete Menschen, wie in den USA schon der Fall, Wölfe halten. Selbst mit der Hand aufgezogen, besitzt er noch sein Wildtierverhalten. Wölfe neigen zur übertriebenen Angst vor fremden Menschen, Dingen und Situationen und besitzen oft einen übertrieben ausgeprägten Flucht- oder Angriff-Instinkt. Blockiert man unbeabsichtigt den Fluchtweg eines Tieres von solcher Größe und Schnelligkeit, dann kann es zum Angstbeißen kommen. Machen Sie sich nichts vor, auch wenn Hund und Wolf die gleiche Gebißform haben, so ist der Wolf weitaus stärker und hat viel größere Zähne. Allein ein solch harmloser Akt wie das Hinstellen eines Koffers, das einen Hund neugierig herankommen läßt, kann einen Wolf in Panik versetzen.

In einem Mischlingswurf Wolf/Hund erben einige das ruhigere und weniger reaktionsschnelle Wesen des Hundes, aber der Rest besitzt das wilde und unberechenbare Temperament des Wolfes. Der Besitzer eines Tieres vom letzteren Typ entdeckt die ersten wilden Verhaltensweisen beim viereinhalb bis fünf Monate alten Jungtier, und die Tiere können während der Paarungszeit gefährlich werden. Auch ein Wolfsmischling mit ziemlich stabilem Wesen besitzt den Aktivitätsgrad, die Neugier und natürliche Unbeholfenheit des Wolfes – ihn einen Tag lang im Hause um sich zu haben ist wie 10 Kinder (dreijährige!) eine Woche lang. In einem großen sicheren Gehege im Freien mit anderen Wölfen oder Hunden gehalten mit denen er aufgezogen wurde, kann er eine gute, freundschaftliche Beziehung aufbauen – vorausgesetzt er wird stets mit dem Respekt behandelt, der ihm gebührt.

Ein Hund ist ein Haustier, das mit dem Wolf verwandt ist und ähnliche Verhaltensweisen zeigt. Ein Wolf ist immer ein Wolf.

O. Omnivoren

Allesfresser. Obgleich Fleisch die Hauptnahrung des Wolfes ist, ist er kein reiner Fleischfresser. Er kann eine gewisse Menge pflanzliches Eiweiß verdauen. Die meisten Beutetiere des Wolfes sind Pflanzenfresser. Das ganze Tier wird verzehrt, einschließlich des verdauten und unverdauten pflanzlichen Mageninhalts. Die Nahrung des Wolfes hängt davon ab, was es gibt. Manchmal müssen sie mit Aas auskommen. In dieser Zeit fressen sie Früchte, Gemüse, verfaultes Fleisch – eigentlich alles, das ihnen vor den Fang kommt. Sie können es sich nicht aussuchen, es ist einfach eine Frage des Überlebens. Ihr Verdauungssystem hat sich darauf eingestellt, allen möglichen Futterquellen Nährstoffe zu entziehen. Ist genug da, sind sie Fleischfresser. Mit dieser Nahrung leben sie am besten. Unsere Hunde haben das gleiche Verdauungssystem. Obwohl es derzeit 'in' ist, vegetarisch zu leben, ist es unfair, unsere Lebensanschauungen auf den Hund zu übertragen. Man kann Hunde vegetarisch ernähren, sie überleben auch. Mutter Natur sorgt dafür, daß sie mit allem, das sich bietet, überleben können. Doch um zu gedeihen brauchen sie eine richtig ausgewogene Kost, die Fleisch von guter Qualität enthält.

R. Revierverhalten

Wölfe haben ein ausgeprägtes Revierempfinden. Jedes Rudel grenzt sein Jagdrevier durch Urin und Kot an auffälligen Stellen entlang der Reviergrenzen ab. Diese Botschaft wird durch Pheromone übermittelt. Sie respektieren fremde Territorien ebenso konsequent und machen lieber große Umwege, wenn sie von Jagdrevier zu Jagdrevier wandern, als geradewegs durch das Gebiet eines anderen Rudels zu ziehen. Wissenschaftler fanden heraus, daß bei der Jagd die Hatz an den Grenzen eines fremden Reviers endet. Nur ein außerordentlich hungriges Rudel würde dieses Wolfsgesetz brechen.

Unsere Hunde sind ebenfalls Reviertiere. Da sie gleichzeitig soziale Lebewesen in unserem Sinne sein sollen, hat sich ihr Revierverhalten etwas abgewandelt. Für sie sind Haus und Garten das Revier, und wehe jedem Eindringling! Der kleinste Revierinhaber jagt den größten Eindringling in die Flucht, aus dem einfachen Grund, weil der größere weiß, daß er hier nichts zu suchen hat. Selbst einen Hund in Begleitung eines Gastes einzulassen, kann riskant sein. Es wird nicht immer zur Rauferei kommen, doch die Hunde setzen ihre Körpersprache voll ein.

Der größte Unterschied besteht jedoch darin, daß es gemeinsame Reviere gibt, wie z.B. Parks und Felder, auf denen viele Hunde täglich gemeinsam auslaufen. Das geht gefahrlos vonstatten, weil jeder Hund glaubt, sich auf dem Grund eines anderen zu befinden. Da alle so denken, gibt es keinen Grund zur Verteidigung. Sie verhalten sich alle eher unterwürfig. Die Körpersprache sendet folgende Nachrichten aus: 'Ich bin nicht freiwillig hier und stelle auch Dein Recht hier zu sein, nicht in Frage.'; übertragen alle Hunde die gleichen Informationen, gibt es keinen Ärger.

Probleme treten nur auf, wenn ein Hund nicht regelmäßig mit den anderen Hunden zusammentrifft. Besonders, wenn er noch jung ist. Mangel an früher Sozialisierung auf gemeinsamem Areal bedeutet, daß ein Hund niemals lernt, daß es solche Reviere gibt. Sein Wolfsinstinkt bricht durch, und erlaubt man ihm die Grenzen zu markieren, dann wird er sie auch verteidigen. Zwei Rüden aus verschiedenen Häusern, die sich regelmäßig auf der gleichen Wiese treffen und jedesmal die Grenzen markieren dürfen, werden ihr Recht da zu sein verteidigen, wann immer sie sich begegnen.

Hunde, deren Besitzer einen großen Garten haben und glauben, er hat genug Auslauf, ohne das Grundstück zu verlassen, werden gegen andere Hunde aggressiv, die seinen Grenzen nahekommen – manchmal auch gegenüber Menschen. Ständiges Am-Zaun-Entlangrennen und Bellen sind die Probleme dieser Hunde, von Bissigkeit ganz zu schweigen.

R. Rudeltiere

Im Laufe der Jahrhunderte wurden Wölfe verfolgt, gejagt und umgebracht, fast bis hin zur völligen Ausrottung, weil sie Menschen töteten. Tatsächlich greift der Wolf selten Menschen an – seine Einstellung zu uns beschreibt man am besten mit Neugier und Angst. Früher war der Wolf das am weitesten verbreitete Landsäugetier dieser Erde. Aber durch Mythen und Legenden wurde es zum gefürchteten Feind. Im Mittelalter wurde er mit dem Teufel in Verbindung gebracht, und es gab Horrorgeschichten über Werwölfe, Kreaturen halb Mensch, halb Wolf usw. Niemals habe ich eine Geschichte über einen guten Wolf gehört. Kindern wird die Angst vor Wölfen mit Märchen wie Rotkäppchen anerzogen, das von einem außerordentlich intelligenten und grausamen Tier betrogen wurde.

Vielleicht hat der Mensch einen guten Grund, den Wolf zu fürchten – nicht, weil er böse ist, sondern weil sein Gruppenverhalten unserem ähnlich ist, aber viel besser funktioniert, weil der Wolf Gefühle wie Mißgunst, Neid und Rache nicht kennt. Als Menschen scheinen wir ein Herrentier sein zu müssen – anstatt zu lernen, zerstören wir. In den letzten Jahrzehnten hat sich die Einstellung glücklicherweise geändert. Der Wolf wird heute eher erforscht als gejagt, und er befindet sich wieder auf dem Vormarsch der Verbreitung.

Die Forschungsarbeiten haben gezeigt, wie sozial Wölfe in der Gruppe leben. Ein Fotograf, der einen Sommer mit Wölfen in der Arktis verbrachte, sagte: 'Ich habe nie ein Tier kennengelernt, das so viele fühlbare Wesenszüge besitzt – kein Wunder, daß es die frühen Menschen zum Gefährten wählten.' Meist leben sie in gut lenkbaren Gruppen von weniger als 10 Tieren (es wurde allerdings schon von einem Rudel in Alaska mit 36 Tieren berichtet). Sie besitzen ein stark hierarchisches Ranggefüge, das aus einer oberen, mittleren und unteren Kaste besteht. Die obere Kaste besteht aus Alpha-Rüde- und -Hündin, die Mittelkaste aus den Tieren, die sich nicht fortpflanzen, und in der unteren Kaste leben alle Ausgestoßenen und Jungtiere unter zwei Jahren.

Die Rangordnung wird nicht durch Aggressionsverhalten gefestigt, sondern durch das Unterwerfungsgehabe der Rangniederen. Es gibt häufig deutliche Aktionen der Unterwerfung gegenüber dem Alpharüden, die seinen Rang in der Gruppensolidarität bestätigen. Die allgemeine Atmosphäre ist freundlich und von gegenseitiger Treuebezeugung.

Beobachtet man, wie Hündinnen ohne Welpen Milch für die Welpen der Alphawölfin produzieren, wird uns klar, welch hilfsbereite, kooperative, stabile Gemeinschaft das Rudel darstellt. Wäre es nicht schön, wenn es in unserer menschlichen Gemeinschaft ebenso wäre, wenn wir jahraus, jahrein mit dem gemeinsamen Ziel – dem Wohlergehen der Gruppe – lebten? Das hat uns wahrscheinlich zunächst so am Wolf fasziniert. Wahrscheinlich lehnten wir ihn über Jahrhunderte ab und fürchteten ihn, weil er erreicht hat, was wir gerne anstreben würden. Das ist die instinktive Grundeinstellung ihrer Vettern, unserer Hunde, gegenüber dem Rudel, in dem sie heute leben.

S. Springen

Kommt die Wölfin von der Jagd zurück, rennen alle Welpen auf sie zu, springen an ihr hoch und lecken ihre Mundwinkel ab. Sie tun das, damit sie halbverdautes Futter auswürgt – die wölfische Art der Babynahrung. Das ist der Übergang von der Muttermilch zur festen Kost. Lefzenlecken ist ein Zeichen der Unterwerfung. Welpen tun es immer kurz nachdem sie von der Mutter gemaßregelt wurden. Sie tut anfangs so, als merke sie nichts von den Bemühungen und wendet den Kopf ab. Wird ihnen nicht deutlich gemacht, daß sie es unterlassen sollen, springen sie immer wieder hoch, um an ihr Maul zu kommen. Unsere Junghunde tun genau das gleiche. Aber da wir aufrecht gehen, schaffen sie es nicht, an unsere Mundwinkel zu gelangen, es sei denn, wir bücken uns und erlauben es ihnen. Sobald Ihr Welpe das nächste Mal seine nadelscharfen Zähne in Ihre Hand schlägt, stoßen Sie einen Schmerzensschrei aus und drehen den Kopf weg. Sie werden sehen, der Welpe wird zur Wiederherstellung des Friedens versuchen, Ihre Mundwinkel zu lecken.

Der heranwachsende Wolf lernt nicht nur im Spiel, sondern er legt die Rangordnung zwischen sich und seinen Geschwistern

fest. Höhe bestätigt den Rang, also legt er die Pfoten auf die
Schultern seines Spielpartners. Was als Futterbetteln begann,
entwickelt sich allmählich zu Dominanzgehabe. Zunächst fühlen
wir uns durch die vermeintlich zärtliche Annäherung des Welpen
geschmeichelt. Beim heranwachsenden Hund glauben wir dann
auch noch, er will uns durch sein Hochspringen begrüßen.
Nimmt das ganze überhand, schimpfen wir und wehren den
Hund ab. Doch inzwischen hat der Wandel von der unterwürfigen zur dominanten Haltung stattgefunden. Versucht der Hund
Sie zu dominieren, und Sie werden ärgerlich, dann nehmen Sie
den Kampf um die Rangordnung mit ihm auf – manchmal mit
unschönen Konsequenzen.

St. Streit

Nachdem wir nun ein Bild eitler Harmonie im Wolfsrudel ge-
malt haben, wäre es unsinnig so zu tun, als gäbe es keine gelegentlichen Streitereien. Aber da ihr soziales Gefüge so klar ist,
kommen sie selten vor. Sobald sie erledigt sind, geht das Leben
ohne nachzutragen weiter.
Es mag Sie verwundern, daß der dominante Rüde selten Aggression gegenüber Rudelmitgliedern zeigt, das Gegenteil ist der Fall.
Allgemein ist der Alpharüde überraschend tolerant und freundlich
gegenüber seinen Untergebenen, weil seine Position gut abgesichert ist. Er geht aufrecht, schaut anderen direkt ins Auge, mit
einer Einstellung wie 'ich treffe die Entscheidungen, sie stehen
hier nicht zur Diskussion.' Alle Streitigkeiten passieren in den unteren Rängen, insbesondere auf Platz 2 und 3 um die Rudelherr-
schaft. Diese Kämpfe sind meist schnell vorbei, wirken furchter-
regend wild, doch kommt es selten zu Verletzungen.
Als Teil einer Jagdeinheit wissen sie instinktiv, daß Verletzungen
ihre Jagdleistung beeinträchtigen. Verletzen sie sich gegenseitig,
ist die Erfolgsaussicht des Rudels bei der Jagd geschmälert. Deshalb sind die Raufereien mehr Schau als Absicht zu verletzen.
Unser Hund benimmt sich vielfach so, wie wir es ihm erlauben.
Leider erlauben wir es ihm selten; wir mischen uns ein, und dadurch kommt es zu Verletzungen – meist am Hundebesitzer.

T. Töten

Wölfe sind Killer! Sehr wirksame, vollkommen skrupellose Tö-
tungsmaschinen – sie müssen so sein um zu überleben.

Im Rudel wandern sie tagelang in gleichmäßigen Trab, unterbrochen von gelegentlichen Pausen. Am Ende dieser ermüdenden Reise erjagen sie eine Beute, die oftmals ihr Körpergewicht um ein Vielfaches übertrifft. Sie müssen Großtiere jagen, um die ganze Meute zu ernähren. Bedenkt man, daß ein hungriger erwachsener Wolf rund 40 Pfund Fleisch innerhalb von 24 Stunden wegputzen kann, wird klar, wie gut sie jagen können müssen.

Das Gebiß von Hund und Wolf ist gleich aufgebaut. Mit anderen Worten, unser kleiner, süßer Pudel, der gerade zusammengerollt auf unserem Schoß schläft, ist ein bestens ausgerüsteter Mörder. Halten wir den Haushund in einer behüteten und bequemen Umwelt, wo er gut gefüttert, meist überfüttert wird, erwachen diese Instinkte nicht. Aber wird er kalt und hungrig, und hat er die Möglichkeit, sich einer wilden Meute anzuschließen, tötet er zum Fressen, wenn es sein muß. Die jährlichen Verluste der Bauern zeigen, daß die Instinkte noch vorhanden sind.

U. Urinieren

Natürlich urinieren Wölfe wie andere Tiere, um überschüssige Flüssigkeit abzugeben, aber hier hört die Gemeinsamkeit schon auf. Wölfe urinieren auch, um ihr Revier zu markieren. Sie urinieren ebenfalls als Zeichen der Unterwürfigkeit. Letztere Verhaltensweise wollen wir uns ansehen.

Unterwürfiges Urinieren ist ein Reflexverhalten, das der Welpe früh lernt, wenn die Hündin die Kleinen sanft auf den Rücken dreht, um durch Lecken des Bäuchleins Urin- und Kotabsatz anzuregen. Der Welpe lernt dabei, daß das Auf-den-Rücken-Drehen Dominanzverhalten seitens der Mutter ist, während sein Urinlassen Unterwürfigkeit und die Anerkennung des Überlegenen anzeigt. Wird der Hund älter, ist dieses Urinieren Zeichen der Untergebenheit gegenüber einem ranghöheren Wesen. Der Hund legt sich dafür nicht mehr unbedingt auf den Rücken, aber er macht sich sehr klein, kriecht beinahe als wolle er sich auf den Rücken rollen und setzt dabei kleine Pfützchen ab. Beim älteren Wolf bedeutet das Auf-den-Rücken-Legen und Urinieren totale Unterwerfung. Je selbstbewußter der Wolf wird, desto seltener verhält er sich so. Man geht davon aus, daß dieses Verhalten nicht bewußt abläuft, sondern ein angelernter Reflex ist, ausgelöst durch das Bewußtsein des Tieres um seinen eigenen Rang.

(Mit anderen Worten, er kann nicht anders, und weiß noch nicht einmal, was er macht.)

Niemand findet an diesem Welpenverhalten etwas besonderes, aber wir mögen es nicht beim älteren Hund. Das Problem liegt aber darin, je ärgerlicher wir werden, desto dominanter wirken wir auf den Hund. Einen Hund deshalb für seine Bächlein auszuschimpfen, macht die Sache eher schlimmer.

In den meisten Fällen, die mir vorgetragen wurden, hatte man sehr früh zu dominante Erziehungsmethoden angewandt. Bemühungen, den Welpen so früh wie möglich zu dominieren, führt zu einer Übertreibung dieser Unterwürfigkeitsgeste. Nur der Aufbau des Selbstvertrauens des Hundes und weniger dominante Körpergesten des Besitzers in Situationen, in denen der Hund wahrscheinlich dieses Verhalten zeigt, sind das einzige Mittel der Problemlösung.

V. Vorwürgen

Wölfe erbrechen. Wir haben schon besprochen, wie der Welpe die heimkehrende Hündin am Fang leckt, bis sie Futter vorwürgt. Wir haben auch schon besprochen, daß sie in der Lage sind, von faulem Fleisch zu leben. Alles, was das Verdauungssystem des Wolfes stört, einschließlich Parasiten, kann mit Hilfe bestimmter Gräser ausgespuckt werden. Anders als Tiere, die nicht erbrechen können und daher die Konsequenzen falscher Futterwahl tragen müssen.

Tatsächlich ist die Fähigkeit, Futter wieder loszuwerden, eine clevere Erfindung von Mutter Natur. Wie alle anderen Verhaltensweisen, zeigen sie auch diese häufig. Kommt es nicht täglich oder häufiger vor oder ohne das Zutun des Hundes, dann ist es ein ganz normales Verhalten.

W. Wertschätzung

Wölfe und andere wilde Tiere betrachten Dinge nicht unter finanziellem, sozialem oder ethischem Aspekt. Sie verlassen sich vollkommen auf ihre Instinkte und unterscheiden nicht in Gut und Böse. Sie erhalten junge Bäume nicht für die Zukunft, brauchen sie Ballaststoffe, graben sie die Wurzeln aus. Sie töten, was sie fangen, egal wie hübsch es aussehen mag. Wir schrecken vor einem Nachtfalter zurück, aber selten vor einem Schmetterling. Wir erwarten, daß der Hund unsere Wertschätzungen teilt, die meist finanziell ausgerichtet sind. Es macht uns nichts aus, wenn der Hund die Zeitung vom Vortag zerfetzt, aber wir toben, wenn er einen Hundertmarkschein verspeist. Das Anknabbern eines alten Küchenstuhls zieht nicht die Strafe nach sich, wie das Beknabbern eines antiken Stücks. Diese Wertschätzungen sind für den Hund außerordentlich verwirrend, denn wie der Wolf hat er den Bedarf an etwas; ist es gerade greifbar, nimmt er es. Braucht der Hund Ballaststoffe und sie sind schon zu Papier verarbeitet vorhanden, prima; braucht der zahnende Welpe etwas zum Kauen – dann nimmt er sich etwas.

W. Winseln

Winseln ist meist der Ausdruck von Unwohlsein. Ein frierender oder hungriger Welpe winselt, oder er weint, weil er seine Geschwister und die Mutter vermißt. Es gehört zu den ersten Lautäusserungen, die sich entwickeln. Die Mutter ist, wie beim Menschen auch, völlig auf dieses Signal eingestellt und reagiert sofort. Werden die Welpen älter und selbständiger, behalten sie diese Lautäusserung bei, aber sie erwarten nicht mehr die unmittelbare Beachtung durch die Mutter, die sie als Welpen erfuhren. Unseren Hunden erlauben wir selten die gleiche Unabhängigkeit; bis zu gewissem Grade sind sie ihr Leben lang von uns abhängig. Aus diesem Grunde kann das Winseln zu einem Problemverhalten werden, wenn der Hund Aufmerksamkeit sucht und wir stets darauf reagieren.

X.

Das bezieht sich auf all x-beliebigen Rassen, also auch auf den Wolf. Wölfe sind in der Regel reinrassig. Abgesehen von Tieren, die von klein an mit Hunden aufgewachsen sind, kommt es eher selten zu Kreuzungen – der Wolf neigt eher dazu, einen Hund zu töten als sich mit ihm zu paaren. Weil jede Hunderasse speziell für bestimmte Aufgaben gezüchtet wurde – z.B. Hüten, Schützen, Jagen – muß man möglichst die Erbanlagen des Hundes erforschen, um zu wissen, was an Verhalten auf einen zukommt. Wo das nicht möglich ist, muß man den Hund anschauen und beobachten, bis man ziemlich genau erraten kann, in welche Gruppe er einzuordnen ist.

Es ist interessant nachzuvollziehen, daß wiederholtes Mischen unterschiedlicher Rassen allmählich zur Rückkehr zu einem bestimmten Typ (abgesehen von der Größe) führt. Die Ohren werden aufrecht gestellt, die Rute hängend getragen, das ganze Tier wird unabhängiger und weniger leichtführig. Der Typ, zu dem er sich zurückentwickelt ist der Wolf. Das ist der Grund, warum Mischlinge häufig als 'Rasse unbekannt, aber ganz sicher Schäferhundkreuzung' bezeichnet werden.

Z. Zoonosen

Dies sind Krankheiten, die sich von einer Art auf die andere übertragen können – von Wolf auf Hund, von Hund auf Mensch, von Wolf auf Mensch – die gefährlichste ist die Tollwut. Eine Abhandlung aller Krankheiten würde den Rahmen des Buches sprengen. Ich habe sie nur aus einem Grund aufgegriffen: Wenn Wolf, Hund und Mensch so weit gekommen sind, sogar Krankheiten miteinander zu teilen, dann muß dies das endgültige Siegel für die Verbundenheit zwischen uns sein.

Haben Sie nun von A bis Z durchgelesen, stellen wir fest, daß in vielen Fragen aus Kapitel 3 der Besitzer tatsächlich nur Verhalten beanstandet, das nicht seinem Lebensstil oder seinen persönlichen Werten entspricht, doch die Schuld wird meist dem Hund zugesprochen. Es gibt natürlich Problemhunde, Hunde mit Angstzuständen und krankhaften Verhaltensstörungen; aber im allgemeinen verhalten sie sich vollkommen normal, so wie sie es von ihrem Ahnherr Wolf geerbt haben.
Meine Aufgabe ist es daher, zunächst normales von abnormalem Verhalten zu unterscheiden – wo es abnormal ist, Heilung vorzuschlagen; wo es normal, aber nicht erträglich ist, herauszufinden wie man es ändern und den Bedürfnissen des Hundebesitzers anpassen kann. Hieraus ergibt sich, daß Problemverhalten vom Hundehalter abhängt. Ich bekomme oft Anrufe von Leuten, daß ihr Hund bestimmte Dinge tut... Hin und wieder kommt mir in den Sinn 'mein Hund tut das auch, wo also liegt das Problem?' Aber was eine Person erträgt, ist für eine andere nicht hinnehmbar. Festzustellen, daß der Verhaltenstherapeut mit ähnlichen 'Problemen' seines Hundes lebt, schafft nicht gerade Vertrauen. Das Verhalten des Hundes wird nur in den Augen des Besitzers zum Problem, und deshalb sucht er Rat. Ihm zu sagen, daß er lernen muß, das Verhalten zu ertragen, nützt ihm deshalb gar nichts. Nun kommt, was ich statt dessen zu sagen habe.

Teil 3

Warum macht mein Hund sowas?

Auf den folgenden Seiten schauen wir uns verschiedene Probleme an, wie sie Hundebesitzer erfahren. Es handelt sich um echte Fragen, die ich aus vielen Quellen gesammelt habe. Gelegentlich wiederholt sich mein Ratschlag, weil die Ursachen verschiedener Probleme gleich sind. Ich glaube, daß Sie schon beim Lesen lernen, und selbst über eine Lösung nachdenken, ehe Sie die Antwort lesen. Kommen Sie zu einem anderen Schluß als ich, muß das nicht heißen, daß einer von uns beiden Unrecht hat. Ist das erwünschte Ergebnis erzielt, dann war die Methode richtig!

A

Abnormes Verhalten

Die meisten Probleme stellen tatsächlich normales Verhalten dar, das jedoch für den Besitzer unerträglich ist. Einige Hunde sind jedoch verhaltensgestört. In diesem Falle sind die Chancen auf Besserung nicht gut.

Kürzlich hatte ich ein Beispiel dafür in der Praxis. Es handelte sich um eine dreijährige Dobermannhündin in einer Familie mit zwei kleinen Kindern (drei Jahre und ein Jahr alt). Der Hund war vor zwei Monaten aus dem Tierheim übernommen worden, da sich seine Besitzer hatten scheiden lassen und keiner von beiden den Hund behalten konnte. Das Problem war, daß die junge Mutter mit dem Bewegungsdrang des Hundes zu all der Arbeit mit den kleinen Kindern nicht fertig wurde.

Ich vermutete, daß der Hund entweder nicht richtig gehorchte oder seine Überaktivität ernährungsbedingt war. Beide Vorüberlegungen erwiesen sich als falsch; sein Verhalten hing unmittelbar mit seinen ersten Erfahrungen mit Menschen zusammen. Ich erfuhr dies, weil das Tierheim den Besitzern eine komplette Historie der Hündin mitgegeben hatten, was sehr selten der Fall ist, denn die Leute, die Hunde abgeben, sagen selten die Wahrheit.

Sie war ein einzelner Welpe. Die Mutter war kurz nach der Geburt gestorben. Daher wurde sie mit der Flasche aufgezogen und hatte keinen Frühkontakt mit Hunden, bis sie in die große weite Welt hinausgehen konnte. Dies wissend, vermutete ich richtig, daß sie andere Hunde mied und wo sie nicht ausweichen konnte, erstarrte.

Als Welpe hatte sie gelernt, sich als Mensch zu verstehen, denn Menschen waren in den wichtigen Sozialisierungsphasen die einzigen Kontaktwesen; sie hatte nie gelernt, ein Hund zu sein.

Durch diese Prägung wurde sie nicht nur überanhänglich, sondern, soweit physisch möglich, übernahm sie auch die Verhaltensmuster von Menschen, insbesondere was die Aktivitäten anging. Menschen sind tags aktiv, Katzen nachts, während der Schlafrhythmus des Hundes innerhalb von 24 Stunden unterschiedlich ist. Wenn nichts passiert, schläft er. Er ist aber sofort hellwach und auf den Beinen, sobald etwas Interessantes auftaucht. Dieser Hund interessierte sich für alles, das Menschen taten. Sie schlief nur, wenn alle anderen ruhten. Das heißt, sie lief der jungen Mutter dauernd vor den Füßen herum und wollte sich mit allem befassen, das sie tat. Verständlicherweise mit zwei Kindern, die sich beinahe genauso verhielten, wurde die Frau zu Hund, Kind und Mann recht ungehalten.

Die freundlichen Menschen, die den Hund mit der Flasche großgezogen hatten, konnten nicht ahnen, wie sehr sie das Leben des Hundes und seiner Familie beeinträchtigten. Hätten sie es gewußt, hätten sie den Hund früh mit anderen Welpen und erwachsenen Hunden zusammengelassen. Hunde erziehen Welpen. Sie brauchen nicht verwandt zu sein, um diese Verantwortung zu übernehmen. Bei zusätzlichem menschlichen Kontakt lernen sie schnell, Hund in einer Familie zu sein. Die Bedeutung der frühen Erfahrung kann nicht genug betont werden, wenn sich der Welpe normal verhalten soll. Mangel an Früherfahrung ist einer der Gründe für Fehlverhalten. Wie problematisch dieses dann wird, hängt ganz vom Umfeld des Hundes ab. In diesem Fall war die Lage unerträglich – die junge Mutter dem Nervenzusammenbruch nahe, Hund, Kinder und Ehemann litten darunter.

Der Fall hatte ein glückliches Ende. Wir konnten den Hund bei Pensionären unterbringen, die das Verhalten akzeptierten, sehr leicht damit umgehen konnten und die Anhänglichkeit des Hundes genossen. Das folgende Problem allerdings hat einen weniger guten Ausgang.

Frage:

Wir haben einen sechs Jahre alten Bulldogrüden, der seit kurzem gegenüber anderen Rüden und Hündinnen, auch gegen Welpen, aggressiv wird. Es begann vor etwa sechs Wochen, scheint sich aber zu verschlimmern. Kürzlich attackierte er eine Schäferhündin, die gerade noch davonlaufen konnte. Das stoppte aber keineswegs seine Aggression. Er kämpfte mit sich selbst weiter, scheinbar ungeachtet der Tatsache, daß der andere Hund längst weg war. Selbst der Schäferhundbesitzer mochte nicht glauben, was wir sahen. Der Hund hatte seinen Hinterlauf im Fang, die Augen waren glasig, und er ließ einfach nicht los. Als er sich endlich beruhigte, war das Bein ernsthaft verletzt. In den letzten beiden Wochen knurrte er drei oder vier Mal unseren 10jährigen Sohn ohne ersichtlichen Grund an. Welch eine Wesensveränderung, seit er Welpe war.

Er spielte gerne mit anderen Hunden, und ich konnte ihm mit Kindern vollkommen vertrauen.

Antwort:
Meist besteht Hoffnung, wenn die Verhaltensänderung im Alter eintritt, weil es bedeutet, daß ein bestimmter Grund vorhanden ist und es sich nicht um einen angeborenen Wesensfehler handelt. Findet man die Ursache heraus, stehen die Chancen auf Heilung meist gut. In diesem Falle fürchtete ich das Schlimmste. Kampf ohne Gegner ist in jedem Fall abnormal, weil die Aggression außer Kontrolle geraten ist. Ich mache mir jedoch Sorgen wegen des Ansatzes zu aggressivem Verhalten gegenüber Ihrem Sohn, der im Ernstfall nicht so schnell rennt wie die Schäferhündin. Wenn ich mit Fällen von Aggression gegenüber Kindern zu tun bekomme, bin ich vorsichtig. Solange wir versuchen, das Verhalten zu ändern, befinden sich die Kinder in Gefahr. Keiner von uns könnte sich vergeben, wenn das Kind angegriffen und verletzt würde, nur weil frühe Hinweise darauf nicht beachtet wurden. Unter Berücksichtigung des Alters, in dem die Wesensveränderung auftrat, der Wildheit seiner Aggression, der sichtbaren Veränderung der Pupillen und der Tatsache, daß das Verhalten abnormal ist, muß man auf ein neurologisches Problem schließen. Ich rate Ihnen, den Tierarzt aufzusuchen, ehe weitere Maßnahmen ergriffen werden (P.S. Die Besitzer gingen zum Tierarzt und ließen den Hund auf dessen Rat einschläfern. Eine Autopsie ergab einen Gehirntumor).

Dies ist ein weiteres Beispiel für abnormes Verhalten, das auf einer Krankheit beruht. Deshalb arbeiten meine Kollegen vom APBC und ich grundsätzlich auf tierärztliche Empfehlung hin. Dabei können wir voraussetzen, daß der Hund medizinisch untersucht wurde, ehe er uns vorgestellt wird. In diesem Fall waren die Besitzer vor dem Vorfall mit der Schäferhündin an mich verwiesen worden. Es gab keine physischen Hinweise, daß der Hund an einem Gehirntumor litt, denn man konnte mit bloßem Auge nichts sehen. Obwohl der Ausgang traurig war, hatten die Besitzer Glück, daß sich die Krankheit in solch bizarrer Form äußerte und der Tierarzt herangezogen wurde. Wären die Veränderungen nicht so drastisch gewesen und eher im Rahmen von unerwünschtem Verhalten geblieben, hätten wir möglicherweise ein

Programm zur Verhaltensänderung erstellt, das letztlich in einer Katastrophe geendet hätte.

Aggression
Dies ist ein Thema, über das alleine ein Buch geschrieben werden könnte. Es gibt so viele Ursachen für Aggression und immer mehr neue Bezeichnungen für die verschiedenen Formen. Nervöse Aggression, Schmerzaggression, Zornsyndrom, territoriale Aggression – ich habe sogar schon von stroboskopischer Aggression gehört, die man Rassen wie Bobtail oder Bearded Collie zuschreibt, weil Haare die Augen bedeckten. Wir könnten uns wahrscheinlich durchs Alphabet arbeiten und für jeden Buchstaben eine Form der Aggression finden, und uns dennoch fragen, was ist Aggression? Sie bedeutet, daß der Hund Menschen oder Tiere anbellt, anknurrt oder beißt. Wie ich schon in Teil 2 sagte, ist das normal. Ich möchte die bestimmten Formen der Aggression deshalb in die alphabetische Liste aufnehmen – wenn Sie zum Beispiel annehmen, Ihr Hund sei nervös aggressiv, schlagen Sie unter N nach. Doch ehe Sie an eine Einordnung herangehen, sollten Sie die gesamte Problematik verstehen.
Aggression ist meist ein Verteidigungsreflex, ursprünglich eine Drohung oder Warnung, letztlich eine reale Aktion, wenn keine Ausweichmöglichkeit besteht. Mit anderen Worten, man kann sie meist vermeiden, wenn man die Signale kennt und weiß, wie man das Mißtrauen des Hundes in einer aggressionsauslösenden Situation abbauen kann. Fast alle Aggressionshandlungen beruhen auf mangelndem Selbstvertrauen des Hundes.

Generell zeigen Hunde drei Verteidigungsreflexe:
aktiver Verteidigungsreflex (AVR),
passiver Verteidigungsreflex (PVR) und
Erstarrungs-Reflex (ER).

Sobald sich ein Hund bedroht fühlt, hat er die Möglichkeiten zu beißen, wegzurennen oder in einen Starrezustand zu fallen. Denken Sie darüber nach, uns Menschen geht es nicht anders.
Der Starrezustand kommt beim Hund am seltensten vor. Ich erinnere mich in diesem Zusammenhang an eine Geschichte, die mir jemand erzählte, der gerade seine Ausbildung als Hundeausbilder abgeschlossen hatte. Seine Prüfungsurkunde unter dem

Arm, bot er seine Dienste einem privaten Hundeausbilder auf Teilzeitbasis an. Sein erster Kunde war eine Dame mit einem Pyrenäenberghund, der sie über die Straße zerrte. Gemäß seiner Ausbildung legte er dem Hund ein Stachelhalsband um und ging mit ihm ein Stück. Der Hund prellte sofort vorwärts, sein Trainer riß am Halsband und schrie 'Fuß'. Der Hund erstarrte. Nichts brachte ihn dazu, sich zu bewegen. Sie standen mitten in einem stark besuchten öffentlichen Park mit einem lebenden 70 kg Denkmal. Sie mußten ein Auto kommen lassen und den Hund hineinheben. Der Hund verharrte in dieser Pose, bis der Ausbilder außer Sicht war; sobald er zurückkehrte, verfiel der Hund wieder in diese Starre. Der Schluß des Ausbilders: Die Sache war so peinlich, daß ich niemals mehr Privatunterricht anbiete.

Aktive Verteidigungsreflexe sind die häufigste Ursache für landläufige Diagnosen aggressiver Hunde. Entgegen dem letzten Beispiel reagieren AVR-Hunde im Falle von Bedrohung mit Knurren, Fletschen und letztlich Beißen. Hunde mit PVR hauen lieber ab und verstecken sich.

Obwohl es Unterschiede innerhalb der Rassen gibt, zeigen manche Rassen wie z.B. Rottweiler, Parson Jack Russell, Akita Inu und andere meist AVR. Golden Retriever, Shelties und ähnliche Hunde neigen eher zum PVR. Dies hat der Mensch durch Zuchtauslese entsprechend der Aufgaben, die der Hund erfüllen mußte, gefördert. Es macht wenig Sinn, einen Schutzhund zu züchten, der zur Gruppe PVR gehört.

Sofern keine andere Ursache für aggressives Verhalten vorliegt, zeigen Hunde nur Aggression, wenn sie provoziert werden. Unser Ausflug in die Wolfsnatur hat gezeigt, daß es sich grundsätzlich um sehr soziale Tiere handelt, die nur als letzten Ausweg zur Aggression greifen. Jedoch neigen einige Rassen eher zu aggressivem Verhalten als andere. Man könnte sie als Rassen mit niedriger Reizschwelle bezeichnen, während Hunde mit hoher Reizschwelle erst reagieren, wenn sie nicht fliehen können, vorausgesetzt, daß sie statt dessen nicht erstarren. Den Verteidigungsmechanismus des Hundes beschreibt man am besten mit: Kampf, Flucht oder Starre.

Erbliche Wesensmängel, antrainiertes aggressives Verhalten, mangelnde Frühsozialisierung, Ernährung, Krankheit und Schmerz sind nur einige Faktoren, auf die der Hund reagiert. Wir müssen bei der Einstufung von aggressivem Verhalten drei Dinge beachten:

1) den normalen Verteidigungsreflex einer bestimmten Rasse
2) die auslösenden Faktoren
3) Faktoren, die die Reizschwelle herabsetzen

Agoraphobie – Platzangst

Ebenso wie Menschen können Hunde darunter leiden. Die Ursache ist oft auf ein Ereignis außerhalb der vertrauten Umgebung beim 8 bis 12 Wochen alten Welpen zurückzuführen. In dieser Zeit, die manchmal die Angsteinprägephase genannt wird, kann alles Beängstigende auf den Welpen einen dauerhaften, sein Leben lang anhaltenden Eindruck machen. Vielleicht war es Schmerz beim Tierarzt oder lautes Zischen von LKW-Bremsen oder ein großer Mann mit schwarzem Mantel und Sonnenbrille hat auf seinen Fuß getreten. Bestenfalls entwickelt der Welpe eine lebenslängliche Angst vor Lastwagen, Tierärzten oder großen Männern in schwarzen Mänteln, die Sonnenbrillen tragen. Schlimmstenfalls kann sich diese Erfahrung so ausweiten, daß schon aus dem Haus zu gehen zum Problem wird. Obwohl es wichtig ist, Welpen so früh wie möglich zu sozialisieren, muß der Züchter oder Halter peinlichst darauf achten, daß der Welpe in dieser Zeit keine unangenehmen Eindrücke sammelt. Sollte dies die Ursache der Agoraphobie bei Ihrem Hund sein, muß ein sorgfältiges Desensibilisierungsprogramm ausgearbeitet werden. Damit das richtig geschieht, sollten Sie Ihren Tierarzt bitten, Sie an einen Verhaltenstherapeuten weiterzuleiten. Es kann sich als nützlich erweisen, einen homöopathischen Tierarzt zu Rate zu ziehen, der die spezielle Angst des Hundes ohne Medikamente behandeln kann.

Frage:

Ich habe eine zwei Jahre alte Retriever-Hündin, die bis vor kurzem gerne im Garten spielte. Vor einigen Wochen flog ein großes Flugzeug übers Haus, vor dem sie offensichtlich Angst hatte. Seitdem stellt sie sich in die Tür und schaut nach oben, sobald ich sie öffne. Mit keinem Mittel kann ich sie in den Garten locken. Sie löst sich nur noch, wenn wir sie im Haus anleinen, geradewegs ins Auto bringen und in den Park fahren. Im Park scheint sie sich wohlzufühlen, aber sobald sie zu Hause ankommt, springt sie aus dem Auto und kommt nicht schnell genug ins Haus. Leidet sie unter Agoraphobie?

Antwort:

Nicht im eigentlichen Sinne. Ihre Angst bezieht sich auf eine bestimmte Umgebung und ist nicht allgemein. Ich vermute, daß ihr Verhalten unbeabsichtigt verstärkt wurde: Zunächst durch Ihre Versuche, sie hinauszulocken, was sie als bestätigendes Lob empfunden haben könnte; dann durch Ihr vermehrtes Ausgehen im Park aus Angst, sie könnte platzen. Natürlich ist der Park für sie sehr viel interessanter als der Garten. Was einmal als echte Angst begann, ist nun angelerntes Verhalten, das ihr sogar Nutzen einbrachte.

Sie dürfen sie nicht beachten, sobald sie wieder in ihre 'Ich kann unmöglich da hinaus gehen' Rolle schlüpft – schauen Sie sie nicht an, sprechen Sie nicht mit ihr. Lassen Sie die Tür so lange wie möglich auf und überlassen ihr die Entscheidung. Ist sie zuverlässig stubenrein, wird sie eher hinausgehen als ins Haus machen. Das Geschäft im Garten wird mit einem Leckerbissen belohnt (draußen, nicht beim Hereinkommen!). Sollte sie einmal täglich gefüttert werden, verteilen Sie diese Mahlzeit auf zwei Portionen. Bereiten Sie das Futter in ihrer Gegenwart zu und stellen den Topf raus. Geben Sie ihr nun eine Viertelstunde Zeit zum Nachdenken. Hat sie bis dahin nicht gefressen, werfen Sie das Futter weg. Wiederholen Sie diese Prozedur jedes Mal. Keine Angst – ein gesunder Hund verhungert nicht!

Wenn sie den Gang zum Park so sehr liebt, legen Sie ihr die Leine um, aber ziehen Sie nicht daran, und gehen zum Auto. Geht sie nicht mit, kehren Sie um und schließen sie im Haus ein. Fahren Sie um den Block und kommen zurück. Sie bekommt ihren Ausflug zum Park nur, wenn sie freiwillig aus dem Hause geht. Alle täglichen kleinen Belohnungshäppchen sollten draußen gegeben werden. Geht sie nicht hinaus, kriegt sie nichts. Grundsätzlich dürfen Sie im Hause nicht loben und belohnen, auch nicht freundlich locken, sondern ihr Verhalten überhaupt nicht beachten. Alle Belohnungen erhält sie draußen, wenn sie freiwillig hinausgeht. Nimmt man sie an die Leine, hat sie ja keine Wahl. Letztlich achten Sie auf Flugzeuge: Wenn Sie eines bemerken, nehmen Sie sie sofort ins Haus, ehe sie es entdeckt.

Angst

Obwohl Hunde nicht die gleiche Denkweise wie Menschen haben, sind sie wohl in der Lage, feste gefühlsmäßige Bindungen aufzubauen. Sie können, ähnlich dem Menschen, unter psycho-somatischen Störungen leiden. Anorexia nervosa ist ein Beispiel und hat in der Tat mit Angst zu tun. Das emotionale und autonome Nervensystem ist ziemlich vergleichbar dem des Menschen;

In Ordnung! Du willst mich verlassen?
Dann hinterlasse ich etwas für dich!

der Unterschied liegt darin, wie die Hunde ihre Ängste aus-drücken.

Die häufigsten angstbezogenen Probleme sind: Versäubern im Haus, Zerstörungswut, Ausreißen (Kratzen an Türen und Fenstern), Heulen und Bellen, und in ernsten Fällen Selbstverstümmelung.

Fast immer treten sie auf, wenn der Besitzer den Hund allein zu Hause läßt. Der Hund bekommt Angst, die er durch seine Verhaltensweisen abreagiert. Wie er das tut, hängt vom einzelnen Hund ab: ein verschlossener Typ verstümmelt eher sich selbst, während ein aufgeschlossener zum Zerstören neigt (er überträgt seinen Streß auf einen anderen Gegenstand).

Berichten die Hundebesitzer von derartigen Problemen, stelle ich immer die gleichen Fragen:

Folgt Ihnen der Hund auf Schritt und Tritt?

Schläft er mit im Schlafzimmer?

Versucht er sogar, Ihnen auf die Toilette zu folgen?

Kratzt und weint er, wenn aus Versehen eine Tür geschlossen wird?

Legt er sich stets zu Ihren Füßen, wenn Sie sich setzen, meist eine Pfote über den Füßen, oder will er unbedingt auf dem Schoß sitzen?

Lauten die Antworten ja, sprechen wir von einer übertriebenen Anhänglichkeit. Die Probleme treten auf, weil der Hund nicht erträgt, alleingelassen zu werden. Einen zweiten Hund zu kaufen ist keine Lösung, denn der Hund fühlt sich nicht einsam – er verlangt nach seinen Menschen, meist sogar nach einer ganz bestimmten Person im Hause.

Die Aussicht auf Heilung ist gut. Da wir die Ursache kennen, können wir den Tagesablauf des Hundes verändern, um die Bindung zu lockern.

Kann es der Hund schon nicht ertragen, in einem anderen Zimmer zu sein, wenn Sie im Hause sind, kann er es recht nicht, wenn Sie ausgehen. Deshalb sollten Hund und Besitzer erheblich mehr Zeit in getrennten Räumen verbringen. Man beginnt mit nur wenigen Sekunden und verlängert allmählich bis zu dem Punkt, an dem er aus dem Schlafzimmer ausgeschlossen werden kann, ohne Theater zu machen.

Man muß auch das Kommen und Gehen ändern. Entweder sind die Hunde tief deprimiert, wenn sich der Besitzer anschickt, das Haus zu verlassen, oder sie werden überaktiv und ungehorsam. Einige werden sogar aggressiv und wollen den Besitzer daran hindern. Als Folge wird der Abschied lang hinausgezogen, denn der Besitzer versucht den traurigen Hund aufzumuntern oder durch die Tür hinauszukommen. Kommen die Besitzer nach Hause und sehen das Unheil oder hören ihn schon am Ende der Straße heulen, schimpfen sie mit dem Hund. Wir haben also freundlichen Abschied und ärgerliche Rückkehr. Anders als bei einem vertrauenswürdigen Hund. Hunde, die alleingelassen werden können, schickt man in ihren Korb, sagt ihnen ein freundliches Wort und geht. Eine kühle Trennung. Bei der Heimkehr erwartet Sie der Hund an der Tür zur Begrüßung, und es folgt eine gefühlvolle Begrüßung.

Am einfachsten ist es, dieses Programm durchzuführen, wenn man den Hund in einen sicheren Käfig sperrt (siehe Anhang für Einzelheiten). Abhängig von der Art des Abreagierens, müssen wir den Frust des Hundes in Bahnen lenken. Es reicht nicht, den Hund lediglich daran zu hindern, etwas kaputtzumachen; man bringt ihn nur dazu, statt dessen zu bellen oder zu heulen oder im schlimmsten Fall sich selbst zu verstümmeln. Man gibt dem Hund vielmehr etwas zum Kauen. Dieses Rehabilitationsprogramm dürfte binnen weniger Wochen eine dramatische Veränderung ergeben, in besonders schwierigen Fällen kann es etwas länger dauern. Das größte Hindernis ist, dem Besitzer klarzumachen, daß die Ursache des Fehlverhaltens die enge Bindung des Hundes zu ihm ist.

Fragen und Antworten zu angstbezogenen Problemen werden unter dem entsprechenden Buchstaben aufgeführt, 'Z' Zerstörungswut oder 'S' Stubenreinheit.

Anorexia nervosa – nervöse Appetitlosigkeit

Wenn ein guter Fresser plötzlich nicht mehr fressen will, gehen Sie zum Arzt. Dies sollte stets zunächst als medizinisches Problem behandelt werden. Ist der Hund gesund, könnte es sich um ein psychologisches Problem handeln.

Hunde handeln nicht wie Menschen – fett zu werden macht ihnen keine Sorgen. Sie tun nicht so, als würden sie fressen und brechen anschließend alles heimlich aus. Sie essen nicht aus Höflichkeit und quälen dann ihren Organismus mit Abführmitteln. Sie fressen einfach nicht. Fast immer handelt es sich um ein unangenehmes Erlebnis und unterscheidet sich vollkommen vom mäkeligen Fresser, speziell verwöhnter Zwergrassen. Der mäkelige Fresser ängstigt seine Besitzer, weil er kaum genug zu sich nimmt, um eine Fliege am Leben zu halten. Wahrscheinlich hat er einen niedrigen Stoffwechsel und braucht nicht so viel Nahrung, wie der Besitzer glaubt. Oft haben sie Spielchen gelernt wie: 'Ich kann das nicht essen, es ist Hundefutter – gib mir ein Steak!', der Besitzer folgt meist. Ein weiterer Grund ist die zusätzliche Aufmerksamkeit, die der Hund bekommt, denn viele mäkelige Esser werden mit der Hand gefüttert. Diese Hunde leiden nicht unter Anorexie, sie sind einfach verwöhnte Plagen.

Vollkommene Futterverweigerung kommt selten vor und hängt meist mit der Umgebung zusammen. Ich hatte kürzlich einen Fall, in dem ein Hund fünf Tage lang nicht fraß. Die tierärztliche Untersuchung ergab, daß er gesund war. Ein Schritt-für-Schritt-Nachvollziehen, was an dem Tag, an dem er aufhörte zu fressen, passierte, gab uns die Antwort. Er wurde stets am selben Ort in der Küche gefüttert. Rechts stand lose angelehnt ein Baby-Trenngitter, das dazu diente, den Eingang zum Eßzimmer zu versperren, damit der Hund nicht bei Tisch bettelt. An diesem Tag wurde das Gitter umgestoßen und fiel auf den Hund. Niemand schenkte dem Vorfall Beachtung, aber die Erfahrung war für den Hund tiefgreifend. Wir stellten die Futterschüssel hinaus, der Hund fraß gierig. Ehe er fertig war, brachten wir die Schüssel zurück in die Küche, wo er das Futter nicht anrührte. Wir ließen die Schüssel stehen und entfernten das Trenngitter. Der Hund fraß zu Ende.

Frage:
Ich habe einen zwei Jahre alten Yorkshire Terrier, der schon immer ein mäkeliger Fresser war. Kürzlich brachten wir ihn in eine Hundepension, wo er zwei Wochen lang nichts fraß. Er war nur noch Haut und Knochen. Der Inhaber der Pension sagte uns, der Hund leide unter Anorexie. Mein Tierarzt stimmt nicht zu, denn wenn wir zu Hause sind, frißt er wieder. Was sollen wir tun, wenn wir wieder einmal verreisen müssen?

Antwort:
Zunächst suchen Sie eine andere Hundepension. Wer einen Hund zwei Wochen hungern läßt, ohne den Tierarzt hinzuziehen, dürfte keine Hundepension führen. Was Sie beschreiben ist tatsächlich nervöse Appetitlosigkeit, verursacht durch den Zwingerstreß. Die Tatsache, daß Ihr Hund ein mäkeliger Fresser ist, weist darauf hin, daß er sehr geliebt wird. Wenn Sie ehrlich sind, wird er von Ihnen ein wenig verwöhnt. Der Schock, den der Hund durch die fremde, laute, isolierte Zwingerumgebung erlitt, entspricht beinahe den wissenschaftlichen Laborexperimenten, in denen künstlich Probleme geschaffen werden, um gelernte Reflexe zu studieren. Bei einigen Hunden reicht schon ein ganz geringer elektrischer Schlag, um einen psychischen Schock auszulösen, wobei Anfälle, Aggression, hyperaktives Verhalten und Verweigerung der Nahrungsaufnahme nur einige der Symptome sind.
Mein Rat ist, die Bindung zum Hund ein wenig zu lockern. Sie sollen ihn nicht weniger liebhaben, doch er sollte nicht ununterbrochen vollkommen abhängig von Ihnen sein. Müssen Sie ihn

in eine Hundepension bringen, fragen Sie zunächst den Tierarzt. Vielleicht kennt er eine, die sich mit solchen Problemen auskennt, und er kann ein mildes Beruhigungsmittel verschreiben, das dem Hund die Umstellung erleichtert. Aber warum wollen Sie Ihren Hund diesem Streß aussetzen? Er hat bewiesen, daß er psychisch dieser Umgebung nicht gewachsen ist. Es gibt Tiere, die dazu nicht in der Lage sind. Warum verabreden Sie nicht mit befreundeten Hundebesitzern, deren Hund in Abwesenheit zu betreuen und sie Ihren? Es gibt Menschen, die Häuser und Hunde in Abwesenheit hüten. Aber hier sollten Sie sich auf erstklassige Empfehlungen berufen können.

Anreiz
Früher hielt man in Ausbilderkreisen die Futterbelohnung für eine Art Bestechung. Gegner der Futterbelohnung benutzen jedoch gerne Spielsachen, Lob und Liebkosung. Wo liegt der Un-

Bist du schön brav, solange ich weg bin, dann darfst du auch fernsehen, wenn ich wieder zurück bin.

terschied? Sie sind alles Anreize, eine bestimmte Aufgabe zu erfüllen. Ich frage oft, würden Sie Tag für Tag zur Arbeit gehen, ohne dafür bezahlt zu werden? Natürlich nicht. Ist die Bezahlung nun Bestechung oder ein Anreiz zu arbeiten?
Versetzen wir uns in folgende Situation: Ihr Hund schläft fest vor dem prasselnden Kaminfeuer. Sie ergreifen die Krallenzange und rufen ihn. Vermutlich wird er Sie überhören. Werden Sie energisch, kommt er wahrscheinlich mit angelegten Ohren angeschli-

71

chen, insbesondere wenn er schmerzhafte Erfahrung mit der Krallenzange gemacht hat. Aber hätten Sie die Leine vom Haken genommen und ihn gerufen, wäre er wie ein Blitz herangeflitzt. Selbstverständlich macht die zu erwartende Belohnung den Unterschied aus – die Leine ist ein viel verlockenderer Anreiz als die Krallenzange. Wir lernen daraus, daß der Anreiz ausreichend sein muß, um ein bestimmtes Ergebnis zu erzielen. Jeder, der es nicht schafft, einen Hund freudig mit Hilfe eines Spielzeugs oder Lobs arbeiten zu lassen, und der gleichzeitig die Futterbelohnung ablehnt, erscheint mir ein wenig dumm.

Der Hauptunterschied zwischen dem Anreiz und der Belohnung ist, daß ersterer erwartet wird, letztere nicht. (Belohnung wird unter Verstärkung S. 185 besprochen). Ein Anreiz wird normalerweise am Anfang einer neuen Übung benutzt, z.B. um einem Welpen das Herankommen beizubringen. Indem Sie dem Welpen das Futter, das Spielzeug oder sonst irgend etwas zeigen, geben Sie ihm einen sichtbaren Grund für das Herankommen; allmählich verknüpft er das Hörzeichen für Herankommen mit dem Vorgang, dann kann der Anreiz verschwinden.

Das Thema Zwang (S. 195) gibt die Antwort, wie man einen Hund trainiert, Platz zu machen, ein klassisches Beispiel für die Anwendung von Anreizen.

Anthropomorphismus – Vermenschlichung

Dies bedeutet, menschliche Verhaltensweisen auf Tiere zu übertragen. Kein Hundebuch wäre komplett, ohne dieses Wort wenigstens einmal aufzuführen. Von allen Haustieren ist der Hund das einzige, dem der Mensch menschlichen Status und vernünftiges Denken einräumt. Ich weiß, daß viele Katzenbesitzer ihre Katzen als Kindersatz betrachten, aber die Katze besitzt eine gewisse Gleichgültigkeit, die sie über den Dingen stehen läßt. Deshalb respektieren wir tief im Innern die Katze als Katze. Nicht so beim Hund: die Menschen um ihn herum werden zu Mami und Papi, Brüdern und Schwestern, Onkel und Tantchen. Wir geben uns große Mühe, die Gefühle unseres Hundes nicht zu verletzen. Hunde nutzen diese Bindung weidlich aus. Körpersprache und Mienenspiel überzeugen uns, daß sie beleidigt und traurig sind, weil wir etwas gesagt oder getan haben. Das trägt weiterhin zu unserer Überzeugung bei, Hunde könnten auf die gleiche Weise denken wie wir. Natürlich können sie es nicht, es sind

72

Hunde – ebenso wie Katzen Katzen sind. Hunde sind nicht beleidigt, sie zeigen Respekt, indem sie uns aus dem Wege gehen. Sie freuen sich nicht, weil Heiligabend ist und sie viele Geschenke unter dem Weihnachtsbaum erwarten. Sie reagieren nur auf die allgemeine gute Stimmung, den Spaß und die Unterbrechung des normalen Tagesablaufs. Am schwersten aber verstehen meine Klienten, daß die Hunde nicht zu ihnen kommen um sich kraulen zu lassen, weil sie ihren Herrn so lieben, sondern weil sie Aufmerksamkeit erlangen wollen.

Ein klassisches Beispiel für diese Vermenschlichung wurde kürzlich in einer Tierarztfernsehserie gebracht. Der Klient kam mit seinen beiden Hunden in einem Kinderwagen zum Arzt und beschwerte sich, daß die Hündin dick wurde und sich ziemlich komisch benahm. Der Tierarzt stellte fest, daß die trächtig war. 'Das kann nicht sein,' sagte der Klient, 'sie war mit keinem anderen Hund zusammen'. 'Und was ist mit diesem?' fragte der Tierarzt, und zeigte auf den zweiten Hund im Kinderwagen, einen Rüden. 'Seien Sie nicht ekelhaft, junger Mann, das ist ihr Bruder', war die Antwort.

Frage:

Warum straft mich meine Hündin immer dann, wenn ich sie nach einer Reise aus der Pension hole? Es ist eine wunderschöne Pension und sie sind sehr gut zu ihr, aber wenn ich sie abhole, ignoriert sie mich, als ob sie mit mir böse wäre. Was kann ich tun, um ihre Freundschaft zurückzugewinnen?

Antwort:

Nichts! Sie machen den Fehler anzunehmen, daß Hunde die gleichen Gefühle hegen wie Menschen – in diesem Fall Ärger und den Wunsch zu strafen. Das haben sie nicht. Sie erleben nur die Auswirkungen auf einen ranghohen Hund, dem Privilegien eingeräumt werden, die in der Wildnis nur der Ranghöchste genießt. Solche Hunde in einen Zwinger zu sperren ist eine Art der Isolation und stuft sie auf einen niedrigeren Rang. Kommt der Hund nach Hause, zeigt er alle Anzeichen der unteren Rangordnung in der Mensch/Hund-Meute, bis er allmählich die Leiter wieder aufgestiegen ist. Er ist unauffällig. Auf Rufen kommt er mit gesenktem Kopf und vermeidet Augenkontakt. Er beginnt kein Spiel und bleibt etwas zurück, wenn Sie durch Türen gehen.

Mein Rat ist, sich das Verhalten des Hundes gründlich anzuschauen, ehe Sie ihn in die Pension bringen. Wenn es zutrifft, was ich beschrieben habe und was Sie als Strafe und Wut bezeichnen, dann hat der Hund die übrige Zeit des Jahres eine falsche Vorstellung von der Rolle, die er in Ihrer Umgebung einnimmt!

Ausbilder

Man hat mich oftmals beschuldigt, geringschätzige Bemerkungen über Hundeschulen und Ausbilder zu machen. Lassen Sie uns das ein für alle Male klarstellen: Ganz sicher werde ich schlechte Ausbilder bei jeder Gelegenheit kritisieren, gleichzeitig stelle ich aber stets heraus, daß es sehr viele gute Ausbilder gibt, und es immer mehr werden. Warum ich mich bei jeder Gelegenheit so negativ äußere liegt darin, daß der durchschnittliche Hundebesitzer glaubt, wenn sich jemand als Ausbilder darstellt, er auch dazu qualifiziert sein muß. Das ist nicht immer der Fall. Ich höre fast täglich Horrorgeschichten von meinen Klienten bezüglich Ratschlägen, die ihnen im Hundesportverein gegeben wurden. Kürzlich hörte ich von einem Fall, in dem der Tierschutzverein einen Hundeclub schloß und den Leiter vor Gericht brachte, weil er Hundebesitzern grausame Methoden zur Abgewöhnung der Aggressivität ihres Hundes empfahl und am Hund ausprobierte. Sie sollten den Hund an einem Kettenwürger in der Luft aufhängen, bis er beinahe erstickte, sobald er einen anderen Hund anknurrte. Dies führte der Ausbilder im Club durch. Als die Besitzer im Park das gleiche taten, wurden sie von Augenzeugen angezeigt. Die Tierschützer stellten rote Schwielen am Hals des Hundes fest. Der Besitzer brachte zu seiner Verteidigung hervor, daß er sich an einen Hundeclub gewandt habe, um den Hund vom Raufen abzubringen. Er tat es nicht gerne, aber er hatte professionellen Rat gesucht und bezahlt, deshalb befolgte er ihn. Die meisten von Ihnen sagen nun, ich würde nie tun, was mir nicht zusagt, dennoch verstehe ich seine Lage. Viele meiner Klienten sind der Grausamkeit im Namen der Erziehung schuldig, nicht weil sie grausame Menschen sind, sondern weil man ihnen gesagt hat, daß sie diese oder jene Strafe durchführen sollten, um das Problem zu lösen, andernfalls müßten sie damit leben.
Ich arbeite heute zwar vollberuflich als Verhaltenstherapeut, meine Kenntnisse erlangte ich jedoch als Hundeausbilder. Ich

lehnte viele dieser traditionellen 'zieh und drück ihn'- Techniken ab und studierte und erprobte statt dessen die wissenschaftlich erwiesene Methode der positiven Bestätigung. Aber meine Ausführungen als Ausbilder, daß es freundlichere und erfolgreichere Methoden gibt, beschränkten sich auf meine Schüler. Die Mehrheit der Hundehalter unterlag noch immer der Erziehung, wie für sie in Büchern, Tierläden und bei Tierärzten geworben wird. Heute bin ich glücklicherweise in der Lage, meine Ansichten an Hundehalter so zu verbreiten, daß sie nicht mehr alles hinnehmen, was dem Hund schaden könnte. Dieser Rat wäre sinnlos, gäbe es nicht eine wachsende Menge an fähigen Ausbildern, die dem besorgten Hundehalter alternative Methoden anbieten können.

Ausbrechen

Dieses Problem kann zwei Formen annehmen: die eine ist angstbezogen. Der Hund kann Verlassensein nicht ertragen und versucht, sich durch Türen und Fenster zu graben, um seinem Herrn zu folgen (siehe Angst S. 66). Die andere ist ein Ausbruchskünstler, der jedes Hindernis überwindet, drüber, drunter oder durch geht, um seinem 'Gefängnis' zu entgehen und die große weite Welt zu erkunden, ob der Besitzer zu Hause ist oder nicht. Wir wollen uns hier mit Typ zwei befassen.

Wir müssen folgendes prüfen:
1) Was veranlaßt den Hund auszubrechen?
2) Wie wurde das Grundstück abgesichert?

Wissen wir, warum ein Hund alles daransetzt, auszubrechen, dann können wir entweder das Motiv ausschalten oder seine Bedürfnisse auf dem eigenen Grundstück befriedigen. z.B. fehlt ihm geistige Anregung, kann häufigeres Ausführen in interessantem Gebiet den Bedarf des Hundes stillen, was er sonst auf eigene Faust täte. Verfolgt ein Rüde eine heiße Hündin, so löst sich das Problem bei Ende der Hitze, doch es kann sein, daß er weiter wandert, um neue zu finden. Eine langfristige Heilung für den ausbrechenden Romeo ist Kastration. (Siehe Kastration S. 125). Vielleicht hat sich ein Nachbar angewöhnt, Futter für streunende Katzen auszulegen, oder er füttert den Hund, wenn er mal vorbeischaut; in diesem Fall sollten Sie mit dem Nachbarn über Ihr

Problem sprechen. Einige Hunde brechen nur an einem bestimmten Tag in der Woche aus. Meist wenn die Müllabfuhr kommt – Müll in Plastiksäcken wirkt auf Hunde sehr verlockend. Die Lösung heißt hier, im Hause halten bis die Müllabfuhr vorbei ist.

Alternativ ist es sinnvoll, die Umgebung abzusichern. Für den Kletterer sind hohe Zäune wertlos; vielmehr sollte man den Zaun oben nach innen um 45° abknicken. Ist das Grundstück zu groß zum Einzäunen, müssen Sie eine Fläche für den Hund ausbruchsicher abtrennen.

Hat ein Hund das Bedürfnis zu streunen, dann wird er niemals lernen, unbeaufsichtigt zu Hause zu bleiben. Einen Hund einzusperren, der aus Langeweile wegläuft, ist grausam, sofern Sie nicht bereit sind, ihm Abwechslung zu bieten.

Frage:

Wir haben 40 000 Quadratmeter Land und zwei Hunde, einen vier Jahre alten Greyhound und einen zwei Jahre alten Dalmatiner. Wir können unmöglich alles ausbruchsicher einzäunen. Bislang war das auch nicht nötig. Vor ein paar Tagen erschien abends ein Fuchs auf dem Hof. Wir schickten die Hunde nach, um ihn zu vertreiben. Sie verschwanden, aber nach einer Stunde war der Fuchs wieder da, nicht so die Hunde. Erst am anderen Morgen gegen fünf Uhr tauchten sie wieder auf. Wir hörten den Dalmatiner bellen.

Wir erfuhren, daß in dieser Nacht drei Schafe von Hunden gerissen wurden. Wir haben uns nicht gemeldet. Es könnten vielleicht unsere Hunde gewesen sein. Seitdem lassen wir sie nicht mehr frei. Wir finden es schade, so viel Land zu besitzen, und die Hunde können es nicht genießen. Glauben Sie, daß es sich um eine einmalige Angelegenheit gehandelt haben könnte, weil sie es ja nie vorher getan haben?

Antwort:

Es kann natürlich das erste und einzige Mal gewesen sein. Aber wenn Ihre Hunde die Schafe getötet haben – es sieht ganz danach aus – dann hatten sie solch ein herrliches Erlebnis der Jagd und des Tötens, daß sie es sehr wahrscheinlich wieder tun werden. Die Hatz hinter dem Fuchs hat ihre Instinkte geweckt; vielleicht wurden die Schafe dadurch unruhig und rannten davon, so daß die Hunde automatisch nachhetzten. Es liegt nicht daran, daß sie einmal 'Blut geleckt' haben, wie der Volksmund sagt, sondern daß ihre verborgenen Jagdtriebe geweckt wurden. Die einzige Lösung ist Gefangenschaft. Entweder in einem zumutbaren, ausbruchsicheren Zwinger, oder Sie stecken ein größeres Gelände mit elektrischem Weidezaun ab.

Ich würde eine Schocktherapie nur empfehlen, wenn die einzige Alternative Einschläfern hieße. In Ihrem Fall kann das im Wiederholungsfall genau dies für Ihre beiden Hunde bedeuten. Eine relativ große Fläche einzuzäunen und zahlreiche auffällige Pfosten zu setzen kann dazu führen, daß der Elektrodraht wieder abgebaut werden kann, sobald die Hunde den Zaun respektieren. Die auffälligen Pfosten genügen möglicherweise als abgrenzende Warnung für die Hunde. Entscheiden Sie sich für diese Methode, stellen Sie sicher, daß Sie bei dem ersten Heranführen dabei sind und jeweils nur einen Hund mitnehmen, damit es keine Verwirrung gibt und der Hund weiß, woher der Schlag kommt. Es gibt eine ähnliche, aber teurere Lösung, die man 'unsichtbaren Zaun' nennt. Hier liegt der Draht knapp unter der Oberfläche und sendet Radiowellen aus. Der Hund trägt einen Empfänger am Halsband. Kommt er dem Draht nahe, ertönt ein warnendes Brummen. Geht er weiter vor, folgt ein leichter Schlag.

Autos

Viele meiner vierbeinigen Patienten kündigen ihre Ankunft schon lange an, ehe ihre Besitzer auf den Parkplatz fahren. Ich höre sie von der Straße zu meinem Haus jaulen und bellen, weil sie ein Stück Wiese, einen Hund, eine Person, ein Fahrrad oder Blaulichtsirene hören, oder auch nur, weil sich das Auto bewegt. Meist kommen sie ziemlich erschöpft an, die Besitzer wirken gestreßt und abgeschafft.

Warum regen sich Hunde im Auto so auf? Ganz einfach deshalb, weil es stets das Vorspiel zu einer aufregenden Angelegenheit ist. Wie ich schon erwähnte, haben die meisten Familien zwei Autos, eines davon ein Kombi oder mit Heckklappe, eigens für den Hund. Der Hund wird zum Park gefahren, wahrscheinlich täglich oder sogar zweimal am Tag. Er ist alleine hinten im Auto und darf hin und her springen, denn er stört niemanden. Wir haben nun die Situation, daß Auto gleichbedeutend mit Fahrt zum Park wird. Während der Fahrt gibt es keine Kontrolle über den Hund.

Die Regelmäßigkeit der Aktion produziert garantiert einen auto-verrückten Hund. Interessanterweise sind Hunde weniger hysterisch, die in der Limousine mitfahren, denn es ist höchst gefährlich und unpraktisch, den Hund auf den Sitzen herumtoben zu lassen. Solche Ansätze werden schon im Keim erstickt und der Hund im fahrenden Wagen angebunden.

Es gibt einige Möglichkeiten, einen verrückten Autohund zu beruhigen. Am besten hilft, ihn auf dem Rücksitz anzubinden. Ein großes Auto heißt nicht, daß sich der Hund darin frei bewegen muß. Eine meterlange Leine im Wagen befestigt und am Hund ein normales Lederhalsband – keinesfalls ein Zughalsband – ist alles, was man benötigt. Der Hund kann sich dabei hinlegen, aufstehen, sich drehen, aber er kann nicht von einer Seite auf die andere springen. Außerdem haben Sie den Hund im Griff, wenn Sie die Heckklappe öffnen.

Erreichen Sie damit nicht den erwünschten Beruhigungseffekt, dann kann eine Abwehrtherapie (siehe Anhang) das erlernte Verhalten unterbrechen. Hilft auch das nicht, versuchen Sie ihn unterhalb der Fenster anzubinden, geht das nicht, setzen Sie ihn in eine Reisebox und verhängen sie mit Tüchern, um dem Hund die Sicht zu nehmen. Für viele Hunde ist die vorbeiflitzende Bewegung Auslöser für die Hysterie.

Wenn möglich, sollte man das Auto zwei Wochen lang nicht benutzen, um den Hund auszuführen. Nehmen Sie ihn im Auto zum Einkaufen mit oder auf kurze Fahrten, aber lassen Sie ihn erst wieder zu Hause aussteigen. Sie verändern damit die Erwartungshaltung des Hundes, die die Autofahrt beim ihm auslöst. Anstatt im Park anzukommen, landet er wieder zu Hause!

Frage:

Ich habe einen sechs Monate alten Yorkshire Terrier namens Jenny. Sie hat schreckliche Angst vor dem Autofahren, weint und zittert die ganze Zeit, auch im stehenden Auto. Ich versuche sie zu beruhigen, aber das scheint nicht zu helfen. Sie erbrach stets einige Sekunden nach dem Start, aber das scheint nun besser zu werden. Kann ich irgend etwas tun, um sie ans Reisen zu gewöhnen?

Antwort:

Ausdauer ist der beste Rat, den ich Ihnen geben kann. Die Tatsache, daß sie nicht mehr sofort erbricht zeigt, daß sie sich an die seltsame Bewegung zu gewöhnen scheint. Sie zu beruhigen, wenn sie weint, macht die Sache eher noch schlimmer. Sie belohnen eigentlich das unerwünschte Verhalten. Sanfte Worte und Liebkosen bedeuten für den Hund nur Töne und Streicheln, genau so, als ob sie sich auf Kommando gesetzt hätte. Sie wollen aber, daß sie still ist. Ich wette, Sie loben sie dann nicht, weil Sie sie nicht wieder aufregen wollen.

Das Geheimnis liegt darin, das erwünschte Verhalten zu belohnen. Die Fahrten sollen kurz sein und mit einem angenehmen Ereignis enden – Freilauf im Park oder Futter. Es kann schon helfen, sie ihm stehenden Auto zu füttern.

B

Babys

Die große Mehrheit aller Hunde akzeptiert die Ankunft eines Babys im Haushalt ohne Schwierigkeiten. Die meisten Hundebesitzer überlegen sorgfältig, wie sie Kind und Hund einander vorstellen und sind sich bewußt, daß man keine Eifersucht zwischen Hund und Baby erzeugen darf. Die meisten Tiere erkennen die Jungen einer anderen Spezies, egal um welches Tier es sich handelt, und betrachten es nicht als Bedrohung. Dieses natürliche Phänomen erlaubt ein gegenseitiges Bekanntmachen ohne Aggression.

Idealerweise sollte das Baby dem Hund sofort nach seiner Ankunft zu Hause vorgestellt werden. Dies ist wichtig, weil der Hund es unter Aufsicht untersuchen kann. Erlaubt man dies nicht, zwingt ihn die Neugier dazu, selbst bei erstbester Gelegenheit zu erkunden, was da so viel Aufmerksamkeit erregt. Hunden, die am Kinderwagen hochspringen, unterstellt man rasch böse Absichten. Am einfachsten legt man das Baby auf eine saubere Decke auf den Boden, führt den Hund an lockerer Leine heran und läßt ihn das Baby beschnüffeln. Lenken Sie seinen Fang sanft weg vom Gesicht des Babys. Es darf bei diesem ersten Zusammentreffen keine unangenehmen Erfahrungen geben, kein Schimpfen, kein Klaps, kein Leinenruck. Der Hund soll nicht lernen, daß der Begegnung mit dem Kind eine unangenehme Erfahrung folgt. Ist seine Neugier gestillt, bekommt er einen Leckerbissen und als Belohnung einen Spaziergang. Wiederholt man diese Prozedur mehrmals, dann lernt der Hund, sich auf die Begegnung mit dem Baby zu freuen.

Eine kluge Mutter bezieht den Hund in die täglichen Aufgaben mit ein. Wird der Hund zur Essenszeit des Babys, beim Windelwechseln usw. weggesperrt, kann sich eine Abneigung aufbauen, besonders wenn der Hund vor der Ankunft des Babys im Hause Narrenfreiheit genoß.

Auch wenn Sie Ihrem Hund noch so sehr vertrauen, lassen Sie Kind und Hund nie alleine zusammen. Ebenso wie das Hochspringen am Kinderbettchen, um besser hineinsehen zu können falsch ausgelegt werden kann, kann es auch sein Interesse an schmutzigen Windeln.

Frage:

Warum wird mein Hund so lästig, sobald ich mich mit dem Baby beschäftige? Er stiehlt ihre Spielsachen und Kleidung, wenn er ran kommt. Sperre ich ihn weg, dann kratzt er an der Tür und bellt wie verrückt.

Antwort:

Der Grund ist einfach, er hat gelernt Ihre Aufmerksamkeit auf sich zu lenken, wenn er mit den Babysachen davonrennt – Sie laufen ihm nach und schimpfen. Wie Sie noch beim Heranwachsen Ihres Babys lernen werden, ist es Kindern und Hunden egal, welcher Art die Aufmerksamkeit ist, die sie bekommen – angenehm oder unangenehm. Das Geheimnis liegt darin, ihm eine gewisse Aufmerksamkeit zu schenken, wenn er sie verdient hat. Beginnen Sie mit dem Baden des Babys wie üblich. Binden Sie Ihren Hund irgendwo an von wo aus er Ihnen zusehen kann, lassen ihn sitzen und beginnen mit dem Bad. War der Hund brav, unterbrechen Sie nach 30 Sekunden und belohnen den Hund. Freundliches Lob und ein Leckerbissen sind eine viel bessere Belohnung als von der ärgerlichen Mutter im Hause herumgejagt zu werden. Wiederholen Sie das ganze, belohnen ihn aber erst nach einer Minute stillsitzen. Wahrscheinlich werden sie bei der ersten Übung gar nicht dazu kommen, das Baby richtig zu baden, aber Sie zeigen Ihrem Hund, daß es sich lohnt, ein Kommando gehorsam auszuführen, wenn die üblichen Arbeiten mit dem Baby gemacht werden. Hat er ein paar Minuten gesessen oder gelegen, können Sie ihm einen Kauknochen geben, mit dem er sich beschäftigen kann, bis Sie fertig sind.

Bach-Blüten-Therapie

Dr. Edward Bach war ein angesehener Arzt, Pathologe, Immunologe und Bakteriologe. 1919 begann er an der Londoner Homöopathischen Klinik zu arbeiten. Homöopathie beruht auf dem Prinzip, daß eine Krankheit durch Mittel geheilt werden kann, die beim gesunden Menschen ähnliche Krankheitssymptome hervorrufen.
Diese Heilmittel werden üblicherweise in winzigen Mengen verabreicht, um die giftigen Nebenwirkungen, wie man sie bei Medikamenten der Schulmedizin findet, zu verringern. Es gibt zwei Grundprinzipien:

1. daß Gleiches Gleiches heilt
2. daß der Patient (sein Charakter) und nicht die Krankheit behandelt werden

Bach fand, daß dieses System bestätigte, wovon er sein Leben lang überzeugt war – daß die meisten Krankheiten nur einen Zwiespalt innerhalb der Person sichtbar machen. Er glaubte, daß die Krankheit verschwände, wenn eine Person Vertrauen zu sich selbst habe, also keine negativen Gedanken pflegt. Er wußte, daß homöopathische Heilmittel dies schafften, aber daß es für die Durchschnittsperson zu schwierig war, eine Diagnose zu erstellen und eine entsprechende Behandlung einzuleiten. Er war überzeugt, daß es eine einfachere Lösung gab, die jedem Laien und Professionellen zugänglich sein sollte.
1928 fand er bei einem Besuch in Wales mehr durch Eingabe als Experimente heraus, daß bestimmte wilde Blumen gute Auswirkungen auf Menschen hatten. Gab man z.B. Mimulus guttatus einer zurückhaltenden, ängstlichen Person, dann konnte sie diese Ängste überwinden. 1930 schloß er sein Labor und verließ London. Er bereiste England und Wales und suchte Substanzen in der Natur, die einem negativen Gedankengut entgegenwirkten. Als er 1936 starb, hatte er 38 Heilmittel entdeckt, die man Bach-Blüten-Heilmittel nennt.
Diese Heilmittel sind leicht zu bekommen, billig und haben keine schädlichen Nebenwirkungen. Was uns in diesem Buch daran interessiert ist die Tatsache, daß sie hervorragend auf Hunde wirken. Es gibt zwar bei Krankheiten keinen Ersatz für eine gute tierärztliche Behandlung. Beruht das Verhalten nicht auf einer Gesundheitsstörung, helfen sie ungemein bei der Behandlung scheuer, angstvoller und aggressiver Hunde. Sofern die Tierärzte damit einverstanden waren, haben sie mir enorm bei der Behandlung von Problemhunden geholfen.

Frage:
Ich habe einen drei Jahre alten Weimaraner. Bis vor etwa 6 Monaten war er ein sehr erfolgreicher Ausstellungshund. Seit ihn ein Hund im Ring angegriffen hat, betritt er den Ring nur noch vorsichtig, klemmt die Rute ein, läßt den Kopf hängen und schlappt die Ohren wie ein Elefant. Wir haben alles mögliche versucht, um ihn aufzumuntern, aber nichts hilft. Wir sind

zu Übungsstunden gegangen, da ist er wieder der Alte. Es ist
also keine Frage des Trainings. Können Sie uns raten?

Antwort:

Da das Verhalten vom Ort abhängt, spielt Übung keine Rolle.
Nichts kann die Atmosphäre einer Ausstellung nachvollziehen,
der Hund wird immer den Unterschied erkennen. Wir müssen
seine Einstellung zum Ort selbst, d.h. seine Angst vor einer
Attacke, ändern. Bach-Blütenheilmittel sind ideal für solche
Zwecke. Auf der Liste finden wir, daß Espe bei vagen, unbekannten Ängsten hilft. Mimulus (gefleckte Gauklerblume) hilft bei bekannten Ängsten, Felsenrose bei extremer Angst und Panik. Eine
oder eine Kombination aller Blüten wird helfen. Bitten Sie Ihren
Tierarzt, Sie an einen Homöopathen zu überweisen, der die pas-
senden Heilmittel für Ihren Hund verschreibt. Keine Sorge, Ihr
Hund wird wie früher den Ring wieder gerne betreten.

Beißen

Hunde lernen schon sehr früh zu beißen. Ein Grund, warum
Mutter Natur den Welpen solche kleinen, nutzlosen Nadeln als
Zähne einsetzte ist, damit sie einander im Kampfspiel wehtun,
wenn sie zu fest zu beißen. Es ist wichtig, daß die Hunde früh lernen, ihre Kiefermuskulatur zu kontrollieren. Wir nennen das
'Beißhemmung'. Zwischen der 4. und 8. Woche sind die Muskeln noch nicht voll entwickelt, und die spitzen Zähnchen Ersatz
für fehlende Kraft. Es ist deshalb ganz normal, wenn Welpen
beißen. Sie durchlaufen einen natürlichen Lernprozeß. Wir müssen ihnen jetzt beibringen, daß man Menschen nicht zu beißen
hat.

Der normale Welpenbesitzer, dessen Welpe gerade die Zähne in
sein Fleisch gräbt, schreit auf, gibt ihm einen Klaps auf die Nase
und den Po. Dies ist für den Welpen eine überaus verwirrende
Situation. Denn wenn es überhaupt einen Lerneffekt gibt, dann
den, daß man nach dem Biß blitzschnell abzuhauen hat. Nicht,
daß man nicht hätte beißen dürfen. Man sollte von den Welpen
lernen, wie sie damit fertig werden. Beißt einer zu heftig zu und
der andere schreit auf, läßt der Beißende sofort los. Stoßen wir
einen schrillen Schmerzensschrei aus, sobald der Welpe unsere
Haut berührt (warten Sie nicht, bis es wehtut), können wir ihm
rasch beibringen, seine Zähne bei uns nicht einzusetzen. Wir

bringen dem Welpen damit nicht bei, daß wir leicht verletzlich sind, weil sie sich in einer Phase befinden, in der sie lernen, wie sie die Zähne richtig einsetzen. Erst wenn das zweite Gebiß durchbricht, beginnt die Phase, die Zähne zur Erlangung eines höheren Rangs zu gebrauchen. Deshalb muß das Beißverhalten gegenüber Menschen vor dem Alter von 8 Wochen gelernt werden. Beginnen die ersten Zähne auszufallen und die zweiten durchzudrücken, darf kein Kontakt mehr zwischen den Welpenzähnen, Ihrer Haut oder Kleidung erfolgen. Egal, wie sanft er Ihre Hand in den Fang nimmt, er tut es nur, um Sie zu dominieren. Meist sagt ein unvermitteltes, sehr lautes 'Hau ab' verbunden mit starrendem Augenkontakt, daß Ihnen das Verhalten nicht gefällt, insbesondere, wenn Sie den Hund anschließend eine Minute lang nicht beachten. Niemals loben Sie den Hund, sobald er losgelassen hat. Es darf absolut keine Belohnung erfolgen, wenn eine Berührung mit den Welpenzähnen erfolgt.

Frage:
Wir haben einen zwei Jahre alten Border Collie namens Ben, der mich und meine Familie dauernd in die Knöchel beißt. Er verletzt uns nicht oder wird jemals aggressiv, aber wir können es ihm einfach nicht abgewöhnen. Jemand schlug vor, ihn mit einer zusammengerollten Zeitung zu schlagen, aber das Problem ist, daß wir nie wissen, wann er es tut und dann keine Zeitung zur Hand haben. Können Sie einen Vorschlag machen?

Anwort:
Ihr Hund hütet Sie, wie Sie sicherlich schon bemerkt haben. Ein rascher Kniff in die Fesseln bringt Sie am schnellsten ein Stückchen voran. Wenn Sie ständig eine Zeitung in der Hand hätten, würde er höchstens lernen, sich beim Beißen zu ducken. Der Border Collie weiß, daß er bei seiner Arbeit immer mit ausschlagenden Hufen rechnen muß und kann damit umgehen, er hört deshalb nicht auf zu hüten.
Es überrascht mich, daß sein Verhalten nicht abzusehen ist. Der Fehler, den Sie wahrscheinlich machen, ist nur den Gebissenen zu beobachten, anstatt die gesamte Familie im Auge zu haben. Wahrscheinlich passiert es, wenn alle im Zimmer sind und einer aufsteht, um zu gehen, oder wenn sich die Familie im Hause ver-

streut aufhält. Ben hat einen gewissen Ordnungssinn, wohin jeder gehört. Damit Sie lernen, was für ihn hübsch ordentlich ist, müssen Sie den ganzen Haushalt beobachten. Haben Sie einmal herausgefunden, wann er beißen will, können Sie sein Verhalten unterbrechen. Ich würde eine unangenehme Gegenwehr vorschlagen (siehe Anhang), damit er lernt, daß seine Handlung unangenehme Folgen hat. Wir haben es bei dieser Rasse mit einem angeborenen Instinkt zu tun, es ist aber interessant zu beobachten, daß der Biß, und wenn er noch so rasch erfolgt, immer kontrolliert ist. Gerade fest genug, um Sie voranzutreiben, aber niemals so fest, um Verletzungen oder Schmerzen hervorzurufen. Wie Sie sagen, ist er nicht aggressiv. Hüteinstinkt wird weiter unter 'H' besprochen.

Bellen

In Teil 2 befaßten wir uns mit dem Bellen; es ist vollkommen normal, daß Hunde damit warnen oder um Hilfe rufen. Andauerndes Bellen kann jedoch Besitzer und Nachbarn auf die Palme bringen. Einige Rassen sind naturgemäß lautstärker als andere. Suchen Sie also einen recht ruhigen Hund, dann sollte es keiner vom Typ Wachhund sein. Sie können ihn in Abwesenheit nicht frei im Garten laufen lassen, ohne nach Ihrer Rückkehr mit einer Klageschrift der Nachbarn rechnen zu müssen. Nun ist zwar das Bellen grundsätzlich ein Mittel des Warnens, aber Hunde bellen noch aus vielen anderen Gründen.

Sie bellen, um Aufmerksamkeit zu erlangen; sie bellen vor Aufregung; einige leicht erregbare Hunde bellen beim kleinsten Geräusch, einige Hunde bellen um des Bellens Willen. Bei einem Problembeller müssen Sie die Ursache herausfinden und hier eine Kontrolle ansetzen. Letztlich sollten Sie sich fragen: Was stört mich mehr, das Bellen oder die Tatsache, daß er nicht aufhört, wenn er soll. Letzteres ist ein Erziehungsproblem.

Immer wieder versuchen Hundebesitzer durch Brüllen das Bellen ihres Hundes zu übertönen, damit er aufhört. Der Hund freut sich aber, daß sein Herr miteinstimmt. So wird das Problem schlimmer, nicht besser. Ich fand es am hilfreichsten, Geräusch mit Geräusch zu bekämpfen (siehe Anhang für die Behandlung von Geräuschempfindlichkeit). Natürlich sollte man alle anderen Möglichkeiten vorher ausloten, z.B. durch Nahrung hervorgerufene Übererregbarkeit und andere Ursachen.

Frage:

Ich habe eine wunderschöne Samoyedenhündin aus dem Tierheim. Sie ist 14 Monate alt und heißt Sammy. Sie wurde bislang nicht erzogen, aber sie lernt gerne alles, was ich ihr beibringe. Nur eine unangenehme Angewohnheit kann ich nicht abwenden. Wir haben einen großen Garten mit einer großen Buche. Seit Jahren leben dort Eichhörnchen. Jeden Morgen, wenn ich Sammy rauslasse, rast sie zu dem Baum und bellt die Eichhörnchen an.

Die stören sich natürlich nicht daran, aber ich bin sicher, die Nachbarn stört es erheblich. Der Baum ist leider zu weit vom Haus entfernt, um sie richtig zu tadeln – sie tut alles, wenn ich sie dicht bei mir habe. Sie scheint zu wissen, daß ich ab einer gewissen Entfernung keinen Einfluß mehr auf sie habe. Ich kann sie einfach nicht hindern.

Antwort:

Dann versuchen Sie es doch gar nicht mehr – überlassen Sie das den Eichhörnchen, oder wenigstens etwas, das Sammy dafür hält.

Das große Problem hier ist, daß die Sache für Sammy lohnend ist. Sie hat den Spaß an der Hatz und der Frustration der Eichhörnchen, die dasitzen und sich nicht mehr bewegen. Wir müssen ihr den Spaß nehmen. Wegen der Entfernung zwischen Baum und Haus ist eine Korrektur vom Hause aus sinnlos, wie Sie schon festgestellt haben. Deshalb muß sie direkt vom Baum aus erfolgen. Noch besser von den Eichhörnchen selbst.

Installieren Sie einen langen Gartenschlauch bis zum Baum, bringen ihn über eine Leiter hoch in den Baum mit der Düse nach unten, dort wo Sammy in die Bremsen geht, um den Baum hoch zu bellen. Ehe Sie sie hinauslassen sichern Sie, daß der Wasserschlauch voll ist, damit keine Verzögerung zwischen dem Andrehen und dem Spritzen entsteht. Sobald sie das Maul zum Bellen aufmacht, spritzen Sie sie rasch hart an. Lassen Sie das Wasser nicht laufen, denn dann wird sie den Strahl umgehen. Wenn sie so clever ist zu lernen, daß sich die Eichhörnchen nur an einem bestimmten Ort wehren, müssen Sie den Schlauch jedesmal in einem anderen Winkel anschließen. Sagen Sie nichts; das ganze läuft zwischen ihr, dem Baum und den Eichhörnchen ab. Wasser ist ein außerordentlich wirkungsvolles, harmloses Schockmittel.

Wenn der Zeitpunkt des Bellens und Spritzens stimmt, wird sie sich so schnell dem Baum nicht mehr nähern.

Besitzspiele

Hunde lernen durch Spiel und Belohnung. Welpenspiele lehren das für die Jagd und das Töten nötige Geschick (siehe Kapitel 5 Absatz C). Anschleichen, Anspringen und Spielbeißen mit den Wurfgeschwistern sind Jagdspiele. Sie spielen auch im Wettkampf untereinander wie Tauziehen und Ringkämpfe. Dies sind Dominanzspiele. Der Sieger des Tauziehens erobert letztlich das Objekt, sei es ein Spielzeug, ein Stock oder eine Socke. Sie tragen die Trophäe in ihr Bett oder eine beliebte Ecke im Haus oder Garten. Manchmal verstecken sie sie unter Ihrem Bett oder dem Couchtisch, wo eine Wohnhöhlenatmosphäre herrscht und sie den Besitz ihrer Siegestrophäe genießen können. Je mehr Besitztum er anschafft, desto höher sieht er seinen Rang. Es ist eine Tatsache, daß Hunde, die eine Menge Spielzeug im Haus herumliegen und jederzeit zur Verfügung haben, im Haus sehr besitzergreifend sind, besonders wenn Besucher kommen. Hunde, die ihre Spielsachen im Garten aufbewahren, sind im Garten entsprechend besitzergreifend und weniger im Haus. Dort, wo der Hund seine Trophäen lagern darf, kann er seine Ranghöhe am besten zeigen. Das heißt nicht, daß alle Hunde so handeln. Einige Hunde haben jede Menge Spielsachen und machen niemals Ärger, aber diejenigen mit Problemen benehmen sich am schlimmsten dort, wo sie ihre Trophäen horten.
Idealerweise sollten Hunden, die zu Dominanzproblemen neigen, niemals einen Wettkampf gegen ihre Menschen gewinnen dürfen. Das Motto des Hundes lautet: Wenn Du nicht gewinnen kannst, dann spiel nicht. Bei dem Spruch 'dabeisein ist alles' würden sich Hunde totlachen – Hunde spielen nur, um zu gewinnen.
Viele meiner Klienten glauben fälschlicherweise, sie würden die Spiele immer gewinnen. Auf meine Frage, wo das Spielzeug bleibt, nachdem sie es dem Hund abgenommen haben, erklären sie einhellig, sie haben es dem Hund gegeben oder einfach auf den Boden fallen lassen. Erkläre ich ihnen dann, daß der Hund den Gegenstand letztlich doch bekommt, wird ihnen klar, daß nur der Sieger die Trophäe nach Hause trägt.
Nehmen Sie dominanten Hunden alle Spielsachen bis auf eines

weg. Halten Sie dieses eine unter Aufsicht, damit nur damit gespielt wird, wenn Sie es wollen. Achten Sie darauf, daß Sie das Spiel gewinnen und den Preis mitnehmen. Damit kann man den Rang des Hundes abbauen und den eigenen erhöhen. Man muß immer daran denken, daß Menschen zum Vergnügen spielen, Hunde niemals. Wenn sie im Spiel einen Lappen schütteln, dann üben sie eine Tötungstechnik. Spielen sie mit Ihnen Tauziehen, dann prüfen sie Ihre Kraft und versuchen einen Rang höher zu steigen, indem sie gegen Sie gewinnen und den Lumpen behalten.

Frage:

Ich glaube fast, mein Hund ist Kleptomane. Obwohl er viele Spielsachen hat und kaum damit spielt, besteht er darauf, Sachen von mir zu klauen. Socken, Handschuhe, Geldbörse, Unterwäsche – sobald ich etwas ablege, das er ergreifen kann, schleppt er es ab. Versuche ich es ihm abzunehmen, knurrt er mich an und preßt die Zähne noch stärker zusammen. Es bleibt mir nur zu warten, bis er es in sein Bett trägt. Ich lenke ihn mit einem Leckerbissen ab, und jemand anderes holt rasch die Sachen. Warum tut er das und was kann ich dagegen tun?

Antwort:

Er bestätigt damit seinen Rang. Ehe wir einen Weg suchen, ihn davon abzubringen, sollten wir prüfen, warum er ausgerechnet auf Ihre Sachen versessen ist, obwohl er viele eigene Spielsachen hat. Zunächst einmal gibt ihm der Besitz so vieler eigener Dinge den Eindruck, er habe das Recht, alles zu besitzen. Er hat gelernt, daß niemand Kenntnis nimmt, wenn er seine Spielsachen ergreift – Spielsachen machen für einen Hund nur dann Sinn, wenn jemand mit ihnen damit spielt, d.h. einen Wettbewerb um sie antritt.

Sobald er aber etwas Wertvolles erwischt, macht jeder sein Spiel mit. Gehören die Sachen Ihnen, versuchen Sie, sie wieder abzunehmen, er knurrt Sie an, um Sie einzuschüchtern. Sie sollten sich auch tunlichst zurückziehen, denn in diesem Stadium sind die Zähne des Hundes schneller als die Hand. Seine Kleptomanie ist nichts anderes als der Lernvorgang, wenn er etwas von Ihnen ergreift, reagieren Sie prompt und machen das von ihm begonnene Dominanzspiel mit. Wahrscheinlich hat er vorher schon versucht, Sie mit seinen Spielsachen aufzufordern, aber Sie haben nichts bemerkt. Je mehr dieser Spiele Sie spielen, desto aggressiver wird er werden – hinzu kommt noch die zusätzliche Belohnung mit dem Leckerbissen, nachdem er die Trophäe gewonnen hat.

Sie müssen die Rollen vertauschen. Nehmen Sie alle Spielsachen in seiner Abwesenheit weg. Die Tatsache allein, daß seine Zeichen des hohen Rangs nicht mehr herumliegen, ist der erste Schritt zur Problemlösung. Sie wählen eines seiner Spielzeuge aus und spielen damit nur dann, wenn Sie ihn für etwas belohnen wollen. Befestigen Sie eine leichte, feste Schnur am Halsband, damit Sie statt das Spielzeug von ihm wegzunehmen, ihn sanft vom Spielzeug trennen können. Sie nehmen das Spielzeug dann wieder in Ihre Verwahrung bis zum nächsten Belohnungsspiel. Lassen Sie ein paar Tage lang gewisse Spielzeuge an bestimmten Stellen liegen und vergällen Sie ihm mit unangenehmem Geschmack oder der Geräusch-Abwehr (siehe Anhang, andere Abwehrmethoden). Jedes Mal, wenn er einen dieser Gegenstände aufnimmt, hat er eine unangenehme Erfahrung und spuckt ihn aus. Sie sollten ihn dann sanft zu sich ziehen und den Gegenstand aufheben. Für ihn gewinnen Sie jedes Spiel. Je mehr Sie gewinnen, desto weniger wird er Sie auffordern und seine Kleptomanie verschwindet. Diese Prozedur gehört zu einem allgemeinen Programm zum Abbau der Dominanz. Kapitel 3 beschreibt, wie man es einsetzen kann.

Buddeln

In Teil 1 führte ich aus, daß Wölfe graben, und natürlich auch Hunde. Einige Rassen neigen eher dazu als andere – z.B. die der Terrier-Gruppe. Nordische Rassen wie Husky und Malamute graben sich gerne Kühl- oder Schlafgruben. Fast jeder Hund buddelt aus irgend einem Grund. Der Hund gräbt mit den Vorderpfoten, wirft den Boden unter sich nach hinten weg und füllt mit der Nase wieder auf. Manche Hundebesitzer beobachten, daß der Hund seine Futterschüssel mit der Nase durch die Küche schiebt, und dann den Rest stehenläßt. Das ist Grabverhalten (Teil des Buddelrituals) und ein sicheres Zeichen, daß der Hund zu viel Futter bekommt.

Die Gartenfreunde unter den Hundebesitzern (zugegeben, eine seltene Kombination) kennen den Ärger, wenn der Hund gerade das sorgfältig angelegte Blumenbeet umgestaltet hat. Er tut das nicht aus bösem Willen, sondern die aufgebrochene Erde gibt einen frischen Duft ab, den der Hund interessiert – vollkommen normal und so ärgerlich. Am besten verhindert man, daß der Hund an diesen bestimmten Teil des Gartens herankommen kann; oder man überläßt ihm einen Teil des Gartens, wo er seine Spielsachen, Knochen und anderes vergraben darf.

Frage:

Wir haben einen 10 Jahre alten Border Collie namens Mitzy. Wir hatten sie von Welpe an, bis vor kurzem war sie ein Traumhund. Sie hat nämlich damit begonnen, den Küchenboden umzugraben. Zunächst unter ihrem Korb an der Tür. Er steht über einem Heizungsrohr, wo es schön warm ist. Dann begann sie an den Fliesen ein paar Schritte weiter. Nun versucht sie Löcher quer durch die Küche zu buddeln. Das begann Anfang November. Mein Mann hat sie frühmorgens ein paar mal dabei erwischt, und obwohl er sehr mit ihr schimpfte, tut sie es weiterhin. Wir möchten sie nicht im Wohnzimmer schlafen lassen, fall sie anfängt, den Teppich zu zerkratzen. Was können wir tun?

Antwort:

Ich schlage vor, daß Sie die Heizung ablaufen lassen. Die Tatsache, daß sie über einem Heizungsrohr schläft und dort zu graben begann, daß sie Löcher quer durch die Küche und nicht überall gegraben hat, daß sie im November damit anfing, wenn meist die Heizung vor dem Aufstehen automatisch angeschaltet wird und Ihr Mann sie am frühen Morgen erwischte – lassen vermuten, daß im Untergrund etwas passiert, das Mitzy erforschen möchte. Es kann sein, daß Luft in der Heizung ist. Mitzy hält das Geräusch möglicherweise für einen Maulwurf. (Ich erhielt einen Telefonanruf. Die Heizung wurde abgelassen, es war tatsächlich Luft in den Leitungen, Mitzy hat seither nicht mehr gebuddelt).

D

Desensibilisierung
(Mindern einer Überempfindlichkeit)
Diesen Begriff benutzen Verhaltensforscher häufig, um den Vorgang zu beschreiben, einen Hund dazu zu bringen, etwas hinzunehmen, das er bislang nicht ertragen konnte, z.B. indem man die Überempfindlichkeit oder Angst mindert. Ein Hund fürchtet sich vor einem bestimmten Geräusch. Er kann desensibilisiert werden, indem man dieses Geräusch beim Futterzubereiten mit dem Recorder zunächst ganz leise abspielt und fort fährt, wenn der Hund frißt. Das sehr leise Geräusch nimmt dem Hund die Angst vor einer unangenehmen Erfahrung und ersetzt sie durch Vorfreude. Die Lautstärke wird allmählich erhöht, immer auf die Reaktion des Hundes achtend. Diese Technik erfordert kontrolliertes und allmähliches Aussetzen eines angsterzeugenden Reizes und das Belohnungsprinzip für passives Hinnehmen des Reizes. Manchmal hat man schnell Erfolg, manchmal dauert es länger, aber man sollte sich niemals übereilen. Ein zu plötzliches Fortschreiten kann den bisherigen Erfolg auf einen Schlag zunichte machen. Ich habe diese kurze Erklärung angebracht, weil wir bei einigen Antworten darauf hinweisen.

Dominanz
Spricht man von einem dominanten Hund, taucht automatisch das Bild eines aggressiven Hundes auf. Das muß aber nicht der Fall sein. Natürlich neigt ein dominanter Hund eher dazu, sich einer Person gegenüber aggressiv zu verhalten. Jeder Hund strebt irgendwann einen höheren Rang an, aber es fällt eher auf bei Hunden, die das dominante Gehabe von ihren Eltern geerbt haben. Einige Hunde zeigen, was wir 'passive Dominanz' nennen. Macht man ihren Rang streitig, dann werden sie nicht aggressiv; sie werden aufsässig und hyperaktiv – sie benehmen sich vollkommen verrückt. Was verstehen wir unter Dominanz?
Das Wörterbuch sagt: Dominieren: bestimmten Einfluß haben über; sehr einflußreich oder auffällig sein; eine bestimmende Position einnehmen.
Auf einige Hunde paßt diese Beschreibung genau. Die Besitzer berichten, ihre Hunde seien ungehorsam, überaus freundlich zu

91

Fremden; bemüht, alle Menschen, denen sie draußen begegnen zu begrüßen; im Hause laufen sie einem dauernd vor die Füße, haben aber einen lieben Charakter. Innerhalb des Haushalts nehmen sie eine bestimmende Position ein, denn alle sind damit beschäftigt, ihn unter Kontrolle zu halten. Schicken Sie Ihren Hund vom Bett und er knurrt Sie an, wissen Sie, daß Sie es mit einem dominanten Hund zu tun haben. Schicken Sie den passiv dominanten Hund vom Bett, hebt er sein Hinterteil zur Spielaufforderung hoch. Greifen Sie das Halsband, um ihn herunterzuziehen, wirft er sich auf den Rücken und umarmt Sie mit allen vier Pfoten. Haben Sie ihn endlich heruntergeworfen, rast er drei vier Runden durchs Schlafzimmer und spring mit einem großen Satz und spielerischem 'Wuff' wieder hinauf. Es fällt schwer, ernst zu bleiben und man denkt, dieser Hund ist ein Idiot. Tatsächlich hat er genau das getan, was der aggressiv dominante Hund auch tut – er hat NEIN gesagt.

Dominanz ist daher mehr als alles andere eine geistige Einstellung. Sind Sie für den Hund dominanter als er, steigt er vom Bett wie geheißen – wahrscheinlich wäre er gar nicht erst hineingesprungen. Solch einen Hund durch Erziehung zu beherrschen mag beim passiv dominanten Hund Erfolg haben, beim ererbten aggressiven Typ führt es zur Konfrontation. Um welchen Typ es sich auch handelt, es ist immer besser, mit der Rückstufung in der Rangordnung in der Wohnhöhle (zu Hause) zu beginnen. Dies kann ohne Auseinandersetzung geschehen, einfach, indem man einige der Regeln wie in Kapitel 3 beschrieben, aufstellt. Sobald der Hund begreift, daß Sie einen höheren Rang einnehmen, wird die Erziehung sehr viel leichter. Wenn Sie ehrlich mit sich selbst sind, wissen Sie, daß es eine leichte Übung ist, einem Hund Sitz, Platz oder Fuß beizubringen. Von ihm die Ausführung dieser Übungen verlangen zu können, wenn ihm gerade nicht danach ist, hängt davon ab, ob er Sie für berechtigt hält.

Frage:

Warum hebt mein Hund so oft das Bein? Er ist ein drei Jahre alter St. Bernhardshund und wurde im Alter von 15 Monaten wegen eines Erbfehlers kastriert. Ich bin sicher, daß es sich nicht um Revierverhalten handelt, weil er anderen Hunden gegenüber nicht aggressiv ist. Er markiert auch nicht die gleichen Stellen, und er tut es niemals abgeleint. Er tut es immer dann, wenn ich ihn zurechtweise, weil er zu stark zieht. Ich bin kein großer Mensch, und er ist ein sehr großer Hund. Trotz Zughalsband übergeht er meine Kommandos und Bemühungen, nicht so an der Leine zu ziehen.

Antwort:

Er übergeht Ihre Bemühungen keineswegs, deshalb hebt er ja sein Bein. Abgesehen vom Hormonhaushalt ist Beinheben eine dominante Geste. Da Sie Kraft anwenden, um ihn zurückzuhalten und ihm damit eine unangenehme Erfahrung vermitteln, plus der Tatsache, daß Sie damit keinen Erfolg haben, vermitteln Sie ihm den Eindruck, der Stärkere zu sein. Immer, wenn Sie versuchen ihn körperlich zu kontrollieren, hebt er sein Bein als Zeichen seines Erfolges. Ich rate Ihnen, sein Verhalten im Haus zunächst zu überprüfen, z.B. wenn Sie kommen, wer zuerst durch die Tür geht, ob er vor Ihrer Mahlzeit gefüttert wird, ob er sich seine Schlafplätze selbst aussucht. Haben Sie einmal den dominanten Rang erreicht, hat er nicht mehr das Bestreben, vor Ihnen herzugehen. Ich schlage vor, Sie führen ihn an einer Mikki-Walkee (siehe Anhang), da man mit ihr keine Kraft anwenden muß. Ohne Wettbewerb gibt es nichts zu gewinnen, ohne zu gewinnen, bedarf es keiner Siegesgeste.

E

Eifersucht

Dies ist eine typisch menschliche Gefühlsregung. Auch wenn es so aussieht, werden Hunde nicht auf gleiche Weise betroffen. Sicherlich reagieren sie auf Veränderungen in der Umgebung als seien sie eifersüchtig. Tatsächlich aber hat es mit der Rangordnung zu tun.

Ein typisches Beispiel erlebte ich kürzlich mit einem Hund, der für seine Besitzer Kindersatz war. Die Kinder hatten geheiratet und das Haus verlassen. Probleme gab es nur, wenn Enkel zu Besuch kamen. Der Hund wurde stets aggressiv, wenn die Kleinen geherzt oder ihnen besondere Aufmerksamkeit geschenkt wurde. Sie vermuteten, der Hund sei eifersüchtig, deshalb schenkten sie ihm beim Besuch der Kinder stets besondere Aufmerksamkeit. Das machte die Sache noch schlimmer. Man mußte den Hund schließlich wegsperren, denn die Tochter bangte um die Sicherheit ihrer Kinder.

Tatsächlich war der Hund daran gewöhnt, Mittelpunkt zu sein. Er betrachtete ein Kind als Bedrohung seines Ranges, denn es schien sich in seinen Augen in seinem Revier mehr Freiheiten herauszunehmen zu dürfen. Bemerkenswerterweise benahm sich der Hund nie aggressiv, wenn sie die Tochter besuchten. Das ist der Unterschied zwischen Eifersucht als menschlicher Gefühlsregung und dem Verhalten des Hundes – beim Hund ist es fast immer abhängig von der Umgebung. Dem Hund mehr Aufmerksamkeit in Anwesenheit des Kindes zu schenken, verstärkte seinen Rang, so daß er heftiger reagierte, wenn sie sich wieder dem Kind zuwandten. Die Besitzer wollten diese Denkweise nur schwer akzeptieren, denn sie verstanden den Unterschied zwischen Eifersucht als Gefühlsregung und kalter Logik des Meuteinstinkts, daß Rang Vorrechte bedeutet, nicht. Das Problem wurde gelöst. Ich riet den Leuten, nach Hause zu gehen und ein Kissen auffällig herzlich zu beschmusen und zu küssen. Sie taten es: der Hund attackierte das Kissen. Nun hieß es, den Hund von seinem Rang abzustufen.

Dies geschah ganz einfach durch Erkennen der Vorrechte, die dem Hund unbewußt eingeräumt worden waren, siehe Kapitel 3. Der Hund durfte sie allmählich in einem Zeitraum von 2 Wochen nicht mehr genießen. Als Folge nahm er die Aufmerksamkeit, die dem Enkel geschenkt wurde, gelassener hin.

Einschläfern

Der Tod eines Hundes ist stets ein trauriges Ereignis, das wir jedoch im Laufe der Jahre überwinden lernen. Die Entscheidung zu treffen, ein Leben vorzeitig zu beenden, aus welchem Grund auch immer, ist schrecklich. Doch es gehört zur Verantwortung eines Hundebesitzers, dafür zu sorgen, daß der Hund, der uns seine Treue und Zuneigung schenkte, wie es nur ein Hund kann, niemals seine Würde verliert und leidet, weil der Mut fehlt, eine Entscheidung zu treffen. Ich widme mich diesem Thema (wozu es keine Frage und Antwort gibt) nur für diejenigen Hundebesitzer, die diesen Schritt gehen mußten und sich seither schuldig fühlen. Es ist mir nicht anders ergangen, deshalb schreibe ich voll Mitgefühl und Mitleid.

Nur mit einem Hund kann man Liebe mit Geld kaufen – manchmal auf Kosten unserer eigenen Gefühle. Menschen weigern sich meist aus zwei Gründen, die letzte Entscheidung zu treffen. Der erste ist selbstsüchtig: Sie können den Schmerz nicht ertragen. Der zweite ist dumm: Menschen haben stets die Hoffnung, daß es doch noch besser werden könnte. Für den Hund aber ändert sich nichts. Menschen willigen zur Narkose für eine Operation ohne zu zögern ein, denn sie tun es zum Guten des Hundes. Doch der Vorgang ist beim Einschläfern genau der gleiche. Nur hat man nicht das Gefühl, dem Hund Gutes zu tun. Niemand, der dieses Buch liest, läßt seinen Hund ohne guten Grund einschläfern. Ansonsten würde er sich nicht die Mühe machen es zu lesen.

Verliert der Hund seine Würde und Lebensqualität, dann ist er auf unsere Hilfe angewiesen. Wir setzen unseren überlegenen Geist ein und versuchen alles, um das Ende hinauszuzögern und Möglichkeiten der Hilfe zu finden. Letztlich muß man die Entscheidung treffen. Je mehr diese Person trauert, um so mehr hat sie den Hund zu Lebzeiten geliebt. Das kann kein schlechtes Zeichen sein.

Epilepsie

Ich möchte keinesfalls den Eindruck erwecken, irgendwelche medizinische Kenntnisse zu besitzen, noch sollen meine Ratschläge tierärztliche Hilfe ersetzen. Unterliegt Ihr Hund irgendeiner medizinischen Behandlung, sollten Sie vor der Ausführung meiner Ratschläge Ihren Tierarzt dazu befragen.

Epilepsie ist kein Verhaltens- sondern ein erbliches, medizinisches Problem. Ich erwähne diese Krankheit nur, weil ich in den letzten zwei oder drei Jahren beobachtet habe, daß Verhaltensveränderungsprogramme bei Epileptikern die Zahl der Anfälle verminderten. Dazu ein Ausschnitt aus einem Brief:

'Sie hatten recht: Prinz war Oberhund – Rudelführer, nennen Sie es, wie Sie wollen – er hatte mich vollkommen unter Kontrolle. Ich kann den Zauber Ihrer Ausbildungsscheiben gar nicht beschreiben (siehe Anhang – Geräuschabwehrtherapie).

Ich bin sicher, Sie erinnern sich an Prinz, weil er Epilepsie hat und wegen seines anfänglichen Widerstands gegenüber der Scheibe – offenbar wollte er seine Führungsrolle nicht aufgeben. Aber er hat es getan. Alleine die Scheibe aufzuheben, macht Nero und Prinz zu Lämmchen. Prinz zieht sich augenblicklich auf seinen neuen Platz in der Küche zurück, und Nero setzt sich wie ein geölter Blitz.

Die Hunde sind offensichtlich sicherer und weniger verlangend, doch das echte Wunder ist, daß Prinz sehr viel weniger unter Anfällen leidet. Vorher hatte er sie in Abständen von etwa 5 Wochen, aber seit meiner Beratung bei Ihnen hatte er in 17 Wochen nur einen einzigen. Meinen herzlichsten Dank von mir und meinen beiden Deutschen Schäferhunden.'

Diese Ausbildungsscheibe ist Teil eines Programms, das ich für Prinz und Nero entwarf. Ich will keineswegs damit sagen, daß Epilepsie durch Kontrolle über den Hund beeinflußt werden kann. Meine Theorie ist folgendermaßen:

Ich erinnere mich nicht, daß jemals ein Epileptiker zu mir gebracht wurde, dessen Problem in Überanhänglichkeit lag. So weit ich nachvollziehen kann, waren es immer Dominanzprobleme, in jedem Fall, seit ich darauf achte. Neigt ein Hund zu Epilepsie und trägt gleichzeitig die Verantwortung für das Rudel, dann ist er starkem Streß ausgesetzt (siehe Streß S. 166) Steht der Hund unter Dauerstreß, kann dadurch die Anfälligkeit erhöht werden. Es gibt für Streß nur eine Heilung – Urlaub. Entlastet man den Hund von seiner Führungsrolle, kann er sich entspannen. Seit ich diese Zusammenhänge kenne, konnte ich einen starken Rückgang der Anfälle feststellen.

Ererbtes Verhalten

Oft sagt man mir, man könne am Verhalten eines Hundes nichts ändern, weil Vater oder Mutter schon die gleichen Probleme hatten – mit anderen Worten, das Problemverhalten wurde über die Erbanlagen weitergegeben, und diese kann man nicht verändern. Das stimmt natürlich, aber durch Erbanlagen übertragenes Verhalten unterscheidet sich sehr oft von Verhalten, das von den Eltern übernommen wurde.

Welpen lernen in den ersten Wochen ihres Lebens ungeheuer viel und schnell. Im Alter von 7 bis 8 Wochen übertragen sie die Gehirnströme eines erwachsenen Hundes. Sehr viel Verhalten ist abgeguckt – Affe sieht, Affe tut. Ist eine Hündin aggressiv gegen Fremde, weil sie beispielsweise niemals richtig sozialisiert oder falsch ernährt wurde, dann erbt der Welpe das Verhalten nicht über Erbanlagen, sondern durch Lernen. Durch Erbanlagen übertragenes Verhalten läßt sich natürlich nicht ändern, durch einen Lernprozess 'geerbtes' Verhalten kann korrigiert werden. In beiden Fällen wurde das Verhalten von einer Generation zur anderen weitergereicht und ist damit genau gesagt erblich. Aber, wie Sie sehen, heißt es nicht, daß daran nichts getan werden könnte.

Sobald mir Hundebesitzer sagen, daß die Mutter genauso war, gehe ich, ohne sie zu kennen, davon aus, daß schon ihr Verhalten hätte geändert werden können und daß ich meinen Patienten helfen kann. Würde ich nicht so denken, hieße das Aufgeben ohne es je zu versuchen. Es ist dann um so erfreulicher, wenn eine Heilung erzielt werden konnte. Gelingt es uns nur, das Problem unter Kontrolle zu bringen, dann war das Verhalten wahrscheinlich genetisch bedingt.

Die vielen Problemhunde, die zunächst als erblich belastet angesehen wurden, und unter denen die Verbesserungsrate sehr hoch war, beweisen, daß sehr oft die Abstammung eines Hundes für die Unfähigkeit mit dem Hund richtig umzugehen, verantwortlich gemacht wird.

Frage:

Ich habe einen zwei Jahre alten roten Cocker Spaniel, der sehr besitzergreifend ist, besonders in bezug auf sein Futter. Fast so schlimm ist es mit Spielsachen, eigentlich mit allem, das er an sich bringen kann. Sein Aggressionsverhalten ist ziemlich schlimm, auch wenn er bisher noch niemanden richtig gebissen hat. Man hat mir gesagt, es handle sich um eine Erb-krankheit, die man Cocker-Wut nennt, und daß sie öfter bei roten Cockern vorkommt. Wir möchten ihn nicht einschläfern lassen müssen, aber wenn wir ihm das nicht abgewöhnen kön-nen, bleibt uns nichts anderes übrig, ehe er jemanden beißt. Können Sie uns einen Rat geben?

Antwort:

'Wut-Syndrom' ist ein beliebtes Wort im Zusammenhang mit Cockern oder anderen Rassen. Richtig oder falsch, ich definiere Wut als plötzliche, gewalttätige Aggression aus nicht ersichtlichem Grund. Sie haben einen Grund für das Verhalten Ihres Hundes genannt – Besitzwahrung. Sie haben auch gesagt, daß er niemals gebissen hat, so schrecklich er auch anzusehen sein mag, er hat sich unter Kontrolle. Eine kontrollierte Aggression aus einem be-stimmten Grund würde ich nicht als Wut bezeichnen.

Es ist richtig, daß Cocker Spaniels für derartiges Verhalten be-kannt sich, aber nicht nur die roten. Es scheint jedoch bei einfar-bigen (rot, schwarz, leberfarben, golden) vermehrt aufzutreten als bei mehrfarbigen (Black & Tan, schwarzweiß, Blauschimmel).

Nach einer Theorie ist die Erbanlage für die Haarfarbe gleichzei-tig für feuriges Temperament verantwortlich. Man sagt ein ent-sprechendes Temperament rothaarigen Menschen oder Fuchs-stuten nach. Nach meiner Erfahrung gilt das auch für Schildpatt-katzen. Ein feuriges Temperament zu haben, ist jedoch etwas ganz anderes als ein 'Wut-Syndrom'. Ich weiß, daß der Cocker Spaniel-Club Rasseprobleme intensiv erforscht. Sollte es sich um eine Erbanlage handeln, wird man sie sicher allmählich ausmer-zen.

Vorausgesetzt im Hause leben keine kleinen Kinder, die unbeab-sichtigt diese besitzergreifende Aggression auslösen und natürlich stärker gefährdet sind, doch gebissen zu werden, sollten Sie fol-gendes ausprobieren:

1) Stellen Sie das Futter auf ein vollwertiges Trockenfutter um – das heißt, man kann es den ganzen Tag stehenlassen und ständig auffüllen. Das Trockenfutter ist milder als beispielsweise Dosen-futter und reduziert seinen Schutzinstinkt. Weiterhin bedeutet jede Annäherung an die Futterschüssel Geben und nicht Neh-men, wie der Hund glaubt.

2) Lassen Sie dem Hund nur eine Spielsache. Er darf sie nur unter Ihrer strikten Aufsicht haben. Sie wird ihm nach dem Spiel wieder abgenommen. Hilfreich ist eine dünne Leine am Halsband, damit Sie, wenn er die 'Trophäe' erobert hat, den Hund davon wegnehmen können und nicht umgekehrt. Nehmen Sie die Spielsache sofort weg und beenden damit das Spiel. Gelingt es ihm, etwas anderes zu schnappen, und er hat gerade keine Leine an, gehen Sie einfach aus dem Zimmer, als ob sie es nicht bemerkt hätten. Greifen Sie die Spielaufforderung keinesfalls auf.

3) Es scheint angebracht, die Rangordnung neu zu klären. Versichern Sie sich aller Vorrechte, die Ihnen als Ranghöchstem zustehen (siehe Kapitel 3).

4) Wenden Sie eine der Geräusch-Abwehrtechniken, die ich im Anhang beschreibe, an, damit jegliche Aggression über wertvolle Gegenstände sofort unterbrochen wird, ohne sich mit dem Hund auseinanderzusetzen.

5) Sind Kinder in der Familie, empfehle ich Ihnen, unbedingt Ihren Tierarzt nach einem Verhaltenstherapeuten zu fragen, der den Hund prüft und ein speziell auf ihn abgestimmtes Rehabilitationsprogramm ausarbeitet. Das geht dann gründlicher auf den Hund ein, als es mir hier möglich ist.

Ernährung

Auswirkungen der Ernährung auf das Verhalten wird von nur wenigen Besitzern in Betracht gezogen, wenn sie sich Sorgen über ihren Hund machen. Nach meiner Erfahrung wird das Verhalten mehr oder weniger beeinflußt, wenn etwas offensichtlich mit der Ernährung nicht stimmt. Z.B. besuchte mich kürzlich ein Paar mit einem Bearded Collie namens Arthur. Sie beklagten, daß er nach fünf Jahren plötzlich aggressiv gegen sie wurde. Wegen andauernder Verdauungsstörungen hatten sie nun eine Nahrung gefunden, die Arthur fressen konnte und sein Stuhl dabei ziemlich fest blieb, obwohl immer noch gelegentlich Durchfälle vorkamen. Tierarzt und Besitzer waren glücklich, daß sie das Problem nun in den Griff zu bekommen schienen. Aber sie hatten nicht damit gerechnet, daß seine Wesensveränderung mit dem Futter zusammenhängen könnte.

Es gab einen Beweis, daß das Futter noch immer nicht richtig für ihn war. Es kam am anderen Ende wohl in einer besseren Form heraus (wenn auch nicht immer), aber das was es auf dem Wege der Verdauung im Hund anrichtete, störte den Hund und machte ihn reizbar. In seinem Leben litt er regelmäßig unter verschiedenen Viruserkrankungen. Schon vor einiger Zeit war eine Weizenallergie festgestellt worden. Er litt dauernd unter Blähungen (oder sollte man besser sagen, seine Besitzer litten darunter). Obwohl sein Stuhl fester war, war es doch verhältnismäßig viel und übelriechend. Er war außerordentlich aktiv und kratzte sich häufig an den Ohren, knabberte an Pfoten und Läufen, rieb sich die Augen und Nase mit den Pfoten oder am Teppich. Auch wenn dafür andere Gründe verantwortlich gemacht werden könnten, so machte das Zusammenspiel der Symptome deutlich, daß Arthur sein Futter nicht richtig verdauen konnte, und daß ein Bestandteil eine allergische Reaktion auslöste.

Tierernährungsspezialistin Dr. Liz Parker kannte ich seit einiger Zeit durch eine Studie über die Auswirkungen der Nahrung auf das Verhalten. Arthur schien ein guter Kandidat für ihre Forschungsarbeit. Mit dem Einverständnis seiner Besitzer begannen wir ein 10 Tage Futter-Therapieprogramm. Ich empfahl, in dieser Zeit seinem Verhalten nicht Einhalt zu gebieten. Jeder Hundebesitzer, dessen Hund an dem Forschungsprojekt teilnimmt, bekommt einen Fragebogen, in den am Ende des Programms alle Beobachtungen eventueller Veränderungen eingetragen werden müssen.

Als Arthurs Formular zurückkam, lag ein Brief dabei, den ich zitiere:

'Zweifellos ist Arthur seit der Futterumstellung ein anderer Hund. Er ist wie früher, zärtlich und wohlerzogen.

Ich möchte eigentlich schon den 1. Tag mit Anzeichen der Besserung angeben, halte aber eine so schnelle Auswirkung gar nicht für möglich (tatsächlich schrieben sie 2. Tag).

Wie Sie vorschlugen, haben wir keinen Einfluß auf sein Verhalten genommen. Nun bleibt uns nichts mehr zu tun, so hat er sich verändert'.

Diese Forschungsarbeit bestätigte meine Vermutung: einige Verhaltensprobleme können durch ein sorgfältig abgestimmtes Ernährungsprogramm meist verbessert, wenn nicht sogar geheilt werden.

Frage:

Ich habe eine sechs Jahre alte ungarische Vizsla Hündin namens Honey, die sich plötzlich gegen Abend seltsam benimmt. Es scheint, als ob sie keine Ruhe fände, sie tobt dann im Hause herum wie in Welpenzeiten. Jemand meinte es läge am Futter, doch das kann kaum sein, denn seit wir sie haben, hat sie immer das gleiche bekommen. Was halten Sie davon?

Antwort:

Ich setze voraus, daß Honey eine Wurmkur bekommen hat. Manchmal verursacht starke Verwurmung ein Herumtoben, als sei der Hund vom Teufel gehetzt, aber als erfahrene Hundebesitzer hätten Sie Anzeichen für Würmer rechtzeitig erkannt. Ziehen Sie trotzdem die Nahrung in Betracht, auch wenn es immer die gleiche war. Manchmal kann der Abwehrmechanismus des Körpers jahrelang mit einem Allergen fertig werden, ohne jegliche Anzeichen dafür, was im Körper vorgeht. Doch irgendwann werden die Abwehrkräfte damit nicht mehr fertig.

Es ist interessant, daß sich Honey jeden Abend so benimmt – wie eine Art Ritual, was wiederum auf die Nahrung hinweist. Man kann dies auf zwei Arten feststellen:

1) Bekommt sie nur einmal am Tag Futter, geben Sie ihr nun zweimal und beobachten, ob sie zweimal ihre hyperaktiven Reaktionen zeigt (gleiche Menge in zwei Portionen).

2) Stellen Sie das Futter auf eine qualitätvolle, ausgewogene Vollnahrung um. Lassen Sie sich vom Tierarzt beraten. Sie können es auch mit selbst zubereitetem Futter versuchen mit 25% weißem Fleisch, 25% leicht gedämpftem Gemüse (keine stärkehaltigen) und 50% gekochtem, ungeschältem Reis. Wenn Sie letzteres füttern, tun sie es nicht zu lange, ohne den Arzt nach Vitamin- und Mineralstoffzusätzen zu befragen.

F

Füttern

Es ist allgemein üblich, einem Hund ab einem Jahr nur eine Mahlzeit am Tag zu geben. Das rührt vermutlich aus der Zeit, als der Hund am Ende des Tages die Essensreste der Familie bekam. Die meisten Hunde wachsen noch im Alter von 12 Monaten, tatsächlich sind die meisten erst im Alter von 2 Jahren voll entwickelt. Während der Wachstumsphase in den ersten 12 Monaten füttern wir sorgfältig selbstverständlich mehrmals täglich. Es ist mir ein Rätsel, warum viele Hundebesitzer blind der Tradition folgen und ihrem Hund ab dem 12. Monat nur noch eine Mahlzeit geben. Meist treten die ersten Probleme bei Hunden im Alter von 12 bis 14 Monaten auf, Probleme, die wir mit dem Erwachsenwerden in Zusammenhang bringen. Alle Eltern wissen, daß Kinder in diesem Stadium Berge verdrücken. Natürlich haben sie auch Probleme mit dem Erwachsenwerden, doch ihr Benehmen ist meist noch schlimmer, wenn sie Hunger haben. Ich bespreche den halbstarken Hund ab dem 12. Monat unter Jugend (S. 122). Die meisten Züchter geben dem Welpen einen Futterplan mit, der genau angibt, was und wie viel der Hund wann dem Alter entsprechend bekommen soll. z.B.:

bis vier Monate	4 mal am Tag
vier bis sechs Monate	3 mal am Tag
sechs bis zwölf Monate	2 mal am Tag
ab zwölf Monate	1 mal am Tag

Der sorgfältige Hundebesitzer hält sich genau daran, überzeugt, daß der Züchter recht hat, weil der Hund z.B. im Alter von etwa 6 Monaten etwas mäkelig mit seinem Mittagsmahl wird. In diesem Alter durchlaufen die Hunde eine ruhige Wachstumsphase. Zwei Mahlzeiten am Tag können durchaus ausreichen, um die Ernährungsbedürfnisse zu decken.
Im Alter von 7 Monaten jedoch kann der Hund einen streßreichen Wachstumsschub bekommen und sein Körper zusätzliche Nahrung brauchen. Grundsätzlich sollte man die Anweisungen des Züchters als Richtlinie, jedoch nicht als Gesetz betrachten. Der wachsende Hund muß entsprechend seinem Appetit und Aussehen gefüttert werden (nicht zu fett oder zu dünn werden lassen).

Mehrere kleine Mahlzeiten sind besser als eine große.

Ein Problem der modernen, hochwertigen Fertigfuttermittel ist, daß wir dem wachsenden Hund zu viele Nährstoffe zu schnell zuführen. Wird die Wachstumsrate besonders bei großen, schwerknochigen Rassen beschleunigt, treten alle möglichen Gelenk- und Knochenprobleme auf. Die meisten besseren Futtermittel sind für spezielle Altersstufen zusammengestellt, auch für den älteren Hund. Im Zweifelsfalle berät Sie Ihr Tierarzt.

Gleichermaßen kann das Zufüttern von Knochenmehl, Kalk, Vitaminen und Mineralstoffen zu einem kompletten Fertigfutter schaden. Man kann keine Knochen schaffen, wo erblich die Anlage nicht dafür gegeben ist. Schon gar nicht durch das Füttern von Zusätzen. Das verursacht ein Ungleichgewicht der Nährstoffe – deshalb nennt sich die Fertignahrung 'ausgewogen'.

Zurück zur Einmalfütterung am Tag. Zugegeben, die meisten Hunde leben damit gut, gesund und zufrieden. Es gibt jedoch noch eine Betrachtungsweise, abgesehen davon, daß die meisten Hunde im Alter von 12 Monaten noch wachsen. Unsere Hunde können sich heute nur noch auf wenig freuen: die Spaziergänge und die Aufmerksamkeit, die wir ihnen schenken – in unserer arbeitsreichen Zeit in vielen Fällen auf ein Minimum beschränkt. Das zweite erfreuliche Ereignis ist das Futter. Warum sollte man es dem Hund nicht zweimal täglich gönnen? Die gleiche Menge in zwei Portionen geteilt. Außerdem kann der Hund die einzelnen Nährstoffe des Futters besser verdauen (sofern sie enthalten sind) – siehe Ernährung (S. 99).

Eine Nahrungszufuhr in einer großen Mahlzeit verlangt vom Verdauungssystem, mit einer großen Menge auf einmal fertig zu werden. Als Folge entweichen viele wertvolle Stoffe im Stuhl; den Stoffwechsel häufiger mit geringeren Mengen zu heizen, erlaubt dem System, besser zu arbeiten.

103

Frage:

Mein Hund ist ein richtiger Jekyll und Hyde Typ. Der 2$\frac{1}{2}$-jährige Deutsch Kurzhaar ist ausgesprochen gesund und aktiv. Er bekommt zwei stündliche Ausläufe am Tag, dazu kann er sich in unserem großen Garten frei bewegen, was er gerne tut. Wenn er nicht gerade Vögel oder Eichhörnchen jagt, ärgert er unseren 5 Jahre alten, sehr ruhigen Collie. Will dieser gar nicht mitspielen, rennt er mit dem Nachbarshund am Zaun auf und ab. Die meiste Zeit ist er ein freundlicher, glücklicher Hund, aber gegen vier Uhr wird er sehr ungnädig. Streichelt man ihn, knurrt er – leise, aber er knurrt. Schimpfen wir mit ihm, wird es schlimmer. Rempeln wir ihn versehentlich an, das gleiche. Er tut das sonst nie. Jemand meinte, es läge am Futter. Ich kann das kaum glauben, denn er tut es vor dem Füttern, nicht danach. Um 18 Uhr wird er mit dem Collie zusammen gefüttert. Er frißt gut. Hinge sein Verhalten mit dem Futter zusammen, müßte er es doch kurz nach dem Fressen zeigen. Was halten Sie für die Ursache?

Antwort:

Ich glaube auch, daß es am Futter liegt – nicht was Sie ihm zu fressen geben – sondern wie Sie es ihm geben. Dieser Hund hat einen viel höheren Stoffwechselumsatz (aktiv, voller Lebensfreude, immer in Bewegung) als der ruhigere Collie. Er verbrennt die Nährstoffe sehr viel schneller. Ihr Hund wird ungemütlich, weil er unter Hungerstreß steht.

Weil Vorvater Wolf sehr gut mit dem 'Vollfressen und Hungern'-System leben kann, müßte dies der Hund auch tun. Einige unverbesserliche Hundebesitzer lassen ihre Hunde sogar einen Tag in der Woche hungern. Hier wird einer der Unterschiede zwischen Wolf und Haushund deutlich. Aufgrund der täglichen Fütterung stellte sich das Verdauungssystem auf regelmäßige Nahrung ein. Der Fastentag verringert den Blutzuckerspiegel und macht den Hund reizbar – ganz abgesehen von seinen Gefühlen, die er uns ja nicht mitteilen kann. Wir bekommen Kopfschmerzen, werden kalt, haben Hungermagenschmerz. Hunde haben eine hohe Stoffwechselrate und können täglich unter diesen Symptomen leiden. Füttern wir den Hund zweimal am Tag, ist der Tank immer voll, wenn der Motor laufen soll.

G

Gehorsamsausbildung

Jeder Hundebesitzer trägt die Verantwortung für die richtige Erziehung seines Hundes. Viele Leute nehmen an einem Ausbildungskurs des örtlichen Hundesportvereins teil. Ich will diese Einrichtungen nicht allgemein kritisieren, aber aufgepaßt: es gibt gute und schlechte.

Nach Jahrzehnten altherkömmlicher Erziehungsmethoden wurden in den letzten Jahren riesige Fortschritte durch positive Belohnung anstatt Strafe, wie früher üblich, gemacht. Einige Ausbilder gehen leider nicht mit der Zeit und erzählen den Hundebesitzern noch immer, ein Hund muß bestraft werden, wenn er etwas falsch macht. Das kann in manchen Fällen bei einem erfahrenen Ausbilder Erfolg haben. Aber der durchschnittliche Hundebesitzer ist kein Experte – sonst brauchte er keinen Erziehungskurs mitzumachen. In der Regel setzt die Strafe zu spät ein. Der Hund lernt nur, die Strafe zu vermeiden, nicht aber die strafbare Handlung zu unterlassen. Beweis für die falsche Methode sind Hunde, die einen anderen Hund angreifen und sich dann sofort unterwürfig zu ihrem Herrn zurückziehen. Sie haben gelernt, daß der Besitzer ärgerlich wird, wenn ein fremder Hund nahekommt; deshalb ist es hündische Logik, den anderen Hund wegzujagen, ehe ihn der Besitzer bemerkt. Er hat nicht gelernt, daß der Akt des Wegjagens unerwünscht ist, sonst hätte er es nicht getan.

Ein fortschrittlicher Verein jedoch hätte nicht geraten, den Hund, sobald er aggressiv wird zu strafen, sondern daß jegliches passives Verhalten gegenüber anderen Hunden zu belohnen ist. Man bringt dazu einen Hund in einiger Entfernung in Sicht. Bleibt der Hund ruhig, wird er gelobt und der andere wieder aus dem Sichtfeld genommen.

Allmählich wird die Entfernung zum anderen Hund geringer, bis der Hund versteht, daß die Gegenwart des fremden Hundes Vorspiel zu einer Belohnung ist und keine Strafe zu befürchten ist. Als Strafe für unerwünschtes Verhalten bekommt er keine Belohnung. Diese Technik nennt man systematische Desensibilisierung, ich nenne sie gesunden Menschenverstand.

Diese Übung kann man natürlich nicht während der Gruppenarbeit durchführen, aber wenn ein Hund ständig rauft, lernt er

nicht und stört die anderen. Er darf erst an der Gruppenarbeit teilnehmen, wenn sein Problem gelöst ist. Deshalb beginnt ein guter Verein vor dem Hauptunterricht mit dem Desensibilisierungsprogramm und führt den Hund dann allmählich zurück in die Gruppe. Ein guter Verein akzeptiert nur so viele Hunde, wie wirklich betreut werden können, damit jeder Besitzer seine notwendige persönliche Beachtung findet und sich die Hunde nicht zu beengt fühlen und daher aggressiv reagieren. Man sollte Vereine meiden, die pro Ausbilder 20 und mehr Hunde annehmen, denn es bleibt keine Zeit für die Einzelbetreuung. Das schadet der ganzen Gruppe. Kleine, aufeinander abgestimmte Gruppen von etwa 10 Hunden sind ideal. Die Kurse sollten einen festen Beginn haben und sich über 8 bis 12 Lektionen erstrecken. Dies erlaubt nicht nur mehr Aufmerksamkeit für den einzelnen, sondern das Gruppengefühl fördert eine sozialere Atmosphäre.
Sehen Sie ohne Hund ein- oder zweimal zu. Gefällt Ihnen, was Sie sehen und haben Sie den Eindruck, daß Hunde und Besitzer etwas lernen, in Ordnung. Wenn nicht, gehen Sie woanders hin.

Frage:
Seit mein 18 Monate alter Pointer ein halbes Jahr alt war, habe ich Ausbildungskurse besucht. Er ist ein Musterschüler und hat schon einige Wettbewerbe gewonnen, die dort regelmäßig abgehalten werden. Aber draußen ist er ziemlich ungehorsam. Er zerrt an der Leine, er kommt nicht, wenn ich ihn rufe, und er läßt Gäste nicht in Ruhe.
Er möchte freundlich sein, aber ich weiß, daß nicht alle Menschen Hunde lieben. Wenn ich ihn wegsperre, kläfft er wie verrückt und kratzt an der Tür. Warum benimmt er sich im täglichen Leben nicht so wie auf dem Hundeplatz?

Antwort:
Dem Hund beizubringen, was er auf bestimmte Kommandos hin zu tun hat, ist eine Sache. Als direkter Nachfahre des Wolfes hat der Hund einen starken Rangordnungssinn beibehalten. Ein hoher Rang im Rudel beinhaltet Vorrechte. Zu Hause erlauben Sie dem Hund Vorrechte eines hohen Ranges, er betrachtet Sie als Unterhund, der kein Recht hat, ihm irgendwelche Anweisungen zu geben. Das trifft auf jede Tierart mit einer hierarchischen Rangordnungsstruktur zu. Solche Vorrechte oder Privilegien

sind: den Hund durch Türen, Gänge oder Tore vorgehen zu lassen, auf Bett, Sofa und Sessel zu liegen, aber niemand darf sich in sein Bett legen, vor dem Essen füttern, seinem Betteln bei Tisch nachgeben. Ohne es zu ahnen, gewähren Sie Ihrem Hund einen hohen Rang und fallen selbst auf einen tieferen. Damit verlieren Sie den Einfluß auf den Hund. Er gehorcht im Hundeverein, weil er keine andere Wahl hat, aber sobald er Sie durch das Tor des Geländes hinauszerrt, hat er seinen Rang wieder, den Sie ihm während der Übungsstunden streitig machten.

Ein hoher Rang bringt Verantwortung mit sich wie die Führungsrolle im Rudel – deshalb zieht er an der Leine. Es gehört zu seinen Pflichten, vorneweg zu gehen. Er muß die Meute zusammenhalten, darum kommt er nicht, wenn Sie rufen – es ist nicht Ihre Aufgabe. Er muß das Lager verteidigen, deshalb ist er so lästig bei Besuchern. Er will nicht freundlich sein, er stellt sicher, daß sie sich in seinen Grenzen bewegen, zwar nicht aggressiv, aber passiv. Welches Recht haben Sie, ein Tier von höherem Rang wegzusperren, besonders wenn sich Eindringlinge im Lager befinden? Deshalb macht er solch einen Aufstand. All diese Probleme haben nichts mit Erziehung zu tun, sondern mit der Einstellung. Wenn Sie diese in richtige Bahnen lenken und Ihr Hund betrachtet Sie als Rudelführer, zahlt sich die Ausbildung aus. Sichern Sie sich die Rudelführung, erledigt sich alles andere von selbst (siehe auch Dominanz S. 91) und Zerren (S. 192).

H

Hetzen

Alle Hundebesitzer wissen, wie hoch entwickelt noch der Jagd-instinkt ihrer Hunde ist – bei einigen Rassen mehr als bei ande-ren. Man muß zwei Dinge beachten, ehe man an die Korrektur von Jagdverhalten herangeht.

1) Hetzt er aus Freude am Hetzen?
2) Spielt Raubtierverhalten eine Rolle, d.h. beabsichtigt er zu töten?

Hetzt er nur aus Spaß, kann man seine Freude in eine angeneh-mere Beschäftigungsform umlenken, z.B. wenn er gerne Ball spielt und er Jogger hetzt, nehmen wir ihm den Spaß am Jog-gerhetzen und ersetzen es durch ein Ballspiel.

Beruht das Jagdverhalten auf Beutehetzen, muß man zunächst andere Dinge beachten:
1) Kann Kontakt mit dem Beutetier jederzeit vermieden werden (im Falle von Schafen)?
2) Können verstärkte Kontrolle und Erziehung das Problem min-dern, wenn es nicht ganz gelöst werden kann?
3) Sind Sie bereit, die Abwehrtherapie auf die Spitze zu treiben oder ziehen Sie in Betracht, den Hund einschläfern zu lassen?
Spaßhetzer haben meist ein Lieblingsspielzeug, das sie leiden-schaftlich gerne für sich werfen lassen. Nehmen Sie dieses Spiel-zeug (und alle anderen, damit er sich keinen Ersatz sucht) weg und spielen nur auf dem Spaziergang mit ihm, insbesondere wenn ein Jogger in Sichtweite kommt. Damit befriedigen Sie den Jagdinstinkt dort, wo er zum Problem wurde – weg von zu Hause. Auf Spaziergänge nimmt man das Spielzeug meist nicht mit, dafür aber gibt es unterwegs Jogger. Die Spielzeit mit ihnen ist begrenzt. Beschränkt man alle Ballspiele auf Spaziergänge und unterbricht jegliche Neigung irgend etwas zu jagen (siehe Anhang – Geräusch-Abwehrtherapie), dann können Sie das Pro-blem rasch in Bahnen lenken. Die Geräusch-Abwehrtherapie führt man am besten mit Hilfe eines Bekannten durch, der in die Rolle des Joggers schlüpft, und der das Geräusch regelt.

Mein APBC Kollege John Rogerson beschreibt die Bedeutung von Spielsachen in seinen beiden Büchern. 'Ihr Hund, seine Entwicklung, Verhalten und Erziehung' und 'Verstehen Sie Ihren Hund'.

Beutejäger können oft durch die gleiche Geräusch-Abwehrtherapie kuriert werden, aber in diesen Fällen empfehle ich, den Jagdinstinkt in gar keiner Weise zu fördern. Diese Hunde betrachten den Ball nicht als Spielobjekt, sie betrachten ihn als Jagdobjekt, das man fängt und tötet. Die Art, wie er sich draufstürzt, ihn schüttelt, sich darüberstellt, zeigt sehr gut seine Einstellung im Gegensatz zum Spaßjäger. Der Beutegreifinstinkt muß unter allen Umständen gedrosselt werden. Wenn Sie dieses Problem mit Ihrem Hund haben, dann sollten Sie sich folgende Frage stellen: 'Wenn ich einen Ball würfe, könnte ich ihn auf halbem Wege abrufen?'

Ist die Antwort nein, dann könnten Sie ihn auch nicht daran hindern, Schafe zu hetzen. Auch hier müssen wir das Verhalten in Bahnen lenken, aber diesmal ist die Belohnung nicht für das Ballspiel gedacht. Der Beutetrieb hängt mit Fressen zusammen, deshalb bekommt er eine Futterbelohnung – zunächst einen Teil seiner Tagesration, später Leckerbissen, aber nicht zu viele. Der Hund wird durch eine lange Leine am Weglaufen gehindert. Sobald der Hund hinter dem Ball herrennt, ertönt das Abwehr-Geräusch. Der Hund wird zurückgerufen und belohnt. Dies führt man so lange durch, bis der Hund ohne Aufforderung zurückkommt, sobald das Geräusch ertönt. Dann sollte der Hund schließlich zu Ihnen zurückkommen, so bald etwas weggeworfen wird, anstatt hinterherzulaufen. Glauben Sie es oder nicht, man kann dies recht schnell mit einem Gegenstand (sagen wir Ball) an einem bestimmten Ort erreichen. Als nächstes verändern wir den Ort und erreichen die gleichen Resultate. Dann wieder woanders, bis der Hund verstanden hat, daß wenn sich etwas schnell bewegt, Nachhetzen unangenehm und Nichtnachhetzen lohnenswert ist.

Dieses Prinzip muß natürlich auf Stöcke, Fahrräder, Autos usw. ausgedehnt werden, ehe der Hund wieder an Schafe herangebracht werden kann. Nun müssen Sie mit einem Helfer arbeiten, der die Abwehrtherapie anwendet, die Ihrer Meinung nach am besten gewirkt hat – mit dem Ziel, die Abwehr zu verdoppeln. Obwohl man allgemein Geräusche zur Abwehr bestimmten Verhaltens erfolgreich nutzt, muß im Falle eines Schafhetzers dem Hund vor der Hatz selbst Angst eingeflößt werden. Ist es Ihnen gelungen, den Hetztrieb zu zügeln, sollten Sie es mit der verstärkten Reaktion in Gegenwart von Schafen versuchen. Manche glauben, daß die Technik, die für den Spaßhetzer angewandt wird, auch beim Beutehetzer wirkt. Das mag wohl sein, aber ich ziehe es vor, das Verhalten weg vom Jagen auf Futter zu lenken.

Viele glauben an das Ammenmärchen dem Hund die Lust am Schafhetzen zu nehmen, wenn man ihn mit einem Bock einsperrt. Zunächst brauchen Sie einen kooperativen Bock, aber der Schäfer hat meist eine viel wirksamere Methode, Ihren Hund vom Jagen abzuhalten – ein Gewehr.

Zweifellos wurden Böcke in der Vergangenheit erfolgreich eingesetzt, aber ich weiß auch, daß es häufig nichts nützte. Man spricht nicht über ernsthaft verletzte Böcke oder Hunde, denn der Bock wehrt sich. Hetzt ein Hund Schafe, dann vermeidet man am besten ihr Zusammentreffen. Der Hund braucht ein Schaf gar nicht zu verletzen, sondern die verängstigten Tiere rennen in Zäune, Gräben und Moore. Dem Schäfer kann finanzieller Schaden durch Fehlgeburten entstehen. Erschießt er den Hund nicht, dann wird das Gericht seine Tötung verlangen.

Frage:
Ich habe einen drei Jahre alten Bearded Collie, der Autos hetzt. Er rennt ihnen die Straße entlang nach und beißt sie in die Reifen. Den ganzen Tag liegt er auf der Lauer und wartet auf eines. Bislang wurde er nicht verletzt, aber ich bin sicher, daß ihm eines Tages etwas passiert. Nirgendwo sonst kümmern ihn Autos. Warum tut er das, und wie kann ich es ihm abgewöhnen?

Antwort:
Hier handelt es sich um die Verbindung von übertriebenem Jagd- und Revierverteidigungsverhalten. Beardies sind bekannt dafür, Autos, Eisenbahnen, in der Tat alles, das sich bewegt und Krach macht, zu hetzen. Offenbar hat er freien Zugang zur Straße, was vermutlich bedeutet, daß er nicht viel außerhalb seines Territoriums bewegt wird. Wenn das der Fall ist, braucht er mehr anregende Spaziergänge und Auslauf. Das wird seinen Drang mildern, sich selbst durch diese Art der Arbeit zu beschäf-

tigen. Ihn nicht auf die Straße zu lassen, würde das Problem am ehesten lösen, aber er muß dann regelmäßig außerhalb des Grundstücks als Ersatz für die genommene Freiheit ausgeführt werden. Am Abend hilft vielleicht eine einfache Form der Abwehr, etwa langsam mit einem Auto vorbeizufahren, aus dem der Beifahrer einen Eimer Wasser auf den Hund schüttet, sobald er nahe genug rankommt. Zwei oder drei Wiederholungen vergällen ihm bestimmt das Autohetzen. Wenn Sie seinen Arbeitseifer nicht befriedigen, wird er sein Revierhetzen anderweitig ausleben.

Hochspringen

Viele Klienten berichten davon, betrachten es aber nicht als wichtig. Sie ertragen es, weil sie so lange aushalten, bis sich der Hund beruhigt hat. Oder sie schließen den Hund ein, ehe sie Leute ins Haus lassen. Damit unterbinden sie den größten Nutzen, den der Hund in unserer modernen Gesellschaft bringt, als Beschützer unserer Familie. Welches Abwehrmittel ist besser, wenn jemand in böser Absicht an die Tür klopft, als ein Hund, der ruhig neben seinem türöffnenden Herrn sitzt?
Die Wurzel des Übels führt direkt in die Welpenzeit zurück, als Besitzer und Besucher das überschwengliche Verhalten des Welpen hinnahmen. In Kapitel 5 schrieb ich unter Springen (S. 52), daß es sich um einen Instinkt des Futterbettelns und Begrüßens handelt. Dies ändert sich später zur dominanten Geste, wobei der Hund seinen Rang durch Auflegen der Pfoten auf das andere Tier klarstellt. Aus welchen Gründen auch immer Ihr Hund sämtliche Besucher anspringt, Ziel ist, daß er deren Bewegungsfreiheit ins und im Haus einschränkt – und das sollte Ihre Aufgabe sein!

Frage:

Ich habe schon alles versucht, meinem Hund das Anspringen von Besuchern abzugewöhnen. Nun schließen wir ihn einfach weg, aber er wird wild, bellt und kratzt an der Tür. Wie können wir ihn davon abbringen?

Antwort:

Lehren Sie ihn Sitz! Ein Hund, der auf seinem Hinterteil sitzt, kann nicht hochspringen. Diese Antwort scheint etwas lässig, ist es aber nicht.

Einer der Fehler, den Hundebesitzer beim Abgewöhnen des Anspringens machen, ist alles ins Negative zu ziehen. Tu das nicht, böser Hund, bleib unten, hör auf! Man sagt dem Hund, was er nicht tun soll und vergißt darüber ihm zu sagen, was er statt dessen tun sollte. Dies ist auch ein Fehler, den wir gerne in der Kindererziehung machen. Wir gehen zu negativ an die Sache heran. Die einfachste Lösung ist eine Geräusch-Abwehrtherapie, siehe Anhang. Sobald der Hund hochspringt, wird gleichzeitig 'Sitz' verlangt und ein Leckerbissen angeboten, um ihn zu ermutigen, dies auch zu tun.

Hält man den Leckerbissen am ausgestreckten Arm entgegen, springt nur ein wirklich dummer Hund daran vorbei. Die ruhige Begrüßung wie bei Hyperaktivität beschrieben (S. 115) kann auch hier helfen.

Hundepensionen

Es gibt eine wichtige Regel, ehe Sie einen Hund in einer Hundepension unterbringen – ansehen und dann buchen! Gefällt Ihnen die Unterbringung der Tiere nicht, dann wird sich das wohl kaum ändern, bis Sie Ihren bringen. Die Zwingeranlagen unterliegen behördlichen Bestimmungen. Allerdings handelt es sich um Mindestauflagen, die leider in vielen Fällen kaum ausreichend für einen verwöhnten Haus- und Familienhund sind. Wir haben eine Hundepension in der Nähe. Nachdem ich ständig von den miserablen Zuständen dort hörte, fragte ich bei der Behörde nach, ob man nicht einschreiten könne. Die Antwort war, daß die Mindestanforderungen erfüllt würden, wie z.B. Freiauslauf und Heizung, aber leider könne man nicht überprüfen, ob jeder Hund die angemessene Zeit im Auslauf verbringt oder die Heizung tatsächlich immer an ist, wenn nötig. Würde man den Laden schließen, gäbe es weit und breit keine Möglichkeit, Hund oder Katze unterzubringen. Traurig! Wenn sich der Hundebesitzer zu einem exotischen Urlaub Tausende von Kilometern entfernt entschließt, warum ist er dann nicht in der Lage, 60 oder 80 km weit zu fahren um sicherzugehen, daß der Hund gut untergebracht wird? Tierärzte empfehlen allgemein keine Pensionen. Sie geben Ihnen eine Liste oder erlauben Pensionen, ihre Adresse ans schwarze Brett zu hängen. Empfiehlt er eine Unterkunft und der Hund kommt verwahrlost zurück, bekommt er Ärger. Empfiehlt der Tierarzt nicht ausdrücklich, so heißt das nicht, daß er die Pension für schlecht hält. Der beste Weg zu einer guten Hundepension ist Empfehlung durch andere Hundebesitzer und eigener gesunder Menschenverstand.

Frage:
Ich möchte nächsten Monat meinen Hund zum ersten Mal in eine Hundepension bringen. Ich habe nur Gutes über sie gehört, bin selbst hingefahren und war sehr beeindruckt. Das Problem ist, daß mein Hund sehr an mir hängt und ich nicht sicher bin, ob er das durchsteht – ich weiß jetzt schon, daß meine Sorge um sein Wohlergehen meine Urlaubsfreuden trüben wird. Können Sie mir einen Rat geben, wie er sich rasch eingewöhnt?

Antwort:
Die meisten Hunde passen sich sehr rasch einer fremden Umgebung an, meist in zwei Tagen. Sie sind vielleicht enttäuscht darüber, daß jedesmal wenn Sie schmerzlich an Ihren Hund denken, er keineswegs gleichermaßen an Sie denkt, vorausgesetzt er wird gut gefüttert, warm untergebracht und fühlt sich sicher. Nach meiner Erfahrung brauchen Hunde länger, sich der neuen Umgebung anzupassen, die eine ganze chemische Erinnerungskiste mitbekommen (Decken, Bettzeug, Spielzeug, alte Schuhe) als Hunde, die sich nicht an Vertrautes binden können. Sofern Sie sicher sind, den Hund in einer guten Pension untergebracht zu haben, ziehen Sie in Frieden und genießen Ihren Urlaub. Versuchen Sie nicht, durch besondere Aufmerksamkeit vor der Abreise Ihr schlechtes Gewissen zu überspielen, und entschuldigen Sie sich nicht bei der Rückkehr (siehe auch Anorexia nervosa (Frage) S. 70 und Vermenschlichung (Frage) S. 73).

Hüten
Einen Hütehund bei der Arbeit zu beobachten, ist ein wundervoller Anblick. Sie brauchen für dieses Erlebnis aber keinen Schäfer aufzusuchen. Gehen Sie in den nächsten Park, wo Hunde frei laufen dürfen oder beobachten Sie einfach mal Ihren Hund. Der Hütetrieb ist natürlicherweise bei allen Hunden vorhanden. Bei manchen wurde im Laufe der Jahrhunderte gut entwickelter Hütetrieb durch Zuchtauslese noch verstärkt. Daraus entstanden die Hütehundrassen. Eine der Fragen, die ich meinen

Klienten stelle, ist: 'Wenn Sie Ihren Hund im Park von der Leine lassen, rennt er davon?' Sehr selten kommt die Antwort ja. Meist lautet sie 'nicht sehr weit' und daß er ständig zurückläuft um nachzusehen, ob man kommt, dann läuft er wieder weiter. Lasse ich sie den Vorgang genau beschreiben, stimmen sie zu, daß er wegläuft, zurückkommt, um sie herumläuft und auf der anderen Seite wieder wegrennt. Bei weiterer Befragung stellt sich heraus, daß der Hund dies während des ganzen Spaziergangs tut. Er prüft nicht, ob seine Leute kommen, er hütet sie voran.

Dieses Hüteverhalten auf dem Spaziergang ist ein klassisches Zeichen für einen dominanten Hund – sofern er nicht zu einer Hütehundrasse gehört und damit rassetypisches Verhalten zeigt. Die gleichen Hunde folgen dem Besitzer im Hause auf Schritt und Tritt, doch bei genauerem Hinsehen laufen sie meist vor dem Besitzer her. Besuchern geht es normalerweise genauso, was die meisten Hundebesitzer als übertriebene Freundlichkeit auslegen.

Tatsächlich schränkt der Hund die Bewegungsfreiheit dieser Besucher ein, das ist der Sinn des Hütetriebs.

Obwohl man Verhaltensstörungen nicht in Schemen pressen kann, kann ich die Hunde in meiner Praxis, wenn sie sich eingewöhnt haben, in drei Gruppen aufteilen:

Hunde mit Furcht verbundenen Problemen wie mangelnde Stubenreinheit, Zerstörungswut, Heulen, Bellen, bleiben meist dicht bei ihrer Familie

Hunde mit Dominanzproblemen und Schutzverhalten legen sich meist zwischen mich und ihre Familie und lassen mich nicht aus den Augen. Oder sie legen sich in die Nähe der Tür.

Hunde, die ihre Leute hüten und passive Dominanz zeigen, halten sich auch zwischen mir und ihrer Familie auf, aber sie behalten ihre Leute im Auge. Diese Hunde bekämen eine volle Punktzahl beim Hütewettbewerb in der Disziplin Einpferchen.

Diese Verhaltensweisen sind je nach Bericht der Besitzer absehbar. Ich habe dies jahrelang immer wieder beobachtet. Die Einrichtung meines Büros ist so gestaltet, daß sich die Hunde entsprechend bewegen und legen können. Zunächst glaubte ich an Zufallsverhalten. Ich weiß heute, daß ihr Verhalten meine vermutete Ursachendiagnose bestätigt.

Hüten ist nicht nur Collies und ähnlichen Hunden vorbehalten, obwohl es bei diesen Rassen besser erkannt und als normal hin-

genommen wird. Alle Rassen hüten in gewissem Maße, besonders wenn sie in der Familie die Führungsrolle übernommen
haben. Ob es sich um natürliches Rasseverhalten oder eine Form
der Dominanz handelt, die Aussage in Kapitel 3 zeigt Ihnen, wie
man das Verhalten auf ein erträgliches Maß reduzieren kann,
wenn es zum Problem ausartet.

Frage:
*Mir tut mein 4 Jahre alter Border Collie Blue leid: er ver-
bringt seine ganze Zeit damit, Schatten an der Wand oder auf
dem Boden, Goldfische im Teich oder unsere beiden Katzen zu
hüten. Verbieten wir ihm das eine, geht er sofort zum anderen
über. Es hat nichts damit zu tun, wie viel Bewegung wir ihm
beschaffen, so bald er nach Hause kommt, fängt er wieder an
zu arbeiten. Wir möchten ihn nicht abgeben, aber wir glauben
es ist unfair ihn zu behalten. Er wäre als Hütehund bei einem
Schäfer besser aufgehoben.*

Antwort:
Zunächst einmal müßten Sie schon großes Glück haben, einen
Schäfer zu finden, der einen 4 Jahre alten Hund übernimmt; sie
ziehen Welpen vor und lassen sie mit dem Althund mitlaufen.
Aber warum die Sorge? Es scheint doch, daß Blue genug zu tun
hat. Vorausgesetzt, daß er ausreichend Auslauf außerhalb des
Grundstücks bekommt, erleben Sie nur den hoch entwickelten
Arbeitstrieb. Offensichtlich ist er überzeugt, gute Arbeit zu leisten. Es ist unfair, ihn davon abzuhalten, denn er wäre frustriert,
und dann gäbe es richtige Probleme. Angenommen, die Schatten, Goldfische und Katzen stören sich nicht an ihm, können Sie
sicher sein, daß Schafe für ihn nichts anderes bedeuten – sie sind
lediglich etwas, das man hütet. Es scheint mir, daß Ihr Hund besser dran ist als manch anderer Haushund; wenigstens kann er
seinen Instinkten freien Lauf lassen. Ich bin sicher, er ist vollkommen glücklich damit.

Hyperaktivität
Sie tritt bei einigen Hunden, ebenso wie bei Menschen, insbesondere Kindern auf. Echte Hyperaktivität beim Hund ist nach
meiner Meinung gegeben, wenn der Hund sich nicht ruhig verhalten und konzentrieren kann, obwohl er dazu angehalten wird.

Meine Klienten berichten zwar häufig von Hyperaktivität, doch es zeigt sich meist, daß sich die Hunde beruhigen und entspannen, wenn sie richtig behandelt werden. In diesen Fällen ist die Hyperaktivität nur ein Symptom einer Ursache. Der Hund wird nicht richtig behandelt. Das scheint mir auch bei vielen Kindern der Fall zu sein.

Andererseits gibt es genügend medizinische Beweise, daß bestimmte Nahrungsmittelzusätze bei Kindern hyperaktives Verhalten hervorrufen. Man kann sie so lange nicht zur Ruhe bringen, bis diese Zusatzstoffe beseitigt sind. Bei Hunden wurde dies bisher zwar nicht bewiesen, aber ich glaube, daß es auch auf sie zutrifft.

Ich befasse mich mit einer Studie zur Auswirkung der Ernährung auf das Verhalten (siehe Ernährung S. 99). Zweifellos beruht der Aktivitätsgrad einiger Hunde auf deren Nahrung. Alle Erziehungs- und Verhaltensrehabilitationsmaßnahmen sind nutzlos, wenn die Ursache nicht beseitigt wird. Ob es nun die Ausgewogenheit der Kost ist oder nur ein bestimmter Bestandteil können wir jetzt noch nicht sagen, weil noch nicht alle Befunde ausgewertet wurden. Bis das so weit ist, müssen wir die Ernährung bei einem hyperaktiven Hund immer in Betracht ziehen.

Umwelteinflüße tragen ebenfalls dazu bei (siehe Kinder S. 130), hier muß der Besitzer lernen, den Hund besser zu kontrollieren. Ungeachtet der Ursache, sind beim überaktiven Hund Verhaltensstörungen viel schwieriger zu korrigieren, als bei einem ruhigen Hund. Es ist deshalb wichtig, vor jeglichen Maßnahmen das Problem der Hyperaktivität anzupacken.

Frage:
Mein Hund dreht vollkommen durch, wenn ich von der Arbeit nach Hause komme. Er schmeißt sich auf mich, rast in der Diele herum, wirft dabei stets etwas um und bellt ständig mit unerträglich hoher Stimme. Ich habe versucht ihn anzuschreien, beim Hochspringen das Knie gegen seine Brust zu drücken, aber das macht alles eher noch schlimmer. Wie kann ich ihm beibringen, mich ruhig zu begrüßen?

Antwort:
Solches Verhalten beruht meist auf einer freundlichen, überschwenglichen Begrüßung des Welpen. Es ist schwer, einen Wel-

pen nicht zu beachten, wenn er an einem zur Begrüßung hochspringt. Wir sollten es aber tun, denn wir verstärken ein Verhalten, das beim erwachsenen Hund unerträglich wird, wie Sie am
eigenen Leibe erfahren haben. Idealerweise sollten Begrüßungen
stets ruhig und niemals im Flur stattfinden. Man kommt nach
Hause und beachtet den Hund ein paar Minuten lang gar nicht.
Hängen Sie den Mantel auf, stellen die Tasche weg, ehe Sie ihn
heranrufen und ihn ruhig und freundlich begrüßen (am besten in
einem Raum in der Wohnung).

I

Instinktiv

In Kapitel 5 erfahren wir, daß fast alles, was ein Haushund tut, rein instinktiv und vom Ahnherr Wolf geerbt ist. Deshalb müssen wir uns angesichts eines Verhaltensproblems zunächst einmal fragen, warum tut mein Hund das? In den meisten Fällen lautet die Antwort, weil es vollkommen normal ist, wenn auch nicht angenehm. Haben wir diese Tatsache festgestellt, fragen wir uns 'wie leite ich das Instinktverhalten meines Hundes in erträgliche Bahnen?' Hetzen (S. 108) gibt dafür ein gutes Beispiel: 'Erstens, wie übertrage ich den Spaß am Fangen vom Joggern auf einen Ball; zweitens wie wandle ich den Beutefangtrieb (meist in Zusammenhang mit Futter) dahin, daß der Hund für das Futter zum Besitzer kommt'. Bei anderen Problemen kann man ähnliche Wege gehen, vorausgesetzt Sie stellen die Schlüsselfrage: 'Welcher Instinkt wurde zum Problem?' und 'Wie kann ich diesen Instinkt in erträgliche Bahnen lenken?'

Alle Hunde besitzen die gleichen Instinkte. Zum Problem werden sie erst, wenn sie geweckt und belohnt werden.

Selten tun wir das bewußt; meist wecken wir Instinkte, ohne es zu ahnen. Beim Problem des Hetzens sind fast immer Kinder in der Familie. Ihre Spiele mit den Welpen sind Ursache für das Auslösen des Instinkts. Selten sehe ich einen Fall von Hetzproblemen, wenn keine Kinder in der Familie sind. Halten wir uns vor Augen, daß der neu erworbene Welpe nichts ohne guten Grund tut und sein Verhalten Bestandteil eines Lernprozesses ist, dann können wir die Spiele so lenken, daß sie uns angenehm sind und vermeiden damit, unerwünschtes Instinktverhalten zu wecken. Wie der Titel meines letzten Buches besagt, sollten wir lernen, wie ein Hund zu denken (Think Dog).

Frage:

Warum steckt mein Hund bei der Begrüßung stets die Nase zwischen die Beine der Besucher? Ein sehr peinliches Verhalten, nicht nur für mich als Besitzer, sondern für die Besucher. Manchmal ist er so hartnäckig, daß ihn nichts davon abbringen kann.

Antwort:

Beobachten Sie eine Begrüßung zwischen Hunden im Park, sehen Sie, daß das Beriechen der Anal/Genitalregion zum Normalverhalten des Hundes gehört. Was er tut, ist demnach vollkommen normal, aber, wie ich Ihnen zustimme, für alle Beteiligten sehr peinlich. Hunde, die dieses Verhalten auf unangenehme Weise zeigen, haben meist die entsprechende Größe und verbrachten die ersten 12 bis 14 Wochen im Zwinger – mit anderen Worten, sie sind ausgesprochen hündisch und sind aufgrund ihrer Größe in der Lage, Menschen auf Hundeart begrüßen zu können. Wenn er jedoch, wie Sie sagen, so hartnäckig ist, könnte auch ein sexuell-hormonelles Element mitspielen. Sie sollten mit Ihrem Tierarzt über eine kurzfristige Behandlung mit Anti-männlichen Hormonen sprechen. Hilft es nichts, bewaffnen Sie Ihre Besucher mit einem Abwehrspray (siehe Anhang, andere Abwehrmethoden) als rasche und effektive Lösung, vorausgesetzt, er wird von ihnen für ein ordentliches Begrüßungsverhalten belohnt, wie zum Beispiel 'Sitz'. Das Ziel ist, die eine Begrüßungsform unangenehm, die andere angenehm zu gestalten, nicht etwa, ihn vor Besuchern mißtrauisch werden zu lassen.

Intelligenz

Wir überschätzen oft die Intelligenz unserer Hunde. Als Folge werden wir ungeduldig mit ihnen, weil sie uns lernunwillig erscheinen. Stubenreinheit ist dafür ein klassisches Beispiel (siehe Stubenreinheit S. 199). Die häufige Aussage 'er weiß genau, was er angestellt hat' zeigt unsere Fehleinschätzung der Grenzen der Intelligenz eines Hundes. Verglichen wir seine Grenzen mit denen eines Kindes, das zwar gehen, aber noch nicht sprechen und verstehen kann, wären wir sehr viel toleranter. Macht ein Kind in diesem Alter Fehler, setzen wir voraus, daß es noch zu klein ist, um den Unterschied zwischen falsch und richtig zu erkennen. Stellen Sie sich vor, Sie kommen in ein fremdes Land und sprechen die Sprache nicht. Sie bitten jemanden, in einen bestimmten Laden in der nächsten Stadt für Sie Parfüm oder ein Aftershave zu besorgen. Es wäre schwierig, aber nicht unmöglich, denn Sie könnten den Namen der Stadt nennen, den Laden und die Marke des Produkts aufschreiben. Stellen Sie sich nun vor, Sie müßten das gleiche ohne zu schreiben tun und dürften nur grunzen statt zu sprechen. Das ist etwa die Verständigungsebene zwischen Mensch und Hund.

Die größten Schwierigkeiten ergeben sich daraus, dem Hund unsere Wertvorstellungen beibringen zu wollen. Das schaffen wir nie; haben wir doch genug Probleme, sie selbst zu verstehen, ohne sie auch noch auf eine andere Spezies zu übertragen. Wir sind jedoch intelligent genug zu lernen und die Wertvorstellungen des Hundes zu verstehen.

Nehmen wir zum Beispiel die einfache Prozedur, dem Hund zu verbieten, auf die Couch zu springen. Haben Sie Ihrem knuffigen Welpen erlaubt, aufs Sofa zu steigen und Sie möchten es nun dem erwachsenen Hund verbieten, stellen Sie fest, daß er es zwar nicht tut, wenn Sie dabei sind, Sie wissen aber ganz genau, daß er auf dem Sofa liegt, wenn Sie nicht da sind. Manchmal erwischen Sie ihn dabei, wie er gerade herunterspringt, wenn Sie eintreten und eine schuldige Miene aufsetzt. Wir halten diesen Blick für ein Schuldeingeständnis, weil er weiß, daß er eigentlich nicht auf dem Sofa liegen darf. Tatsächlich aber weiß er, daß es Ärger gibt, wenn er in Ihrer Gegenwart auf dem Sofa sitzt. Sind Sie nicht da, belohnt das Sofa durch seine kuschelige Wärme. Sie haben dem Welpen beigebracht, wie schön es ist, auf dem Sofa zu liegen, sie haben ihn gestreichelt und die Erfahrung bestärkt. Alles, was er später lernte war, daß Sie und das Sofa eine unangenehme Verbindung sind, die Ärger bringt. Nicht etwa, daß es verkehrt ist, auf dem Sofa zu liegen. Welpen, die niemals auf das Sofa durften und nie herausfinden konnten, wie belohnend in sich schon die angenehme Erfahrung ist, werden später nie auf das Sofa gehen wollen.

Einfach ausgedrückt: Jeder Lernvorgang (wie ich immer wieder sage) beruht auf angenehmen und unangenehmen Bestätigungen. Das sind die Grenzen der Intelligenz eines Hundes – wenn sie etwas lohnenswert finden, tun sie es wieder. Wenn nicht, lassen sie es.

Frage:
Wir möchten uns erstmals einen Hund anschaffen. Wir möchten ihn ausbilden, und man sagte uns, es käme entweder ein Deutscher Schäferhund oder Border Collie als die intelligentesten Rassen in Frage. Stimmt das und können Sie uns als Ersthundbesitzer raten, welchen wir nehmen sollen?

Antwort:

Da ich beide Rassen selbst besessen habe, kann ich bestätigen, daß beide Rassen sehr leicht auszubilden sind. Das ist aber etwas anderes als intelligent. Deutsche Schäferhunde und Collies wurden seit Generationen dafür gezüchtet, für den Menschen zu arbeiten. Sie sind gute Arbeitshunde, weil sie Ausdauer besitzen und ihr Äußeres der Arbeit angepaßt ist – beim Schäferhund der optische Eindruck des Wachhundes, beim Border Collie die Farbzeichnung und das berühmte Collie-Auge für den Hütehund. Beide Rassen sind wetterunempfindlich, lebhaft und möchten es ihrem Herrn recht machen. Ihre Lernfähigkeit unterscheidet sie aber nicht von anderen Rassen.

Aufgrund meiner Erfahrung mit beiden Rassen bezeichne ich sie als Workaholics. Das kann beim normalen Hundehalter zu Problemen führen. Eine Rasse mit ausgeprägtem Arbeitseifer zu wählen ist nur dann fair, wenn man dem Hund regelmäßig Aufgaben übertragen kann. Meine Schäferhunde waren stets ausgebildete Polizeihunde und nahmen regelmäßig an Prüfungen teil. Mein Collie war ein ausgebildeter Sprengstoffspürhund und brauchte regelmäßiges Training. Ein Kollege errechnete einmal, daß ein Collie bei der Herde an einem Tag über 100 km zurücklegt. Dabei legt er nicht nur diese Strecke zurück, sondern arbeitet.

Ehe Sie eine Rasse wählen, müssen Sie Ihre Umgebung und Ihren Lebensstil überprüfen und sich selbst die Frage stellen, ob die gewählte Rasse dazu paßt. Diese Frage bedarf einer ehrlichen Antwort; meine Unterlagen bezüglich dieser beiden Rassen zeigen, daß die Hauptprobleme darin liegen, daß sie in völlig unzureichender Umgebung gehalten werden. Ein Hund, der zur Arbeit gezüchtet wurde und sich nicht selbst unter Kontrolle ausleben darf, tut es ohne Kontrolle, und sowas nennt man dann Problemhund.

J

Jogger
siehe Hetztrieb S. 108

Jugend
Auch Hunde durchlaufen eine Phase, wie wir sie beim Menschen als 'Flegeljahre' bezeichnen. Mensch und Hund befinden sich in der Pubertät. Hormone bombardieren den Körper, mit denen er kaum fertig wird. Hunde erreichen dieses Stadium zwischen dem 9. und 14. Monat – ähnlich dem Menschen im Alter von 14 bis 20 Jahren. Wie beim Menschen wirkt das Verhalten unvernünftig. Es hängt nun davon ab, wie wir damit umgehen, ob der Jugendliche zu einem ausgeglichenen Erwachsenen heranreift – Mensch oder Hund.
Der Einsatz der Pubertät kann sich in gesteigerter Aggression ausdrücken, meist Rüden gegen Rüden, manchmal auch zwischen Hündinnen. Es kann zur Aggression gegen den Besitzer kommen, denn wie der junge Mensch, sucht auch der Hund seine eigene Identität. Zu akzeptieren, daß es sich um eine vorübergehende Phase handelt, hilft bei der Problembewältigung. In dieser Zeit ist es ungemein wichtig, dem Hund seinen Rang innerhalb der Mensch-Hund-Meute zuzuweisen. Siehe Kapitel 3.
In diesem Alter verändern die Hunde ihr Aussehen. Viele Menschen beschreiben sie als hochbeinig und schlaksig. Auch darin sind sie Teenagern ähnlich.
Neben der Hormonumstellung hat der Körper auch noch mit dem Wachstum zu kämpfen. Dies alleine kann sein Verhalten stark beeinflussen.
Bei Teenagern hoffen wir, daß sie herauswachsen, und sie tun es auch meist. Erlauben wir aber Hunden dieses unbegreifliche und unerträgliche Verhalten beizubehalten, ergibt sich daraus ein Lerneffekt. Sie wachsen nie aus diesem Stadium raus – das Verhalten prägt sich vielmehr ein. Wir müssen sehr sorgfältig überlegen, wie wir dieses Problem handhaben. Wir wissen, daß ein Teil seines Verhaltens auf Streßsituationen beruht, die wir nicht beeinflussen können. Wir müssen jede unbeabsichtigte Belohnung vermeiden, die der Hund aus irgendwelchem Verhalten erhält, ohne in zu strafen. Nehmen wir beispielsweise einen Hund, der be-

Meine Dogge attackiert den Couchtisch

ginnt, sich anderen Hunden gegenüber aggressiv zu benehmen. Strafen wir ihn jedesmal, wenn er knurrt, kann er lernen, daß die Gegenwart eines anderen Hundes das Vorspiel zur Strafe darstellt. Das Problem wird damit verstärkt. Wir erzielen den erwünschten Erfolg, indem wir die Aggressionshandlung mit Hilfe der Geräuschabwehr (siehe Anhang) unterbrechen und ihn für das gleichgültige Verhalten dem anderen Hund gegenüber belohnen.

Frage:
Mein Hund benimmt sich in letzter Zeit wirklich seltsam. Er ist ein 10 Monate alter Deutscher Doggenrüde namens Henry. Wir haben ihn mit 6 Wochen bekommen. Wir haben eine neue Sitzgarnitur gekauft und mußten Möbel verrücken. Aus irgend einem Grund haßt er plötzlich den Couchtisch, der schon immer da war. Er griff ihn an und biß in die Beine, inzwischen weicht er aus, knurrt und fletscht die Zähne. Egal mit welchen Mitteln wir auch versuchen ihn heranzulocken, er ist nach wie vor aggressiv. Gibt es einen Grund für sein Verhalten und was können wir dagegen tun?

Antwort:
Zunächst sollten Sie ihn nicht mehr heranlocken. Das bestätigt ihm nur, daß irgendwas mit dem Tisch nicht stimmt. Was Sie be-

123

schreiben hat mit Streß zu tun. Man erlebt es öfter bei großen als bei kleinen Hunden und führt es auf Wachstumsschübe zurück, die der Hund in dieser Zeit durchmacht. Man nennt es auch 'Angst vor vertrauten Situationen'. Dinge, die der Hund sein Leben lang kennt, werden für ihn an einem anderen Ort unerkennbar. Je mehr Theater wir darum machen, desto schlimmer wird das Problem.

Sie sollten sein Bellen und Knurren einfach überhören, den Tisch an seinen ursprünglichen Platz stellen und auch weiterhin so benutzen wie früher (vielleicht das Abendessen servieren). Henry wird aufatmen und sich sofort beruhigen. Lassen Sie ihn zuschauen, wie Sie den Tisch an seinen neuen Platz stellen. Das wird er akzeptieren. Keinesfalls dürfen Sie sich dabei auffällig verhalten. Tun Sie so, als würden Sie Henry gar nicht beachten.

K

Kastration des Rüden

Eine Menge Ammenmärchen ranken sich um diese einfache Operation. Hunde werden fett; sie verändern sich im Charakter; armer Hund, es ist nicht fair ihm gegenüber, wie würden Sie sich fühlen? – und viele mehr. Sicherlich werden sie fett, wenn Sie es zulassen. Sie sind allgemein entspannter und haben deshalb keine solch hohe Stoffwechselrate wie früher und brauchen weniger Futter. Sie verändern sich nicht im Charakter. Er wird eher besser. Deshalb ist es vielleicht teilweise richtig, von einer Veränderung zu sprechen, aber nur zum Besseren; niemals verändert sich ein Hund ins Negative. Daß der arme Hund seinen Hoden nachtrauert, ist pure Vermenschlichung.

Nach Forschungsarbeiten aus dem Jahre 1970 an der Universität von Pennsylvania verbesserten 70% der kastrierten Rüden jeden Alters ihr Wesen. Damit ist ein weiteres Ammenmärchen widerlegt, denn es macht keinen Unterschied ob der Hund älter als 2 Jahre ist. Verbesserungen stellte man sogar bei Rüden fest, die im Alter von 12 Jahren kastriert wurden.

Diese Feststellungen bestätigte 1988 hier Hazel Palmer, eine meiner Schülerinnen (jetzt Mitglied des APBC und Assistentin meiner Praxis) bei einem Kurs, den ich für das Canine Studies Institute abhielt, in einer Arbeit über die Auswirkungen der Kastration auf Problemverhalten bei erwachsenen Hunden. Ihre Ergebnisse zeigten sogar eine etwas höhere Erfolgsrate als die amerikanische Arbeit. Aus beiden geht jedoch klar hervor, daß die Chancen für eine Besserung sehr hoch sind.

Einige Tierärzte lehnen die Kastration zur Verhaltensbeeinflußung ab. Sie halten sie für einen Eingriff in das Sozialverhalten, das nur der Bequemlichkeit des Besitzers diene. Das mag in Einzelfällen so sein, aber würden mehr nicht zur Zucht verwendete Rüden kastriert, gäbe es nicht so viele Streuner und unerwünschte Hunde.

Ich stimme voll und ganz mit meinem APBC Kollegen John Rogerson überein, der es für grausam hält, einen Rüden nicht zu kastrieren, der all sein natürliches Verlangen nicht ausleben kann.

Frage

Ich habe einen 12 Monate alten Dobermannrüden, der immer aggressiver gegen andere Rüden wird. Hündinnen liebt er. Handelt es sich nur um Halbstarkenverhalten oder sollte ich ihn kastrieren lassen?

Antwort:

Halbstarkenverhalten kann eine Rolle spielen. In diesem Alter ist der Testosteronspiegel (männliches Hormon) erhöht. Er reguliert sich erst im Alter von 18 Monaten ein. Die Gefahr besteht darin, daß er bis dahin sein Verhalten gelernt hat.

Einige Hinweise lassen auf ein hormonelles Problem schließen. Er haßt Rüden und liebt Hündinnen. Schnüffelt er viel herum und sabbert dabei, wenn er im Freien ist? Markiert er häufig sein Revier, meist an den gleichen Stellen? Kratzt er auf dem Boden nach dem Markieren, möglicherweise knurrend mit gesträubtem Nackenfell? Zeigt er artfremdes Sexualinteresse (reitet auf Menschenbeinen auf)? Können Sie diese Fragen mit Ja beantworten, sollten Sie die Kastration mit Ihrem Tierarzt besprechen. Man wird Ihnen raten, es erst einmal mit einer Hormonbehandlung zu versuchen (einer sog. chemischen Kastration). In manchen Fällen hilft es, aber nicht immer. Schlägt sie an, sehen Sie, wie sich Ihr Hund nach einer Kastration verhalten würde. Das erleichtert Ihre Entscheidung zur Operation. Ich finde, man sollte nicht erst mit Hormonen herumspielen, wenn man sich einmal zur Operation entschlossen hat. Wer kennt schon die Langzeitnebenwirkungen? Wir kastrieren hemmungslos Kater, Hengste, Eber und Bullen, warum haben wir solche psychologischen Probleme beim Hund? Könnte es ein weiteres Zeichen für die enge Bindung zwischen Mensch und Hund sein?

Katzen

In den meisten Comic Strips mit Katzen und Hunden hetzen Hunde Katzen. Warum jagen Hunde Katzen? Weil Katzen davonrennen. Das ist alles. Katzenjagd ist für jeden Hund herrlicher Sport. Selten spielt Beutetrieb mit. Sollte es einem Hund überhaupt gelingen, eine Katze in die Enge zu treiben, kann der Hund oft nichts mit ihr anfangen. Zieht sie ihm auch noch die Krallen über die Nase, (Katzen schlagen übrigens siebenmal schneller zu als ein Hund den Fang öffnen kann), zieht sich der

126

Hund zurück und läßt die Katze laufen. Die meisten Hunde lernen, eng mit einer Katze in einem Haus zusammenzuleben. In Tausenden von Haushalten wird die Vorstellung widerlegt, Hunde und Katzen seien Todfeinde. Mein Hund lebt liebevoll mit zwei Katzen im Haus zusammen, obgleich unser Parson Jack Russell aus dem Tierheim angeblich ein Katzentöter war, und das im Alter von 15 Monaten. Treffen sie sich aber im Garten, dann geht die Hatz los. Die Katzen entkommen immer, und ich frage mich manchmal, ob sie nicht genau so viel Spaß daran haben wie der Hund.

Frage:

Ich habe einen zwei Jahre alten Boxerrüden aus dem Tierheim namens Tyson. Wir haben ihn nun seit zwei Wochen, und er scheint sich recht gut einzuleben. Leider will ihn unsere 5 Jahre alte Katze nicht akzeptieren. Sie kommt nur noch zum Fressen nach Hause und geht danach sofort wieder. Wie kann ich die beiden aneinander gewöhnen?

Antwort:

Sie sagen nichts über das Verhalten des Hundes zu der Katze, deshalb vermute ich, daß er nicht aggressiv reagiert. Sonst hätten Sie es erwähnt. Sie hat offenbar nur Angst vor ihm.
Wahrscheinlich fühlt sie sich in ihrem angestammte Revier durch das andere Tier gestört. Durch ihre Bindung an dieses Revier kommt sie zum Fressen heim. Wenn Sie nicht rasch etwas tun, kann sich das ändern.
Katzen leben dort, wo es ihnen am besten geht. Hält sie sich nun Tysons wegen mehr in der Nachbarschaft auf, werden die Nachbarn anfangen sie zu füttern und sie sich schließlich dort ansiedeln. Es ist traurige Wahrheit, daß wir keine Katzen besitzen, sondern Katzen besitzen Territorien.
Sie müssen die Rechte der Katze in ihrem Revier wieder herstellen. Am besten in jedem Zimmer einzeln. Kommt sie zum Füttern herein, setzen Sie sie in einen Käfig, groß genug für Katzenklo, Wasser-und Futterschüssel und Schlafplatz. Unterbrechen Sie jede unerwünschte Aufmerksamkeit von Tyson durch eine der Abwehrmethoden (siehe Anhang). Allerdings nicht den Geräuscheffekt, der die Katze in Panik versetzen könnte. Sie versuchen damit, die Rechte der Katze, in jedem Raum zu leben,

langsam wieder zu festigen, ohne den Tieren die Möglichkeit zu einem Hetzspiel zu geben. Neuankömmling Tyson soll lernen, daß bestimmte Aktionen Gegenreaktionen hervorrufen, z.B. die Katze ist nicht zum Jagen da.

Es dauert ein paar Tage, um die Rechte der Katze in den Räumen, in denen die Tiere aufeinandertreffen, wiederherzustellen. Aber der Aufwand lohnt sich. Was Katzen betrifft, müssen Sie Entscheidungen treffen, sonst trifft sie die Katze.

Kauen

Hunde kauen aus verschiedenen Gründen. Zahnwechsel ist der erste offensichtliche Grund, den wir meist verstehen und akzeptieren. Doch man sollte wissen, daß Hunde eine zweite Kauphase durchlaufen, etwa zwischen dem 6. und 12. Monat, wenn sich die zweiten Zähne im Kiefer festsetzen. Einigen Hunden bereitet dies ziemliches Unwohlsein, und sie haben den Drang zu kauen. Ballaststoffarme Ernährung kann Nagen veranlassen. Türrahmen, Tischbeine, Tücher, Klopapier sind in den Augen des Hundes gute Ballaststofflieferanten. Mangelnde Bewegung und geistige Anregung sind der wichtigste Auslöser zum Kauen – Langeweile. Ein gelangweilter Hund, der den ganzen Tag allein zu Hause ist, wird zwangsläufig über Mutters neuste Schuhe stolpern; sie riechen lecker nach Leder und nach Mutter, deshalb werden sie beleckt und angeknabbert, mehr zur Beruhigung, meist zum Spiel. Je mehr sie abgeleckt und angeknabbert werden, desto weicher und schmackhafter werden sie, und somit sind sie ein wundervolles neues Kauspielzeug. Der ganze Akt des Kauens ist eine einzige Belohnung. Manchmal wird der Schuh in Stücke gerissen, damit er flach wird und der Hund sich darauf legen kann, etwa wie ein chemisches Erinnerungsstück, bis Mutter wieder da ist. All das passiert nicht aus Trotz oder mit dem Ziel der absichtlichen Zerstörung wertvollen Gutes – wie der Wolf hat der Hund keinen Sinn für Werte. Sobald der Hund kaut, wird er belohnt. Der Hund wird vollkommen verwirrt und schockiert, wenn er zur Tür rennt, um den Heimkehrer zu begrüßen und diese Person dann wütend oder gar handgreiflich wird. Diese Verwirrung ist Ursache für ein weiteres Kauverhalten – aus Angst (siehe S. 66).

Ehe man einen Problemkauer heilen kann, muß man die Ursachen erforschen: Alter und Zahnentwicklung; Bewegungsbedarf

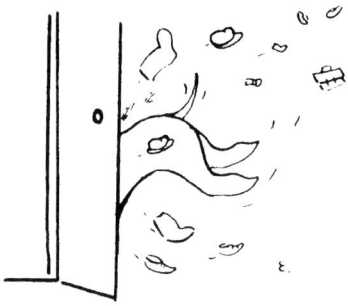

Ein Hund der viel kaputt macht, ist oft ein gelangweilter Hund.

im Verhältnis zur Bewegungsmöglichkeit; übertriebene Anhänglichkeit, die ihn veranlaßt, möglichst nahe an etwas zu sein, das
nach seinem abwesenden Herrn riecht; ob das Kauverhalten
möglicherweise ernährungsbedingt ist oder auf Angst beruht.
Weiß man das, helfen die Informationen im Anhang (Zwinger im
Hause), unter Ernährung (S. 99) oder Angst (S. 66) bei der Heilung.

Frage:

*Meine zwei Jahre alte Boxerhündin Flossie fängt plötzlich
an, alles zu benagen, das ihr vor den Fang kommt. Sie kaut
nicht nur, sie zerfetzt alles. Bisher sind es zahllose Zeitungen,
zwei Kissen, ein Fußabtreter, ein Stück Teppich – wahrscheinlich hat sie den Teppich mit den Pfoten zerstört, weil sie auch
angefangen hat, im Garten zu graben. Wir haben noch nie solche Probleme mit ihr gehabt, nicht einmal als Welpe.*

Antwort:

Diese Frage kam per Brief. Ich hatte zwar Vermutungen, doch
ich brauchte weitere Informationen und telefonierte. Das Problem trat kurz nach Flossies Hitze auf. In der Zeit war sie aus
dem Garten entwischt und schnell vom Nachbarn eingefangen
worden. So schnell, daß sie keine Sorge hatten, es könnte ihr
etwas passiert sein. Falsch! Augenscheinlich war der Nachbarrü-
de nicht in der Nähe. Doch ein Besuch beim Tierarzt bestätigte
Flossies Trächtigkeit. Ihr Kauverhalten galt dem Zerkleinern von
Dingen, und sie grub im Haus und im Garten – ebenso auffällig

war das plötzliche Auftreten des Verhaltens, das so gar nicht ihrem Wesen entsprach. Was die Besitzer als Nagen ansahen, war für Flossie der Nestbau. Die Besitzer wollten die Welpen aufziehen (eine Entscheidung, zu der ich mich nicht äußern möchte) und als sie ihr eine Wurfkiste mit Decken gaben, hörte das Verhalten sofort auf.

Kinder

Zweifellos wird das Verhalten von Hunden stark durch das Verhalten der Kinder im Haushalt beeinflußt. Besonders, wenn der Hund dort seit seiner Welpenzeit gelebt hat. Eine ruhige Umgebung hat einen beruhigenden Einfluß auf den Hund und umgekehrt. Ich sehe viele Hunde, die ihre Besitzer als überaktiv bezeichnen. Da ich mir immer auch gerne die Familie ansehe, werden solch überaktive Hunde meist von überaktiven Kindern begleitet. Ich akzeptiere die Tatsache, daß manche Kinder echt hyperaktiv sind, und ich weise sofort auf chemische Zusätze hin wie Konservierungsmittel und andere, die zur Überaktivität führen. Aber ich glaube, wir geben damit den Eltern eine wunderbare Ausrede für mangelnde Kontrolle über Kinder und Hunde. Es ergeben sich zwei Fragen: Gibt es mehr überaktive Kinder und Hunde als früher? Wenn ja, liegt es an den großzügigen Eltern, die ihren Kindern erlauben wollen sich zu frei zu entfalten, oder liegt der größere Einfluß in der Art der Ernährung, Fernsehen oder anderen Lehrmethoden? Es wäre ein interessantes Experiment, wenn alle Eltern eine Woche lang ihre Kinder anders ernährten und dann die Ergebnisse mitteilten. Wo positive Ergebnisse anfallen, wäre es interessant, die Nahrung näher zu untersuchen; ist dies nicht der Fall, sollte man sich den Lebensstil der Kinder ansehen. Zukunftsmusik, ich weiß, aber man könnte dann das Problem korrekt zuordnen. Als Nebeneffekt würde es auch dem Verhalten der Hunde nützen.
Ich will damit sagen, manche Kinder eignen sich einfach nicht für Hunde, besonders vom Hundeverhalten her betrachtet. Meine Erfahrung ist, daß Eltern mit gut erzogenen Kindern auch umgänglichere Hunde haben. Ich glaube daran, daß Hunde in mannigfaltiger Weise wichtig sind für Kinder. Der Hund ist ein Gefährte, mit dem das Kind reden und sich ihm anvertrauen kann. Der Hund enttäuscht dieses Vertrauen nie und gibt nie Widerworte. Hunde vermitteln dem Kind ein Gefühl von Sicherheit, oft

auch der Verantwortung. Hunde lehren Kinder, Verluste zu ertragen, weil sie eine kürzere Lebensdauer haben. Es besteht kein Zweifel, daß der Nutzen eines Hundes für ein Kind die Nachteile der Hundehaltung weit überwiegt.

Probleme gibt es bei Hunden, die Kindern nicht trauen. Für kinderlose Hundebesitzer ist es wichtig, den Welpen so früh wie möglich unter Aufsicht an Kinder heranzuführen, um künftige Probleme zu vermeiden. Versäumt man dies, beunruhigen die unbeherrschten Bewegungen und schrillen Stimmen der Kinder einen Hund. Die meisten Hunde kann man daran gewöhnen, wenn man die Kinder etwas beruhigt.

Man sollte dem Hund ein paar Wochen lang keine Leckerbissen geben, sondern dies den Kindern überlassen. Das wird die Erwartungshaltung des Hundes gegenüber Kindern rasch verbessern. Das tut man natürlich nur, wenn das Zusammentreffen mit Kindern nicht verhindert werden kann; um kein Risiko einzugehen, sollte man den Hund nicht mit Kindern alleine lassen.

Frage:

Ich habe zwei Hunde, einen 18 Monate alten Deutschen Schäferhund und eine zweijährige Rottweilerhündin. Wir besitzen ein recht großes Eckgrundstück. Es ist mit einem 1,80 m hohen engmaschigen Zaun sicher eingefaßt. Unser Problem ist eine Schule in der Nähe. Jeden Morgen necken die Kinder unsere Hunde, hängen sich an den Zaun und werfen manchmal Sachen rüber. Das macht meine Hunde rasend. Ich muß sie ins Haus nehmen. Selbst dann hören die Hunde noch die Kinder am Zaun hämmern und bellen wütend. Ich habe Angst, daß die Hunde, wenn sie einmal auf eines dieser Kinder treffen, beißen. Das wäre tragisch, denn sie haben ein ausgesprochen freundliches Wesen. Kann man etwas tun?

Antwort:

Sie sind mit Recht besorgt. Ich glaube, daß hier eine echte Gefahr des Beißens besteht. Unbewußt trainieren diese Kinder Ihre Hunde auf etwas, das man Freiheits-Reflex-Beißen nennt. Jedes Tier, das eingesperrt oder angebunden ist und regelmäßig geärgert wird, greift den Verursacher seines Ärgers an, sobald sich die Möglichkeit ergibt. Bei Ihnen wird das Problem noch schlimmer, weil Ihre Hunde Schutzhundrassen angehören. Abgesehen von einem Umzug ist es am besten, die Hunde im Haus zu behalten, wie Sie es schon tun. Vielleicht unterbricht eine Abwehrtherapie das Bellen im Haus. Doch Abhilfe schafft nur die Beseitigung des Reizes.

In Ihrem Falle würde ich die Schule aufsuchen und dem Schulleiter die potentielle Gefahr verdeutlichen. Wenn die Hunde gutmütig sind, ist es vielleicht sogar eine gute Idee, sie mitzunehmen (nach vorheriger Absprache, natürlich).

Schlagen Sie dem Lehrer vor, jemanden aus dem Tierschutz die Kinder über Hunde allgemein informieren zu lassen, insbesondere zu der Gefahr, angebundene oder eingesperrte Hunde zu ärgern. Damit prangert man keine bestimmten Kinder an – immerhin hatten die Kinder Spaß daran und keine Ahnung von den möglichen Folgen.

Knochen

Die meisten Hundebesitzer glauben, Hunde bräuchten Knochen. Bei einer ausgewogenen Kost brauchen sie keine. Natürlich lieben die meisten Hunde einen schönen Markknochen zum Kauen. Wenn jeder während des Fressens an den Hund herantreten kann, geben Sie ihm seinen Knochen. Allerdings keine splitternden wie Hühnerknochen und ähnliches. Knochen werden gerne zur Zahnreinigung gegeben. Auch hier tut eine ausgewogene Kost das ihre. Es gibt aber auch Hundezahnpasta, sollte sich Zahnstein ansetzen. Ihr Tierarzt kann Ihnen raten.

Kurz gesagt, entgegen landläufiger Meinung sind Knochen kein notwendiger Bestandteil der Nahrung. Vielleicht waren sie es einmal in Zeiten, als es noch keine modernen Fertigfuttermittel gab und sich der Hund mit Tischresten begnügen mußte. Heute enthalten die Fertigfutter alle notwendigen Stoffe. Knochen schaden eher als sie nützen. Bei warmem Wetter ziehen sie Fliegen an, weil wir sie dem Hund zu lange lassen. Unter mehreren Hunden, selbst in den friedlichsten Meuten, kann ein Knochen Raufereien auslösen.

Frage:

Mein 15 Monate alter Golden Retriever war ganz freundlich, bis ich ihm kürzlich einen Knochen gab. Er nahm ihn geradewegs mit in seinen Korb und ließ niemanden herankommen – die Veränderung an ihm erfüllte mich mit Angst. Ich konnte

den Knochen nur wegnehmen, weil ich jemanden an die Haus-
tür klopfen ließ, und er zur Tür rannte. Selbst dann war er den
restlichen Tag ziemlich aggressiv, wenn jemand an seinen Korb
kam. Was kann ich tun?

Antwort:

Geben Sie ihm keine Knochen mehr! Er braucht sie nicht, und
was Sie erlebt haben, kommt immer wieder vor. Für Hunde sind
Knochen Nahrung, jedoch kann sie nicht sofort verschlungen
werden. Deshalb zeigt der Hund instinktiv, daß er ihn behalten
will – anders als bei seiner täglichen Futterration, die meist auf
einmal aufgefressen wird. Es ist auch eine Frage des Ge-
schmacks: meist ist ein frischer Markknochen sehr viel schmackhafter als das übliche Fertigfutter. Dies erhöht den Futterschutz-
trieb und weckt primitive Reaktionen, die Ihren Hund mit Knochen in den Korb trieben. Anders als seine Futterschüssel, konnte er diese Nahrung transportieren. Dann weiß er, daß es sich
um eine Langzeitnahrungsquelle handelt, die sichergestellt werden muß – meist mit dem Drang, ihn zu begraben. Aus diesem
Grunde hat er den Korb auch weiterhin bewacht, nachdem Sie
den Knochen entfernt hatten. Er dachte vermutlich, daß er ihn
dort irgendwo versteckt hat.
Wenn ein Knochen solch uralte Instinkte weckt, bis hin zur Ge-
fährlichkeit, dann geben Sie ihm dazu keine zweite Chance. Man
sollte zwei Dinge beachten, die möglicherweise zu diesem plötzli-
chen und dem Charakter nicht entsprechenden Verhalten beitragen, falls er künftig einen Knochen findet:
1) Bekommt er die richtige Nahrung? Ein ausgewogen ernährter
Hund braucht Zusatzkost nicht so stark zu verteidigen.
2) Sind Sie zufrieden mit der Rolle, in der sich Ihr Hund in der
Mensch/Hund-Meute sieht? Wenn er sich als ziemlich hoch im
Rang betrachtet, dann fühlt er sich im Recht, das Futter vor dem
Rest der Meute zu schützen.

L

Lager – siehe Anhang, Hauszwinger

Lecken
Warum Hunde lecken wurde in Kapitel 5 beschrieben. Wird das Lecken übertrieben und peinlich, z.B. bei Besuchern, kann man durch eine Geschmacksabwehr oder einen raschen, gut gezielten Wasserspritzer Abhilfe schaffen. Wie man diese Methoden anwendet, lesen Sie im Anhang (andere Abwehrmethoden).

Leinenführigkeit
Neben der Stubenreinheit ist es wahrscheinlich die schwierigste Übung, dem Welpen beizubringen, ordentlich an der Leine zu gehen. Viele Hunde lernen die Behinderung durch die Leine erstmals kennen, wenn sie alt genug sind, um mit in die große weite Welt zu gehen. Zu all diesen neuen Eindrücken, die auf sie einwirken verlangt man noch, das behindernde Gefühl am Halse zu ertragen. Das ist nicht fair. Meist hüpfen sie herum wie Fische an Land, um zu entkommen. Das macht sie nicht nur leinenscheu, sondern schädigt das Vertrauen hinauszugehen. Der Abschnitt über Sozialisierung (S. 158) gibt einige Hinweise, wie man Welpen Sicherheit außerhalb des Hauses/Wohnhöhle gibt. In diesem Abschnitt geht es darum, den Welpen an die Leine zu gewöhnen.
Leinentraining beginnt, sobald der Welpe angekommen ist. Aber anstatt ihn an die Leine zu nehmen und darauf zu warten, daß er lernt nicht entkommen zu können, sollte er diese Behinderung streßfrei erfahren.
Legen Sie Halsband und Leine um, wenn jemand sein Futter zubereitet. Halten Sie ihn am anderen Ende des Raumes fest. Wird das Futter auf den Boden gestellt, führen Sie ihn und halten die Leine während des Fressens fest. Ist die Zeit für die Heimkehr eines der Familienmitglieder gekommen, nehmen Sie ihn an die Leine und halten ihn vom Eingang fern. Kommt die Person, führen Sie den Welpen zur Begrüßung zu ihr. Wir erreichen damit, daß das Anziehen von Halsband und Leine Vorbote einer angenehmen Erfahrung wird. Ist er alt genug hinauszugehen, freut er sich schon auf die Leine, weil er sich inzwischen an das seltsame Gefühl am Hals gewöhnt hat.

In diesem Abschnitt spreche ich von Halsband und nicht Kettenwürger. Das wird unter dem Thema Würgehalsband erklärt (S. 190).

Frage:

Mein Hund hat Angst vor der Leine. Anstatt zur Tür zu rennen, wenn ich sie ergreife, rennt er davon und versteckt sich. Nicht, daß er nicht gerne ausginge, er liebt es und folgt mir auch ohne Leine überall hin. Das Problem ist nur, daß wir an einer stark befahrenen Straße wohnen und er an die Leine muß. Gibt es etwas, um seine Angst zu überwinden? Er ist ein 10 Monate alter Staffordshire Bull Terrier.

Antwort:

Zweifellos geht die Angst direkt zurück auf seine ersten Erfahrungen. Wer weiß, was ihm damals passierte. Vielleicht hat er herumgetobt und sich dabei wehgetan. Natürlich macht er die Leine für den Schmerz verantwortlich. Am besten werfen Sie die alte Leine weg und ersetzen sie durch eine Aufrolleine. Es wäre vielleicht hilfreich, eine Zeitlang statt dem Halsband ein Geschirr anzuziehen. Führen Sie ihn durch eine andere Tür hinaus. Durch die Veränderung der gewohnten Dinge, verringern Sie seine Sensibilität gegenüber dem auslösenden Effekt. Was immer das auch sein mag. Wenn er seine Spaziergänge liebt, bringen ihn die sichtbare Veränderung der Leine, der Wechsel der Umgebung und die Tatsache, daß nichts mehr am Halsband befestigt wird, schnell dazu, seine Ängste zu überwinden. Haben Sie das erreicht, können Sie Schritt für Schritt zur alten Routine zurückkehren (siehe auch Frage unter Sensibilität S. 157).

N

Nervosität

Nervöse Hunde tun uns immer leid. Selten aber aggressive Hunde. Manchmal geht jedoch das eine mit dem anderen Hand in Hand. Wie unter Aggression (S. 63) beschrieben, zeigen Hunde drei verschiedene Reflexe: Kampf, Flucht oder Erstarren. Ängstliche Hunde neigen dazu, sich je nach Situation ebenso zu verhalten. Fühlen sie sich in die Enge getrieben, erstarren sie oder greifen an. Letzteres bezeichnet man als Angstbeißen. Wenn sie könnten, würden sie jedoch die Flucht vorziehen. Das nennen wir passiven Verteidigungsreflex.

Leider können Besitzer aus Unwissenheit das nervöse Verhalten des Hundes noch verstärken, weil sie ihnen Zutrauen vermitteln wollen. Bemerkt man zum ersten Mal eine Unsicherheit beim Hund, sei es, daß er weglaufen möchte oder aggressiv wird, weil er sich bedroht und in die Enge getrieben fühlt, beruhigen sie ihn meist mit Stimme und Streicheln: 'na, na, guter Hund, du brauchst keine Angst zu haben.' So würden wir es mit einem verängstigten Kind mit gutem Erfolg tun. Hunde lernen anders als Kinder. Für Hunde sind beruhigende Worte und Streicheln Belohnung – Bist ein guter Hund, mir gefällt das. Hat er vor einer Person Angst und sie bemerkt es, beendet sie sofort, was den Hund ängstigte. Der Hund bekommt also zwei Belohnungen für sein unerwünschtes Verhalten. Zunächst hält sich die Person zurück und hört auf zu tun, was den Hund ängstigte. Zweitens die Belohnung für das Verhalten durch die Beruhigungsgesten des Hundebesitzers. Keineswegs sollte man Furcht strafen, aber mit einer gleichgültigen Haltung vermeiden wir, den Hund zu belohnen.

Selbst in Fällen, in denen die Hunde das Verhalten von den Eltern geerbt hatten, wurden sie selbstbewußter, als die Besitzer eine gleichgültige Haltung gegenüber dem Angstgebaren des Hundes einnahmen und das Lob einstellten.

Nervöse, ängstliche Hunde brauchen Freiraum um sich herum, auch wenn sie zur Aggressivität neigen. Mit einer längeren Leine kann der Hund etwas mehr Abstand zwischen sich und das furchterregende Objekt bringen. Manchmal genügt ein Meter, um ihnen Vertrauen zu geben. Dabei hat der Besitzer immer noch genügend Kontrolle über den Hund. Man nennt dies die kritische Distanz, die jedes Tier besitzt, auch wir Menschen. Vielleicht bezeichnet man sie besser als 'persönlichen Freiraum'.

Ziemlich oft hilft eine kurzfristige Futterumstellung (siehe Ernährung S. 99) Sie sollten diesbezüglich den Tierarzt zu Rate ziehen.

Ich habe auch festgestellt, daß ängstliche Hunde auf die Bach-Blüten-Therapie (S. 81) ansprechen. Glücklicherweise interessieren sich immer mehr Tierärzte für diesen Zweig der Medizin, wie allgemein für Verhaltenstherapie. Zumindest kann er einen Kollegen nennen, der sich damit befaßt.

Frage:

Wir haben eine zwei Jahre alte Corgihündin namens Bess, die sich Kindern gegenüber ziemlich ängstlich verhält. Unsere Enkelkinder, 6 und 4 Jahre, kommen oft zu Besuch. Bess ist niemals aggressiv, sie rennt nur davon und versteckt sich. Nichts kann sie überzeugen herauszukommen. Was sollen wir tun?

Antwort:

Solange Sie nicht befürchten müssen, daß Bess aggressiv wird, würde ich gar nichts tun. Hunde, die nicht an Kinder gewöhnt wurden, haben oft große Probleme, deren hohe Stimmen und ungestümen Bewegungen zu ertragen und sind zunächst zurückhaltend. Ich frage mich, ob bei Bess mehr dahintersteckt. Sie hat vermutlich gelernt, durch ihr Benehmen mehr Aufmerksamkeit beim Besuch der Kinder auf sich zu lenken. Fühlt sie sich tatsächlich unwohl, dann sollte man sie nicht zum Kontakt mit den Kindern zwingen. Ich vermute, daß sie sich zwar inzwischen an die Kinder gewöhnt hat, doch ihr Verhalten für sie zu einer lohnenswerten Angewohnheit wurde. Mit Ihren Überredungsversuchen herauszukommen, schenken Sie ihr die Aufmerksamkeit, die Sie normalerweise den Kindern widmen würden.

Beachten Sie sie einfach bei den nächsten zwei oder drei Besuchen gar nicht. Widmen Sie sich ganz den Kindern. Wahrscheinlich wird sie sich etwas anderes einfallen lassen, um Ihre Aufmerksamkeit zu erringen. Das würde meine Vermutung bestätigen, daß ihre Ängstlichkeit erlerntes Aufmerksamkeitsheischen ist. Ist das der Fall, dann beachten Sie Bess ein paar Stunden bevor die Kinder kommen, gar nicht. Bei deren Ankunft gehen Sie mit ihr spazieren – ohne Kontakt mit ihr und den Kindern zu verlangen. Überlassen Sie ihr den ersten Schritt. Im Laufe der nächsten Besuche werden Sie sehen, daß Bess den Besuch der Kinder als angenehme Erfahrung betrachten wird. Dann machen Sie etwas anderes. Warten Sie mit dem Füttern, bis die Kinder kommen und erlauben ihnen, ihr die Futterschüssel zu reichen. Oder sie geben keinerlei Leckerbissen, bis die Kinder kommen. Steht ganz sicher fest, daß Bess' Angst nur Aufmerksamkeitsheischen ist und nicht wirkliche Furcht, können Sie zu einer Technik, die wir 'Überfluten' nennen, übergehen. Lassen Sie die Kinder ein paar Tage bei Ihnen wohnen und für alles, das für Bess wichtig ist, verantwortlich sein (unter Aufsicht, natürlich) – bis zu dem Punkt, daß eines der Kinder die Tür zum Garten für sie öffnet.

P

Pflege

Ob Ihr Hund nun lang- oder kurzhaarig ist, die tägliche Pflege ist aus folgenden Gründen wichtig:

1) sie regt die Produktion schützender Öle in der Haut an

2) Sie erkennen frühzeitig alle Veränderungen oder Verletzungen der Haut

3) alle Hunde fühlen sich dabei wohl

4) wir erweisen uns damit als das dominante Tier in der Beziehung

Punkt 1 bis 3 erklären sich von selbst, außer der Tatsache, daß in unserer zentralbeheizten Welt keine Notwendigkeit mehr besteht, daß Hunde lebenswichtige, schützende Hautöle absondern. Diese Öle bilden sich natürlich und verursachen Fettflecken an der Wand und Hundegeruch in warmen Zimmern. Deshalb badet man Hunde mit Shampoo.

Aber sind wir fair zum Hund? Auch im Winter halten wir ihn in warmen Räumen. Wir waschen die schützenden Öle aus dem Fell und führen ihn bei Frost aus.

Wir ziehen uns dafür warm an, ein Vorzug, den meist nur die Zwergrassen genießen dürfen.

Vorausgesetzt die Ernährung stimmt (viele Hautprobleme und Hundegeruch sind ernährungsbedingt) und der Hund wird nicht ständig überhitzt gehalten – vorausgesetzt Fell und Haut werden regelmäßig durch Bürsten angeregt, darf keine Notwendigkeit für regelmäßiges Baden bestehen. Werden Tapete und Türrahmen jedoch durch das Hautfett verschmutzt, muß man baden. Dennoch sollte man es so selten wie möglich tun, besonders im Winter.

Punkt 4 ist einer der wichtigsten Nebenwirkungen der Pflege. Im Wolfsrudel spielt die Pflege eine wesentliche Rolle im Sozialkontakt. Das dichte Wolfsfell filzt nicht. In zwei rasch durchgezogene Haarungen werden alle eventuellen Verfilzungen abgeworfen. Das dünnere, längere Haar des Hundes neigt zum Verfilzen, deshalb braucht es die Pflege, die nur wir geben können. Der Hauptnutzen für uns und den Hund liegt aber darin, daß wir regelmäßigen sozialen Kontakt aufbauen und die Rudelbindung

Lassen Sie ihn beim Hundefriseur pflegen.

zwischen uns bestätigen. Indem wir besondere Aufmerksamkeit den sozial wichtigen Zonen des Körpers schenken wie Ohren, Nacken und Schultern, Rute und Pfoten, erweisen wir uns als dominantes Tier.

Frage:

Ich habe einen Langhaardackel, der es haßt, gebürstet zu werden. Er wird dabei ziemlich aggressiv. Ich muß ihn in einen Hundesalon bringen. Dort scheint man keinerlei Probleme mit ihm zu haben. Ich glaube aber, sie ziehen ihm einen Maulkorb an. Eigentlich sollte ich ihn selbst bürsten, aber jedesmal gibt es Streit. Wie kann ich ihn dazu bringen stillzuhalten und mich nicht zu beißen?

Antwort:

Der Hundepfleger benutzt wahrscheinlich einen Maulkorb, was bei der Gefahr des Beißens auch vernünftig ist. Vielleicht haben Sie ihm als Junghund beim Auskämmen unversehens wehgetan. Hat er dabei nach Ihnen geschnappt und Sie haben aufgehört zu bürsten, dann hat er gelernt, daß er Sie sehr schnell dazu bringt, aufzuhören. Dies hat sich dann zu einer ernsthaften Meinungsverschiedenheit zwischen Ihnen ausgebaut. Die Bürste in der Hand ist Vorbote einer unangenehmen Erfahrung. Wahrscheinlich hat er seine Taktik auch im Hundesalon versucht, aber mit

140

Maulkorb keinen Schaden angerichtet, sondern während des Bürstens einen Anschnauzer bekommen.

Ich würde an Ihrer Stelle nicht so verfahren, weil das Problem zu tief sitzt. Sie müssen Ihren Hund daran gewöhnen, daß Bürsten das Vorspiel zu etwas Angenehmem ist. Lassen Sie ihn im Salon pflegen, damit keine Filze ausgekämmt werden müssen und bitten Sie um einen Maulkorb zu Ihrem Schutz. Binden Sie den Hund mit Leine und Halsband fest, damit er nicht weglaufen kann. Legen Sie eine Hand unterhalb des Brustkorbes unter den Bauch. Falls er zappelt, heben Sie ihn leicht vom Boden ab. Bürsten Sie sanft etwa ein Dutzend Mal über den Rücken (da er gerade gebürstet wurde, wollen Sie ja nur erreichen, daß er sich das Bürsten gefallen läßt.). Beachten Sie seine Widerstandsversuche nicht, schimpfen auch nicht, loben Sie jedes passive Verhalten – Sie wollen die Auseinandersetzung ja nicht fortsetzen (deshalb nicht schimpfen). Lassen Sie ihn frei und geben ihm einen besonderes guten Leckerbissen oder einen Teil seiner Tagesration Futter.

Üben Sie das regelmäßig, bis er lernt, daß Bürsten etwas Angenehmes ist – wenn er still steht, bekommt er nette Aufmerksamkeiten und am Ende eine Belohnung. Denken Sie immer daran, daß Ihr Ziel nicht die Pflege ist, sondern daß er das Bürsten hinnimmt.

R

Raufen

Wahrscheinlich gibt es in Großbritannien eine ganze Armee von Hundebesitzern, die heimlich still und leise nachts ihre Hunde um den Block führt. Warum? Weil ihre Hunde raufen. Hier handelt es sich um eines der größten Probleme der Hundehalter. Einfach deshalb, weil sie ihre Hunde an der Leine halten und andere Leute ihre Hunde, die 'ja nur spielen wollen', ständig frei laufen lassen. Wenn Sie Ihren Hund mit vielen anderen in einem Park frei toben lassen und ein Hundebesitzer kommt mit einem angeleinten Hund heran, oder er nimmt seinen sofort angesichts der freilaufenden Hunde an die Leine, dann hat er vermutlich einen Raufer. Sein Handeln signalisiert das.

Tatsächlich sind die wenigsten Hunde, die mir wegen dieses Problems vorgeführt werden, echte Raufer. Sie sind vielleicht nicht sehr sozial im Umgang mit anderen Hunden, sie lassen sich manchmal von anderen Hunden Angst einjagen, aber diese Haltung macht sie nicht zu Raufern. Sicherlich haben sie, aus welchem Grund auch immer, aggressives Verhalten gezeigt. Aber frage ich nach dem Schaden, den sie am anderen Hund angerichtet haben, lautet die Antwort stets: Keinen. Frage ich, welchen Schaden ihr Hund erlitten hat, ist die Antwort ebenfalls: Keinen. Wenn Verletzungen vorkommen, dann meist bei Besitzern, die sich einmischen.

Von Natur aus ist der Hund ein soziales Wesen. Es gibt jedoch viele Gründe, es nicht zu sein. Der Hauptgrund, daß ein älterer Hund unsicher und aggressiv im Umgang mit fremden Hunden wird, ist vermutlich fehlende frühe Sozialisierung. Lernen sie nicht in den ersten Wochen ihres Lebens mit anderen Hunden umzugehen, werden sie niemals selbstsicher mit anderen Hunden umgehen. Mit der Zeit gewöhnen sie sich an Hunde, die sie täglich treffen. Aber das Problem tritt auf, wenn sie mit einem fremden Hund, möglichst gleichen Geschlechts, zusammentreffen. Die Reaktion des Hundehalters in solchen Situationen kann dem Hund helfen oder sein Verhalten verschlimmern. Oft ist anfängliches aggressives Verhalten nichts anderes als die Botschaft: 'Ich fühle mich in deiner Gegenwart nicht wohl, ich wäre froh, du hautest ab.' Der Besitzer rennt herbei, ruft, schreit und schlägt manchmal sogar mit der Leine oder tritt mit den Füßen. Durch sein echt aggressives Verhalten wandelt sich die aggressive Schau seines Hundes in echte Aggression. Das braucht einem sozial unsicheren Hund, der sich gegenüber Annäherungen fremder Hunde unleidlich zeigt, nur drei oder vier Mal zu passieren, und schon wird aus ihm ein Raufer. Sehr selten tritt dieser Hund an andere heran, er meidet sie lieber. Kann er das nicht, nimmt er eine deutlich aggressive Haltung ein, die dem anderen sagt, er soll ihn in Ruhe lassen. Sich selbst überlassen, verständigen sich die Hunde untereinander ohne Ausbruch von Streitigkeiten. Aber wir geraten in Panik und verderben alles.

Folge ist, daß diese Hunde nur an der Leine geführt werden. Nun kann der nicht soziale Hund noch weniger ausweichen, und es bleibt ihm zu seiner Verteidigung nur die Aggressionsdarstellung. Ohne es zu wissen, führt der Besitzer mit seinem Hund ein Erziehungsprogramm durch, das ihn im Umgang mit anderen tödlich macht. Ein Teufelskreis hat sich geschlossen, denn meist versucht sich der Hundebesitzer nun in Strafen gegen seinen Raufer. Der Hund lernt, daß die Gegenwart eines fremden Hundes das Vorspiel zur Strafe ist. Deshalb muß er nach Hundebrauch den anderen durch Warnen abschrecken. Dafür wird er gestraft, was ihn wiederum von der Richtigkeit seines Handelns überzeugt.

Die Ernährung kann auch eine Rolle im Verhalten gegenüber anderen Hunden spielen. In den meisten Fällen einer Hund-gegen-Hund-Aggression wird eine Nahrungstherapie eingeleitet (siehe Ernährung S. 99).

Ist es schon so weit gekommen, daß sich der Hundebesitzer den nächtlichen Hundespaziergängern anschließt, muß zunächst die Unsicherheit des Hundebesitzers behandelt werden. Ihm zu sagen, daß wahrscheinlich gar nichts passiert, wenn er seinen Hund frei laufen läßt, hilft ihm wenig. Er will Sicherheit. Der Wechsel von einer kurzen Leine und einem Kettenwürger zu einer langen Aufrolleine und einem breiten Lederhalsband, damit die kritische Distanz des Hundes erweitert werden kann und keine Schmerzen im Halsbereich auftreten, hat an sich meist einen beruhigenden Einfluß auf den Hund.

Hat der Besitzer einmal selbst erlebt, daß sein eigenes Verhalten das Problem eher verstärkt, kann man zum Freilaufenlassen übergehen.

Zunächst legen wir zur Sicherheit des Hundes und des Selbstvertrauens des Besitzers dem Hund einen leichten Nylonmaulkorb um. Für diese erste Begegnung an einem neutralen Ort haben wir einen selbstsicheren, wesensfesten Hund ausgesucht. Dem Besitzer wurde eingeschärft, die Hunde Hunde sein zu lassen. Auf sich selbst gestellt, kommen sie überein entweder miteinander zu spielen, oder sich nicht zu beachten. Selten kommt es zu einer aggressiven Handlung, und wenn, ist sie nur kurz und reine Schau. Diese erste Begegnung ist für die Besitzer sehr aufregend, weil sie sich inzwischen selbst vorgemacht haben, ihr Hund sei ein Killer. Die Einsicht, daß dem nicht so ist, ist der erste Schritt zur Besserung.

Bedeutet eine Rauferei draußen schon Streß für den Besitzer, so kann er sie im Hause gar nicht ertragen. Ein oder zwei Raufereien genügen schon, um die Hunde zu trennen. Die Belastung für die Familienmitglieder ist enorm. Sicherzustellen, daß sich zwei Hunde, die in einem Haus leben, nie begegnen, ist unmöglich. Früher oder später läßt jemand die Tür offen. Eine weitere Rauferei ist unvermeidbar. Die zwanghafte Trennung erhöht die Spannung zwischen den beiden. Kommt es dann zu einer Auseinandersetzung, wird sie ernst. Die Besitzer zweier verfeindeter Hunde haben nur wenige Möglichkeiten. Entweder geht ein Hund in neue Hände, oder man muß das Problem lösen. Sie zu trennen ist für die Familie keine Lösung.

In manchen Fällen läßt sich das Problem jedoch sehr einfach lösen. Auch hier verschlimmert die Überreaktion der Besitzer meist das ganze. Zwei Hunde haben einen Streit, den der Besitzer unterbindet. Worum auch immer der Streit ging, er konnte nicht ausgefochten werden, deshalb geht er bei der nächsten Begegnung weiter. Schon wieder wird eingeschritten aus Angst, es handle sich um einen Kampf auf Leben und Tod. Die Hunde werden getrennt. Diese zwanghafte Trennung geht über einen langen Zeitraum. Begegnen sich die beiden irgendwann, wird es vermutlich ein Kampf auf Leben und Tod. Was als unbedeutende Auseinandersetzung begann, artet durch das Verhalten der Besitzer zu einer tödlichen Feindschaft aus. Vorausgesetzt, die Hunde verletzen sich nicht schon bei der ersten Begegnung, läßt man sie am besten in Ruhe.

Haben Sie die Hunde bereits getrennt und wollen sie wieder einander zuführen, dann muß das auf vollkommen neutralem Boden geschehen. Geht dort alles gut, versucht man es im heimischen Garten, endlich im Haus, aber darauf achten, daß die Türen offen sind, um nötigenfalls Fluchtmöglichkeiten zu bieten. Hunde, die einmal friedlich zusammengelebt haben, fangen nie ohne guten Grund an zu raufen. Hätten es die Besitzer zugelassen, hätten sie den Streit selbst bereinigen können.

Frage:

Ich habe zwei Border Terrier, einer 18 Monate und einer 21 Monate alt. Sie sind Halbgeschwister aus zwei Hündinnen mit gleichem Vater. Bisher sind sie gut miteinander ausgekommen, aber jetzt fangen sie an, sich wegen Kleinigkeiten zu streiten. Spielzeug, Futter, Liegeplatz – sie fangen sogar an, wenn ich den älteren streichle und sich der jüngere dazwischendrängt. Ich ahnte, daß es nicht gut war, Brüder zu halten, aber ich wollte zwei gleichaltrige Hunde einer Rasse, damit sie miteinander aufwachsen können. Man hat mir Kastration geraten. Können Sie mir helfen?

Antwort:

Es hört sich wie ein Dominanzproblem an, weil jeder Hund sich für ranghöher hält. Das löst sich meist von alleine, wenn die Rangordnung geklärt ist und sich das Dominanz/Unterwerfungsverhalten eingespielt hat. Wenn die Streitereien jedoch weitergehen und Sie haben sich nicht eingemischt und sie an einer Einigung gehindert, sind beide genetisch vom gleichen Rang. d.h. beides sind von Natur aus dominante Hunde. Das Problem, das Sie vermeiden wollten und deshalb keine Wurfgeschwister genommen haben, ist nun bei den Hunden aus verschiedenen Würfen aufgetreten. Handelt es sich um den Fall gleicher Dominanz, hilft die Kastration beider Hunde nicht, weil sie dann wieder gleichrangig wären. Beobachten Sie die Hunde und finden heraus, auch an noch so kleinen Gesten, wer der Ranghöhere von beiden ist, lassen Sie den anderen kastrieren. Die Chancen für einen deutlichen Rangunterschied stehen gut. Nun unterstützen Sie das Verhalten und behandeln den nicht kastrierten Rüden bevorzugt. Er wird zuerst gefüttert, zuerst begrüßt, er darf alles als erster haben, ohne jedoch ihm zu erlauben, über Ihnen zu stehen. Auch wenn einige nicht mit mir übereinstimmen, ich stellte in vielen ähnlichen Fällen fest, daß es im Falle von Hündinnen hilft, eine sterilisieren zu lassen, insbesondere in einer Mutter-Tochter-Beziehung (siehe Sterilisation S. 163).

Revier

Kapitel 5 erläutert das Revierverhalten der meisten Hunde, unabhängig von Größe und Rasse. Viele Verhaltensstörungen, die wir hier behandeln, hängen mit dem Revierverhalten zusammen. Wir müssen eine Tatsache verstehen: Menschen nehmen eine Hypothek auf ein Grundstück bestimmter Größe auf. Der Hund ist ständig bemüht, sein Revier auszudehnen. Manche Hunde sind mit einem Territorium von der Größe ihres Betts zufrieden, einige mit dem Haus, einige mit Haus und Garten, einige beziehen die Wege ums Haus ein, andere den Park, in dem sie regelmäßig ausgeführt werden. Am Ende steht die Frage, ist es Pflicht des Hundes oder des Besitzers, dieses Territorium zu verteidigen? Das Pflichtbewußtsein ist der Schlüssel zur Revieraggression und verwandten Probleme (siehe Rückstufung des Rangs S. 148). Bei besonders revieraggressiven Hunden muß man den Horizont weiten. Betrachtet z.B. der Hund den Garten als sein persönliches Revier, muß er mehr außerhalb spazierengeführt werden. Er darf sich weniger im Garten aufhalten, und seine liebsten Besitztümer werden entfernt. Ganz sicher liegt z.B. ein Fußball, Frisbee oder anderes Spielzeug herum. Diese Verteidigung von Besitztümern ist eine Art Markierung, nicht durch chemische Signale mit Urin entlang der Grenze, sondern durch sichtbare Darstellung seines Eigentums.

Wir machen es genauso. Beziehen wir ein Hotelzimmer gehört es erst uns, wenn wir unsere Sachen eingeräumt haben. Man muß auch bedenken, daß manche Rassen eine ausgeprägtere Neigung zu Revieraggression haben als andere – die Schutzhundrassen z.B. – wir sollten keinesfalls deren Welpen fördern, denn die natürlichen Instinkte sind vorhanden.

Territorialverhalten unter vielen verschiedenen Hunden zu beobachten ist faszinierend. In meiner eigenen Meute von 4 Hunden besteht eine klare Rangordnung. Der Weimaraner Oliver ist der unangefochtene Rudelführer, gefolgt vom Akita Inu Yoko, dem Collie Inch und dem Parson Jack Russell Terrier Chip. Bellt einer einen Passanten an, fallen alle anderen ein bis Oliver kommt. Dann ist Ruhe. Was das Revierverteidigen betrifft, brauchen meine Frau und ich nur Oliver zur Ordnung rufen, er kontrolliert die anderen. Es gibt keine Aggression unter ihnen, lediglich das Verständnis der Rangordnung. Aber im Hause haben wir die seltsame Situation, daß trotz Olivers Alpha-Ranges der rangniedrigste Chip einen Raum kontrolliert. Dort hält sie sich für einen Jack Rottweiler. Chip gehört meiner Stieftochter Joanne. Sie bekam sie, als sie 9 Jahre alt war, heute ist sie sechzehn. Chip ist Joannes ständiger Begleiter und schläft, entgegen meinen Empfehlungen bei dominanten Hunden, in ihrem Schlafzimmer. In kalten Nächten windet sie sich ins Bett und kneift Joanne in die Füße, wenn sie sich bewegt – ja, Chip ist eine echte Jack Russell-Kröte! Sie leidet ganz sicher unter dem 'Kleiner Hund Syndrom', denn sie hat Vorrechte, die ein größerer Hund nie bekäme. Sie wird ständig auf den Arm genommen und gestreichelt, sie besetzt jedes Knie, das sich zur Verfügung stellt, sind die großen Hunde eingezäunt, findet sie immer ein Loch zu entwischen. Glücklicherweise haben wir keinen Straßenverkehr zu befürchten.

Und zu allem Überfluß hat sie auch noch ein eigenes Territorium innerhalb des Lagers. Wehe den ranghöheren Hunden, die dieses anzutasten wagen. Aus unerfindlichen Gründen duldet die restliche Meute, einschließlich uns Menschen, ihre angriffslustige Einstellung 'bleib weg aus meinem Revier'. Hat sie ihren Kinderwagen in diesem Zimmer verlassen, genügt der Blick eines anderen Hundes, ihr eine unterwürfige Geste abzuringen. Daß ein rangniederer Hund innerhalb eines bestimmten Reviers einen ranghöheren Status einnehmen kann, kam durch menschlichen Einfluß und scheint keine Probleme zu verursachen. Ich erzähle die Geschichte nur, um zu zeigen, daß im Hause eine territoriale Situation entstehen kann, ohne daß die Menschen bemerken, wie sehr revierbewußt ihre Hunde doch sind. Das kann zu Problemen innerhalb der Meute führen. Es zeigt auch, daß meine Hunde keine Musterbeispiele sind, obwohl ich anderen Leuten gute Ratschläge erteile. Meine Entschuldigung ist, daß ich sie kurieren könnte, aber was bliebe mir dann für meine Studien, wenn sie sich perfekt verhielten. An dieser Ausrede werde ich natürlich festhalten.

Frage:

Warum beißt mein 3 Jahre alter Cairn Terrier Rüde Besucher immer ins Bein, wenn sie gehen wollen? Er begrüßt sie freundlich und ist die ganze Zeit des Besuchs über bei ihnen.

Aber er wird aggressiv, wenn sie zur Tür gehen. Ansonsten ist er nur noch am Gartentor aggressiv zu Besuchern. Wollen wir ihn auf den Arm nehmen oder wegsperren, dann wird er manchmal sogar gegen uns aggressiv. Ansonsten ist er der süßeste, problemloseste Hund, den wir uns vorstellen können.

Antwort:

Ich glaube, die Antwort ist sehr einfach. Er verteidigt sein Revier. Normalerweise würden wir im Haus sein Revier vermuten, aber da er schon am Tor aggressiv wird, gehört der Garten dazu. Vermutlich verbringt er dort sehr viel Zeit und hat dort seine Lieblingsbesitztümer. Er scheint sich innerhalb Ihrer Meute als verantwortlich für die Verteidigung des Gartens zu betrachten, während es an Ihnen liegt, das Haus zu bewachen.

Achten Sie darauf, was er wo im Garten lagert. Ich möchte wetten, daß seine wertvollsten Sachen am Tor liegen. Nehmen Sie sie alle weg, ohne daß er zusehen kann, und stapeln sie an anderer Stelle. Er wird sie alle eifrig an den ursprünglichen Platz zurückbringen. Tut er das, dann liegt hier auch die Wurzel Ihres Problems mit Besuchern.

Sie müssen diese Dinge selbst in Besitz nehmen; sie gehören nicht mehr ihm, sondern Ihnen. Sie leihen sie ihm gelegentlich aus, wenn es Ihnen paßt. Achten Sie darauf, daß er weniger Zeit im Garten verbringt und mehr Spaziergänge außerhalb seines Reviers bekommt (es ist schön bequem, den Hund in einem großen Garten laufen zu lassen). Im Hause befestigen Sie eine dünne Schnur an seinem Halsband, damit Sie ihn halten können, wenn Besucher gehen wollen. Ehe sie gehen, sollten sie ihm eines seiner Lieblingsspielzeuge, die nun Ihnen gehören, zeigen, ihn sitzenlassen, ihn mit dem Spielzeug belohnen und gehen. Nehmen Sie es fünf Minuten später weg und geben Sie es ihm beim nächsten Besucher, wie beschrieben, wieder. Sprechen Sie sich mit Nachbarn und Freunden ab, um dem Hund beizubringen, daß Besucher Vorboten einer Belohnung sind. (siehe Referenz John Rogerson, S. 109).

Rückstufung des Rangs

In diesem Buch weise ich immer wieder darauf hin, daß die Hundebesitzer unbeabsichtigt den Rang ihres Hundes so hoch werden ließen, daß es zu Problemen kommt, weil der Hundebesitzer das Recht des Sagens verloren hat. Ich beziehe mich immer wieder auf Kapitel 3, weil unser heutiger Lebensstil meist die Wurzel allen Übels ist. Damit der Hund sein Verständnis seines hohen Ranges in der Mensch-Hunde-Meute ändert, müssen wir Regeln setzen. Folgende sind nicht in eine bestimmte Reihenfolge geordnet, denn eine ist so wichtig wie die andere. Es braucht auch nicht jede Regel durchgeführt zu werden. Meist genügen einige, um dem Hund seinen Platz in der Familie klarzumachen. Führen Sie jeweils nur eine Regel durch, um Auseinandersetzungen zu vermeiden. Es kann zwei oder drei Tage dauern, um eine Regel umzusetzen, z.B. das durch Türen stürmen. Aber Sie müssen durchhalten, bis diese eine wirklich vom Hund verstanden wurde, ehe Sie zur nächsten übergehen.

1) Darauf achten, daß man selbst immer zuerst durch Türen, Flure oder sonstige Engpässe geht. Am einfachsten ist es, alle Türen im Hause zu schließen, damit seine Bewegungsfreiheit davon abhängt, welche Türen Sie ihm öffnen. Lassen Sie ihn nicht sitzen und warten – das ist so gut als würden wir ihn fragen, ob es ihm etwas ausmacht, daß wir zuerst gehen. Idealerweise muß er Sie im Rang so einstufen, daß er Ihnen freiwillig folgt. Wenn er sich vor Ihnen aufbaut, schlagen Sie die Tür einfach wieder zu – Vorsicht, damit er sich nicht die Nase einklemmt. Zunächst müssen Sie das vier oder fünf Mal bei jeder Tür wiederholen. Er wird lernen, einen Schritt zurückzugehen, wenn Sie die Tür öffnen.

2) Achten Sie darauf, daß er keine Betten oder Sessel belegt. Viele Klienten berichten mir, daß sie ihre Hunden nicht auf Möbeln dulden. Nicht dürfen bedeutet nicht, es nicht zu versuchen. Belegen Sie die Sessel, die er gerne benutzt mit etwas Hinderlichem. Es gibt erstaunlich viele Plätze im Haus für ihn. Es kostet Sie einige Zeit, sie alle zu finden. Verbieten Sie ihm den Zugang zu manchen und versperren ihn zu anderen.

3) Achten Sie darauf, vor dem Füttern Ihre Malzeiten einzunehmen. Entweder ändern Sie die Fütterungszeiten oder Sie bereiten das Futter in seiner Gegenwart zu, setzen sich dann aber hin und essen genußvoll ein paar Kekse. Durch den Akt des zuerst Essens

Rückstufung des Rangs

teilen Sie dem Hund mit, daß zur Futterzeit der Ranghöchste zuerst dran ist, deshalb bekommt er die besten Bissen.

4) Lassen Sie ihn keine Schlüsselposition im Haus besetzen. Häufig benutzte Flure, Haupteingänge, die oberste Treppenstufe werden vom Alpha-Tier (dem Ranghöchsten) kontrolliert. Diese Plätze unzugänglich für den Hund zu machen, ist die einfachste Lösung. Auch wenn in den ersten Tagen Abtrennungen für Sie hinderlich sind, es lohnt sich auf lange Sicht.

5) Achten Sie darauf, geradewegs im Hause herum zu gehen – der Hund muß Ihnen aus dem Weg gehen, auch wenn er zu schlafen scheint. Mit Hilfe einer leichten Schnur am Halsband können Sie ihn sanft wegziehen und ihm damit klarmachen, daß der niedere dem höheren Rang zu weichen hat.

6) Verbieten Sie dem Hund, bestimmte Räume zu betreten, insbesondere das Schlafzimmer. Er muß lernen, daß Sie sich im

150

ganzen Lager frei bewegen können, er sich aber nur in einem Teil davon.

7) Erlauben Sie ihm nicht, Aufmerksamkeit zu erregen. Hunde lernen eine ganze Menge Tricks dafür: sie heben den Arm zum Streicheln, tun so als müßten sie hinaus in den Garten, besonders wenn Sie gerade telefonieren. Alle Privilegien müssen erst einmal verdient werden, Und wenn es nur mit dem Kommando Sitz ist. All seine Bemühungen mit Ihnen Kontakt aufzunehmen, sollten zu Ihren Bedingungen erfolgen.

8) Hat er sich das Vorrecht verdient, gestreichelt zu werden, streicheln Sie ihn auf Kopf, Nacken und Schultern. Bei gründlicher Beobachtung mehrerer Hunde sieht man, daß dort der Ranghöhere Pfoten und Kopf auflegt.
Fallen Sie nicht auf den Trick rein, ihn an der Brust zu kratzen, wenn er seine Pfote auf Ihren Arm legt. Oder wenn er sich aus gleichem Grunde auf den Rücken legt. In freier Natur erfährt ein Rüde dies nur, wenn er eine Hündin besteigt. (siehe Kapitel 5 – Aufreiten)

9) Entfernen Sie all seine Spielsachen und Besitztümer. Wählen Sie eines aus und halten es unter Aufsicht. Er darf damit nur spielen, wenn Sie es erlauben und er es sich durch ein befolgtes Kommando verdient hat. Er darf es anschließend nicht mitnehmen, bis Sie wieder mit ihm spielen wollen.

10) Geben Sie ihm 5 Minuten zum Fressen. Dominante Hunde haben die Angewohnheit, einiges oder alles Futter längere Zeit liegen zu lassen, als sichtbares Zeichen ihres Ranges – es ist mein Futter und ich weiß, daß es niemand wagt, ranzugehen. Auch wenn er erst nach 4 Minuten anfängt zu fressen, nehmen Sie es nach 5 Minuten weg.

11) Achten Sie darauf, daß er Sie morgens begrüßt und nicht umgekehrt. Es ist erstaunlich, wie viele meiner Klienten dies tun und es gar nicht bemerken. Der Rangniedere tritt zum Gruße an den Ranghöheren heran.

12) Verstärken Sie Ihre Kontrolle über den Hund durch regel-

mäßige Gehorsamsübungen, wenn auch nur fünf oder zehn Minuten am Tag. Das hilft enorm. Diese Übungen sollten an der Leine durchgeführt werden, damit Sie darauf bestehen können, daß er gehorcht.

Rufen

Dies ist eines der schwierigsten Probleme, denn aus der Sicht des Hundes ist nicht zu kommen lohnender als zu kommen. Gehorcht er nicht, verlängert das den Spaziergang, gehorcht er, ist der Gang zu Ende und es geht nach Hause. Letztlich sollte die Verantwortung, das Rudel zusammenzurufen, beim Rudelführer liegen. Wenn der Hund die Rufe seines Herrn ignoriert, dann muß der Besitzer das Verhältnis zu seinem Hund überdenken. Wenn sich Hundebesitzer beklagen, daß der Hund auf Ruf nicht kommt, frage ich, wie rasch er zu Hause und im Garten folgt. Meist hat man dort keine Schwierigkeiten. Aber nachdem der Hund nun 10 Minuten in meiner Praxis war, bitte ich den Hundebesitzer, den Hund zu sich zu rufen. Meist bedarf es drei oder vier Aufforderungen, bis er gehorcht. Ich behaupte nicht, daß die Besitzer lügen, wenn sie sagen, er käme zu Hause sofort. Sie haben es bisher nur nicht bemerkt. Muß der Hundebesitzer im Hause den Ruf wiederholen, kann man wohl kaum erwarten, daß der Hund draußen im Park bei all den Ablenkungen durch fremde Gerüche und Hunde gehorcht. Zunächst sollte das Heranrufen in Haus und Garten klappen, ehe der Hund an der Leine ins Freie geführt wird.
Ist man so weit, sollten die ersten Übungen in relativ begrenztem Gebiet stattfinden, der Hund an einer dünnen Schnur. Das Kommando erfolgt nur einmal, wenn der Hund nicht sofort reagiert, wird er an der Leine herangezogen – nicht zur Korrektur, nur zur Bestätigung des Kommandos. Füttern Sie nach dem Ausgang. Im Falle einmaliger Fütterung am Tage teilen Sie in mehrere Portionen auf. Nach jeder Übung gibt es eine Portion. Das wird ihn motivieren, heranzukommen. Hilft das nicht, wirkt es ganz sicher, die Futterration mit in den Park zu nehmen.
Sobald das Rufen besser klappt, ruft man den Hund auf dem Spaziergang drei- oder viermal heran. Er wird gelobt, bekommt einen Leckerbissen oder er darf mit dem Ball spielen. Danach darf er wieder frei laufen. Das überwindet die Abneigung heranzukommen, weil damit der Spaziergang beendet ist.

Frage:

Ich habe alles mögliche versucht, damit mein Hund auf Ruf zurückkommt. Aber nichts hilft. Ich habe ihn niemals geschlagen. Er ist kastriert, und ich führe ihn an langer Leine. Wir haben Futter mit in den Park genommen, wir haben Erziehungskurse besucht – alles. Wissen Sie eine Methode? Können Sie uns bitte helfen?

Anwort:

Es gibt eine Methode, die sich bisher als erfolgreich erwiesen hat. Wir verdanken sie einem russischen Wissenschaftler namens Pavlov. Sie haben sicherlich schon von seinen Forschungen zum konditionierten Reflex gehört. Wenn nicht, eine davon bezog sich auf den Speichelausfluß des Hundes. Er bewies, daß man durch das Klingeln einer Glocke und gleichzeitigem Einblasen von Fleischmehl ins Hundemaul erreichen kann, daß der Hund allein schon beim Klingelton zu speicheln beginnt. Was hat das mit dem Rufen zu tun? Einfach, daß der Hund den konditionierten Reflex nicht kontrollieren kann. Können Sie dem Hund beibringen bei einem bestimmten Ton zu speicheln, dann haben Sie es auch schon halb geschafft, ihr Rufproblem zu lösen. Speichelt der Hund, muß er sein ausgelöstes körperliches Bedürfnis zu schlucken befriedigen. Haben Sie einen saftigen Leckerbissen in der Tasche, läuft nur ein dummer Hund in die entgegengesetzte Richtung.

Kaufen Sie eine Pfeife, deren Ton der Hund nicht kennt. Geben Sie, wann Sie wollen, dem Hund einen Leckerbissen. Ich rate Ihnen, einen Teil seiner täglichen Futterration in Form von kleinen Häppchen zu reichen, damit Sie etwa ein Dutzend mal mit ihm üben können. Jedesmal, ehe Sie es ihm geben, pfeifen Sie, aber sagen kein Wort. Pfeifen Sie auch, wenn Sie den Rest des Futters reichen. Machen Sie das ein paar Tage, dann stellen Sie fest, daß der Pfiff das gleiche erwirkt wie das Pavlovsche Experiment. Pfeifen Sie nun, wenn der Hund im Garten und Sie im Hause sind. Bis er im Haus ist, läuft ihm schon der Speichel aus dem Fang. Dieses für den Hund unvorhersehbare Schema des Pfeifens, Speichelns, Leckerbissen/Futter behalten Sie bei, bis das Herankommen zum konditionierten Reflex wurde. Hören Sie mit den Leckerbissen auf, hört auch das Speicheln beim Ton der Pfeife rasch auf. Das ist eine völlig andere Methode als die der Verstärkung S. 185.

S

Schutztrieb

Schutztrieb ist jedem Hund angeboren. Bei manchen ist er ausgeprägter und körperlich besser erfolgreich einzusetzen als bei anderen. Wahrscheinlich leiteten Wach- und Schutztrieb die Mensch/Hund-Beziehung ein. Vermutlich lungerten wilde Meuten ums Lager, fraßen Abfälle und warnten die ums Lagerfeuer sitzenden Steinzeitmenschen vor herannahender Gefahr. Die Menschen ermunterten wahrscheinlich die Meute, ihnen von Jagdgrund zu Jagdgrund zu folgen, indem sie eine Futterspur hinterließen. Vielleicht fand ein Kind einen herumwandernden Welpen oder verlassenen Wurf und brachte einen Kleinen ins Lager – den ersten vieler domestizierter Wächter.

Später entdeckte man ihre Nützlichkeit bei der Jagd, aber zunächst schätzten sie den Wach- und Schutztrieb. Das ist heute nicht anders. Unabhängig von der Größe des Hundes ist seine Fähigkeit der Frühwarnung immer noch einer der Hauptgründe für die Hundehaltung. In meiner Zeit als beruflicher Hundeausbilder sagte mir mal ein Einbrecher, es sei nicht die Größe eines Hundes, die ihn störe, vielmehr sei es der Krach, den er macht und den Haushalt aufweckt.

Manchmal wird dieser natürliche Instinkt zum Problem, besonders wenn der Hund anfängt, Dinge vor der Familie, in der er lebt, oder die Familie vor allem und jedem zu beschützen. In fast allen der mir bekannten Fälle war der Hund Rudelführer und sah seine Rolle als Beschützer und Entscheidungstreffer. Anstelle des Untergebenen, dessen Aufgabe es ist, im Ausguck zu sitzen und zu warnen. Fällt Ihr Hund in diese Kategorie, ist Kapitel 3 interessant für Sie.

Übertriebener Schutzinstinkt wird aus verschiedenen Gründen zum Problem. Rassetypisches Verhalten kann eine Rolle spielen – ein Schutzhund schützt – trotzdem sollte er immer unter der Kontrolle seines Herrn stehen.

Ist uns klar, daß wir unbeabsichtigt den Rang unseres Hundes fördern, müssen auch andere Faktoren in Betracht gezogen werden – ererbtes Verhalten z.B. Wenn Vater und Mutter besonders aggressive Schutzhunde waren, dann können Sie nicht viel gegen dieses Verhalten bei den Nachkommen tun. Man muß sich auch

154

die Ernährung des Hundes näher ansehen; der Fall von Arthur im Abschnitt über Ernährung (S. 99) ist ein klassisches Beispiel dafür, wie das Verhalten des Hundes beeinflußt werden kann. Angelerntes Verhalten trägt ebenso dazu bei. Die meisten Hunde entwickeln den Schutztrieb ohne unser Zutun mit der körperlichen Reife. War ein Hauptgrund für die Anschaffung des Hundes seine Wachsamkeit, dann fördern manche Hundebesitzer schon sehr früh aggressives Verhalten, das überhand nimmt, wenn der Hund erwachsen ist. In diesen Fällen erweisen sich einige der Abwehrtechniken im Anhang als hilfreich. Mangel an früher Erfahrung resultiert in mangelndem Selbstbewußtsein, deshalb heißt Schutztrieb nicht, daß uns der Hund beschützt, sondern er sich selbst.

Wir dürfen nie vergessen, daß Schutztrieb angeboren ist. Gehört der Hund zu den großen Schutzhundrassen, dessen Verhalten als Welpe gefördert wurde, und konnte er eine hohe Rangstufe innerhalb seines Haushaltes erklettern und seine Ernährung ist nicht in Ordnung, dann hat der Besitzer ein echtes, schier unüberwindliches Problem. Um dieses Verhalten unter Kontrolle zu bringen, müssen all diese Faktoren berücksichtigt werden, ehe ein Rehabilitationsprogramm eingestellt werden kann.

Frage:

Warum nimmt meine Hündin Becky alle Spielsachen mit ins Bett und beschützt sie – sie spielt nie damit. Unser zweiter Hund Sally wählt ruhig eines aus, nimmt es mit in ihren Korb, spielt damit und knabbert daran herum. Becky ist manchmal so schlimm, daß sie zu Sally geht, sie anbellt und von ihr ein bestimmtes Spielzeug fordert.

Wenn Sally aus irgendeinem Grund ein Spielzeug liegenläßt, rennt Becky herun, schleppt es in ihr Bett und beschützt es zusammen mit den ihren. Becky und Sally sind Wurfgeschwister und wurden immer gleich behandelt, warum sind sie so unterschiedlich?

Antwort:

Häufig sind Wurfgeschwister vollkommen unterschiedlich. Es ist ganz normal. Wären sie sich ähnlich, würden sie sich wahrscheinlich ständig um die Rangordnung streiten. Das ist es, was Becky tut, indem sie alle Spielzeuge als Trophäen betrachtet. Sie

155

macht Sally klar, daß sie den höheren Rang einnimmt und deshalb ein Anrecht auf die Sachen hat. Sally nimmt diese Tatsache offensichtlich hin, sonst würden Ihre Hunde stets um ein Spielzeug kämpfen. Wenn Sie alles Spielzeug wegtun, muß Becky einen anderen Weg finden, ihren Rang zu demonstrieren, und das könnte weit unangenehmer für Sie sein.

Sofern Becky die Spielsachen nur vor Sally beschützt und nicht vor Ihnen, würde ich sie gewähren lassen und beobachten, wie Hunde ihre Rangordnung austragen, ohne gewalttätig zu werden. Wenn Sie dann so das Hundeverhalten beobachten, denken Sie darüber nach, wie schön es wäre, wenn wir Menschen ebenso handeln könnten.

Sensibilität

Früher wurde die Ausbildung ungeachtet der Rasse betrieben. Der Ausbilder steht in der Mitte des Kreises und brüllt einer Gruppe Menschen mit vielen unterschiedlichen Hunden Kommandos zu. Kleinpudel-, Dobermann-, Rottweiler- und Sheltie-Besitzer werden angewiesen: 'Zur Wende, Name des Hundes, Kommando Fuß, Hund zurückrucken, loben, usw.'

Die großen, kühnen Rottis und Dobermänner ertragen all das Gebrüll, Hakenschlagen, Leinenrucken mit Leichtigkeit. Für die sensiblen Naturen des Pudels oder Shelties ist es vermutlich zu viel.

Sensibilität fällt in verschiedene Kategorien: Berührung, Geräusch, Sicht oder geistig. Besitzer sollten die Sensibilitäten (oder weniger sensiblen Seiten) ihres Hundes kennen, ehe sie an die Ausbildung herangehen. Collies sind wegen ihres Berufes als Hütehunde außerordentlich sichtempfindlich. Sie nehmen kleinste Bewegungen wahr und reagieren darauf. Sie sind auch leicht erziehbar, denn die Rasse ist allgemein sehr feinfühlig und stimmt mit der Gemütslage Ihrer Menschen überein. Man gewinnt den Eindruck, sie sei besonders klug und könnte denken wie Menschen. Diese Feinfühligkeit kann für einen ungeduldigen, harten Ausbilder ein Nachteil sein, der rasch den Arbeitseifer dieses Hundes brechen kann.

Hunde, die gezüchtet wurden, um bei der Jagd stundenlang durch Dornengestrüpp zu preschen, sind in der Regel nicht schmerzempfindlich. Wie es z.B. Terrier mit gefährlichen Gegnern aufnehmen. Auch wenn bestimmte Rassen aufgrund ihrer

Aufgaben in bestimmten Bereichen mehr oder weniger sensibel sind, ist doch jeder Hund ein Einzelwesen.

Wird zur Ausbildung generell ein Kettenwürger empfohlen, heißt das nichts anderes, als daß der Ausbilder keine Ahnung von der unterschiedlichen Berührungsempfindlichkeit der Hunde hat. Sagt man dem Sheltiebesitzer, dessen Hund vor den krachenden Nagelstiefeln auf dem Holzboden zitternd in der Ecke sitzt, er werde sich daran gewöhnen, bedenkt man nicht die Geräuschsensibilität der Rasse. Ganz zu schweigen, daß der beschämte Besitzer seinen Frust auf den sensiblen Hund überträgt. Kann ein Ausbilder dem Besitzer nicht erklären, daß er durch unbewußte Gesten seinem überaus sichtempfindlichen Hund zeigt, welches Kommando als nächstes folgt, weist das auf mangelnde Kenntnis auf diesem Gebiet.

Wer seinen Hund ausbildet oder anderen Leuten bei der Ausbildung ihrer Hunde hilft, muß diesen Empfindsamkeiten Rechnung tragen. Folgender Fall ist ähnlich dem der Leinenphobie von S. 135, aber die Gründe sind ganz andere.

Frage:

Warum rennt mein Hund davon und versteckt sich, wenn ich die Leine ergreife? Er geht gerne spazieren, sobald er draußen ist. Aber ich habe ziemlich viel Mühe, ihn wieder nach Hause zu bringen. All meine Hunde drehten vor Freude schier durch, wenn ich die Leine holte. Ich verstehe nicht, warum sich dieser so anders benimmt. Haben Sie eine Idee?

Antwort:

Ich bin sicher, daß Ihr Hund den Kettenwürger ebenso ablehnt wie ich. Sie haben sicher bemerkt, daß der Hund beim Umlegen der Kette den Kopf hin und her wendet. Ich weiß, daß die Kette zur Standardausrüstung gehört, aber wenn es so weit kommt, daß der Hund seine Spaziergänge verweigert und sich nicht einfangen läßt, weil er die Kette fürchtet, muß man ernsthaft nachdenken. Es mag Sie überraschen, daß Ihre Frage keineswegs ungewöhnlich ist. Viele Leute haben das gleiche Problem und leben jahrelang damit. Sie nehmen es nicht weiter tragisch, weil im geschlossenen Haus der Hund immer das gleiche Versteck wählt und man sich draußen immer neue Tricks einfallen läßt, damit der Hund nahe genug zum Ergreifen herankommt. In fast allen

157

Fällen erwies sich das Kettenhalsband als Auslöser bei einem berührungsempfindlichen Hund.

Man kann das recht leicht feststellen. Prüfen Sie zunächst, wie berührungsempfindlich Ihr Hund ist. Nehmen Sie beim sitzenden Hund eine Vorderpfote hoch und fassen die Haut zwischen den Zehen mit Daumen und Zeigefinger. Zählen Sie von 1 bis 10 und drücken immer fester zu (Sie wollen die Reaktion testen, nicht Schmerz erzeugen). Die meisten Hunde wimmern und ziehen die Pfote bei 7 oder 8 zurück. Reagiert Ihr Hund früher, dann sehen Sie, wie berührungsempfindlich Ihr Hund ist.

Kommen Sie bis drei oder vier, dann werfen Sie die Halskette weg. Ein normales Lederhalsband zum Schnallen ist für Ihren Hund richtig. Er sollte es immer tragen und wird bald freudig reagieren, wenn Sie zur Leine greifen. Es kann ein paar Tage dauern, weil er ja immer noch Schmerz fürchtet, Geduld lohnt sich. Denken Sie mal aus seiner Sicht: Er liebt Spaziergänge, aber sie anzutreten tut weh.

Sozialisierung

Bei der Auswahl des neuen Welpen ist es wichtig, sich das Wesen der Eltern anzusehen, denn dies hat unmittelbaren Einfluß auf das künftige Wesen Ihres erwachsenen Hundes. Eine noch so sorgfältige Auslese ist aber nutzlos, wenn der Welpe nicht sehr früh sozialisiert wurde.

Alle Tiere, auch wir Menschen, machen kritische Entwicklungsperioden durch. Beim Haushund ist die wichtigste zwischen der siebten und etwa 20. Woche. In dieser Zeit lernt er das Leben und seine Umwelt kennen (die Umgebung, in der er lebt). Frühe Erfahrung mit allen möglichen Reizen – Kinder, Verkehr, andere Hunde, Fremde, Tierärzte – doch immer mit Belohnung, bringen dem Jungen bei, später vertrauensvoll in ähnlichen Situationen zu reagieren. Nach der 20. Woche tritt der Hund in eine neue Entwicklungsphase, und es wird sehr viel schwieriger, sein Vertrauen in unbekannten Situationen aufzubauen.

Leider läßt man heute die Hunde zu Hause, bis die Impfungen vollkommen abgeschlossen sind. Sie lernen bis weit in die Sozialisierungsphase hinein keine fremden Eindrücke kennen. Viele Hunde verpassen sie ganz. Sie bekommen mit großer Wahrscheinlichkeit später Probleme. Natürlich muß der Welpe vor Infektionskrankheiten wie Parvo, Staupe, Hartballenkrankheit, Hepatitis und Leptospirose geschützt werden, aber wir müssen das Risiko gegen den Nutzen abwägen, sein Verhalten zu entwickeln. Die Blindenführhundorganisationen haben die Bedeutung der frühen Sozialisierung gründlich erforscht. Die Ergebnisse sprechen für sich. Führhundwelpen werden in die neue große Welt getragen, um Menschen schon im Alter von 6 Wochen kennenzulernen. Natürlich dürfen die Welpen nicht im öffentlichen Park freilaufen, wo das Infektionsrisiko besonders hoch ist, aber sie werden so früh wie möglich so vielen Reizen wie möglich ausgesetzt.

Frage:

Ich möchte einen Welpen kaufen, aber er soll nicht, wie mein letzter Hund, aggressiv gegen Menschen und Hunde werden. Ich habe gelesen, daß ich ihn so früh wie möglich an alles heranführen und so früh wie möglich mit der Erziehung beginnen soll.

Leider läßt unser Hundesportverein erst Hunde ab 6 Monate zu. Das ist doch sicherlich viel zu alt, um ihn mit anderen Hunden vertraut zu machen?

Antwort:

Viele Hundesportvereine arbeiten noch nach der 6 Monate-Regel. Frage ich warum, haben sie meist keine Erklärung. Manche sind sogar der Meinung, ein Hund könne vorher nicht lernen. Tatsächlich entsprechen die Gehirnströme eines 7, 8 Wochen alten Welpen denen des erwachsenen Hundes. Welpen haben zwar über einen längeren Zeitraum hinweg nicht die Ausdauer oder Konzentrationsfähigkeit, aber sie können lernen. Bringen wir ihnen nicht bei, was wir wollen, dann bringen sie sich selbst alles bei (durch Selbstbelohnung), was wir vermeiden wollen. Wenn sie dann 6 Monate alt sind, müssen wir korrigieren, weil sie sich unerwünschte Dinge angewöhnt haben und wir die Phase verpaßten, in der der Hund am lernwilligsten ist. Kurz und gut, es gibt keinen Ersatz für frühe Erfahrung.

Immer mehr Ausbilder erkennen den Wert des frühen Lernens und halten Spielstunden für Welpen zwischen 12 und 18 Wochen ab (12, weil dann die Impfungen abgeschlossen sind). Denken Sie daran, daß Sie den Welpen schon viel früher sozialisieren können. Bis zur 18. Woche deshalb, weil dann eine neue Entwicklungsphase eintritt. In diesen Übungsstunden lernen Welpen großer Rassen sich Welpen kleiner Rassen gegenüber zu benehmen. Kleine Hunde lernen, sich vor großen nicht zu fürchten. Die ganze Familie soll mitmachen. Während die Kinder herumtoben, machen die Erwachsenen die Welpen mit fremden Menschen vertraut. Grundregeln wie Sitz, Platz, Bleib, Hier und Fuß werden über positive Verstärkung beigebracht. Auch den Kindern zeigt man, wie sie diese Übungen mit den Welpen durchführen können.

Der Nutzen dieser Welpenspielstunden wurde von Dr. Ian Dunbar (Tierärztlicher Berater der APBC) aus den USA erforscht und bestätigt. Er bewies zweifelsfrei, daß frühe Erziehung und Sozialisierung einen selbstsicheren, gut angepaßten erwachsenen Hund ergeben, der selten Aggression gegen Menschen und Hunde zeigt. Fragen Sie Ihren Tierarzt nach dem nächstgelegenen Welpenspielplatz. (Siehe auch Welpen S. 189).

Spiele

Hunde lernen im Spiel. Ich spreche nicht von formellen Übungen wie Fuß, Sitz, Platz, Bleib und Hier, obwohl wir diese auch spielerisch durchführen können, damit der Hund schneller lernt. Ich spreche über den Vorgang, sich wie ein Hund zu verhalten.

Die beliebtesten Hundespiele kann man folgenden Gruppen zuordnen:

Kraftspiele: Tauziehen, raufen usw.

Besitzspiele: Socken stehlen, Spielzeug verstecken, Knochen vergraben usw.

Jagdspiele: Schuh stehlen und Sie auffordern, ihn zurückzuerobern; Ball oder Stöckchen jagen und Sie einladen, sie ihm abzunehmen

Tötungsspiele: Totschütteln von Lumpen, Schuhen, Stöcken usw.

All diese Spiele sollen die Dominanz fördern und die Fertigkeiten der Jagd und des Tötens schulen. Diese Spiele spielen alle Hunde, sie beruhen auf Instinktabläufen. Menschen spielen, um sich zu amüsieren und die Zeit zu vertreiben. Hunde spielen um zu lernen. Es ist deshalb wichtig, daß wir die Bedeutung der Spiele verstehen, die wir regelmäßig mit unserem Hund spielen.

Die Bezeichnung der Spieltypen hilft uns dabei. Es gibt Kraftspielzeug zu kaufen, das der Mensch an der einen und der Hund an der anderen Seite packen kann. Wir machen uns allerdings nicht klar, daß der Hund bei diesem Spiel niemals aufgibt. Entweder verlieren wir die Lust, weil der Hund zu aufgeregt und aggressiv wird oder das Telefon läutet oder jemand klopft an die Tür. Andererseits bewundern wir die Hartnäckigkeit des Hundes und seine Hingabe, deshalb belohnen wir ihn damit, daß er den Gegenstand aus unserer Hand ziehen darf. In seinen Augen haben wir das Kräftemessen mit ihm aufgenommen und verloren. Wir haben diesen Wettbewerb sogar noch gefördert, indem wir dieses eigens dafür konstruierte Spielzeug kauften.

Nach dem großen Sieg trägt der Hund stets das Spielzeug in sein Lager oder in eine bevorzuge Ecke des Zimmers. Damit zeigt er, daß er den Gegenstand nun besitzt – er hat ihn in fairer Schlacht erobert, es ist seine Siegestrophäe, seine Belohnung. Wie bei menschlichen Auszeichnungen ist es das sichtbare Zeichen seiner Überlegenheit. Fordern wir Hunde nicht zu diesen Spielen auf, tun sie es. Ein Beispiel: Sie ziehen Strümpfe an und suchen die zweite Socke. Wo ist sie? Im Fang des Hundes. Wir greifen danach, der Hund rennt davon. Wir jagen ihn und kriegen unsere Socke irgendwann wieder. Wir haben das Spiel gewonnen. Da wir glauben, der Hund liebe Socken, geben wir ihm ein paar alte Socken zum Spielen. Die wollen wir gar nicht wiederhaben, deshalb erobert der Hund in den darauffolgenden Spielen seine Socken jedesmal zurück.

Eine besondere Spielart des Besitznehmens ist die Wahl immer wertvollerer Gegenstände. Ergreift der Hund ein altes Stück Holz oder Abfallpapier, nehmen wir kaum Notiz. Aber schnappt er einen unserer besten Schuhe, jagen wir ihm nach. Im Laufe der Zeit lernt der Hund durch Erfolg und Mißerfolg, welche Gegenstände unsere Aufmerksamkeit am schnellsten fesseln. Grundsätzlich tragen die wichtigsten Dinge am stärksten unseren Geruch. Ein Tennisball aus unserer Hosentasche wird zum eroberten Gegenstand. Wir fördern demnach noch Fang-mich-Spiele, Beutejagdspiele und endlich weitere Besitzspiele.

Dem Hund zuzusehen, wie er seine Beute schüttelt und dabei knurrt, macht Spaß. Selbst der unerfahrenste aller Hundehalter erkennt darin sofort das instinktive Tötungsritual. Da wir es besonders bei jungen Hunden süß finden, ermutigen wir ihn dazu. Wir geben ihm geknotete Lappen, beobachten den Hund dabei, wie er ihn tötet und versuchen dann, als Einladung zum Spiel seine Beute abzujagen. Für ihn kommt nicht in Frage, seine erjagte, frisch getötete Beute abzugeben. Er hat gejagt, gefangen, getötet, wurde herausgefordert und hat gewonnen. Wollen wir dies wirklich unseren Hunden beibringen?

Bei vielen Hunden spielt es keine Rolle. Sie spielen diese Spiele, weil sie Hunde sind, aber sie ergreifen dadurch nicht die Chance, einen höheren Rang einzunehmen, der ihnen durch den Sieg geboten wird. Hat man jedoch Probleme mit seinem Hund, muß man ernsthaft darüber nachdenken, wer diese täglichen Spiele eröffnet und wer meist gewinnt.

Frage:

Wir haben eine 10 Monate alte Lakeland Terrierhündin, die uns und der Familie gegenüber noch recht unterwürfig ist. Wenn jemand etwas fallen läßt oder die Stimme hebt, rennt sie weg und versteckt sich. Betreten wir den Raum, kriecht sie auf uns zu und macht ein Bächlein wie ein Welpe. Selbst wenn wir mit ihr spielen wollen, rollt sie sich auf den Rücken. Ich glaube nicht, daß sie ängstlich ist, denn sie benimmt sich nicht so Fremden gegenüber, sondern nur uns. Es ist peinlich in Gegenwart von Fremden, denn es sieht aus, als würden wir sie schlagen, was wir natürlich nicht tun. Wir wissen, daß sie der unterwürfigste Hund im Wurf war, aber wir dachten, das verliert sich. Können wir etwas tun, um ihr mehr Selbstvertrauen zu geben?

Antwort:

Da sie am unterwürfigsten war, hat sie zwangsläufig alle Welpenspiele verloren: Kraftproben, Besitzspiele, Raufspiele, über die man bessere Schlaf- und Freßpositionen erreicht. Schließlich mied Ihre Hündin die Spiele und fand sich damit ab, die am wenigsten ergiebige Zitze zu erwischen und am Rande der Meute zu liegen. Normalerweise ändert sich die Situation in neuer Umgebung, denn wir erlauben ihr bestimmte Vorzüge, die ihren Rang und ihr Selbstvertrauen fördern. Normalerweise rate ich meinen Klienten, diese Vorrangstellungen nicht einzuräumen. Alle Wettkämpfe soll der Hundebesitzer und nicht der Hund gewinnen. In Ihrem Fall rate ich das Gegenteil. Sie spielt deshalb nicht, weil sie davon überzeugt ist, daß sie verliert.

Ihre Freunde sind kein Rudelmitglied, deshalb kann sie sich ihnen gegenüber normal verhalten. Sie und Ihre Familie sind für sie Fortsetzung der Hackordnungserfahrung, vor allen Dingen, wenn Sie sie häufig bei der Mutter besucht haben. Sie müssen ihr Selbstvertrauen aufbauen. Beginnen Sie mit einem Zehnsekunden-Tauziehen. Erwarten Sie nicht, daß sie zieht: sie tut es nicht, weil sie weiß, daß sie keine Chance hat. Wenn sie den Lappen auch nur mit den Zähnen berührt, lassen Sie los und gehen weg. Nach einigen Malen wird sie mit wachsendem Selbstvertrauen bestimmter. Nun müssen Sie und Ihre Familie eine Zeitlang alle Spiele verlieren. Je mehr sie gewinnt, desto weniger unterwürfig wird sie sich zeigen – aber Achtung! Sie müssen den goldenen Mittelweg treffen und sie nicht dazu bringen, Oberwasser über Sie zu gewinnen! (siehe auch Unterwürfigkeit S. 183).

Stehlen – siehe Spiel/Besitzspiele

Sterilisation
Wollen Sie mit Ihrer Hündin nicht züchten, raten Tierärzte aus langfristig gesundheitlicher Sicht zur Sterilisation. Eine intakte Hündin wird in zunehmendem Alter eher unter Gebärmutterinfektionen und Tumoren leiden, als eine sterilisierte. Es gibt jedoch kaum Beweise dafür, daß die Sterilisation aus Verhaltensgründen sinnvoll ist. Es sei denn, wir haben es mit einer Aggression zwischen Hündinnen innerhalb einer Meute zu tun, die meist um die Zeit der Hitze auftritt. Die Pheromone, die chemischen Duftstoffe, die die in Hitze kommende Hündin abgibt, beeinflussen direkt den Hormonhaushalt der in ihrer nächsten Umgebung lebenden Hündinnen. Das wird deutlich, wenn mehre Hündinnen zusammenleben. Sie werden alle um die gleiche Zeit heiß. Wie in Kapitel 5 unter Besteigen erwähnt, werden nur hochrangige Wölfe ranzig, wahrscheinlich, weil ihr Pheromonausstoß die Zyklen der anderen Weibchen unterdrückt. Nur in wenigen seltenen Fällen scheint das Gegenteil beim Hund der Fall zu sein, was manchmal zu Problemen führt. Zwei heiße Hündinnen in der Familie bedeutet, daß sie beide den gleichen Rang einnehmen. Ohne den kleinsten Anlaß kommt es zu Raufereien. Im Gegensatz zum Rüdenkampf, der meist damit endet, daß sich einer unterwirft oder flieht, kämpfen Hündinnen manchmal bis zum Tode des Gegners. Läßt man die rangniedrigere Hündin sterilisieren, kann das Problem gelöst werden.

Abgesehen davon hat die Sterilisation der Hündin auf ihr Verhalten wenig Einfluß. Meine Kollegin Dr. Valerie O'Farrell erforschte die Auswirkungen der Unfruchtbarmachung auf das Verhalten der Hündinnen und stellte fest, daß keine Verbesserungen eintraten. Interessanterweise zeigten 40% der Hündinnen unter zwei Jahren nach dem Eingriff dominante Aggression.

Wie bei der Kastration der Rüden bin ich persönlich der Meinung – wenn Sie nicht züchten wollen, ist es tierfreundlicher, sie zu sterilisieren. Aufgrund der Forschungsergebnisse von Dr.O'Farrell muß man jedoch eine dominante Aggression vorher abbauen.

Frage:

Ich habe eine 3 Jahre alte Shiba Inu Hündin namens Acer (hübscher, kleiner japanischer Baum), die sich seit kurzem sehr seltsam benimmt. Sie war immer sehr zärtlich und ist es noch die meiste Zeit. Aber kürzlich fing sie an zu knurren, wenn sie auf ihrem Bett lag; manchmal knurrt sie, wenn wir uns der Futterschüssel nähern; sie buddelt Löcher im Garten und legt Plastikblumentöpfe hinein; erwischt sie eine Zeitung, reißt sie sie in Stücke; sie kratzt auf dem Teppich hinter den Sesseln im Wohnzimmer oder in einer Ecke des Eßzimmers.

Antwort:

Zweifellos macht Acer eine Scheinschwangerschaft durch. Sie hält die Blumentöpfe für Welpen – komisch für uns, traurig für sie. Diese fuchsähnliche Rasse ist hierzulande noch sehr selten. Sie gehört zu den Spitzrassen, die noch sehr primitive Instinkte haben. Ich möchte wetten, daß sie kürzlich heiß war, und sofern sie nicht tragend ist, täuschen ihr dies die Hormonveränderungen in ihrem Körper vor. Zweifellos produziert sie sogar Milch.

Wenn sie ihr Bett und Futter gegen Sie verteidigt, spricht das für eine recht dominante Einstellung, obgleich völlig normal für eine Mutter, die einen hohen Rang in ihrer Umgebung einnimmt.

Das Buddeln ist Nestbauverhalten, ebenso das Kratzen auf dem Teppich und das Zerfetzen der Zeitungen. Sie hält die Blumentöpfe für Welpen, andere Hündinnen einen Schuh oder Spielsachen. Meist wird geraten, sie vollkommen in Ruhe zu lassen, weil sie von selbst damit aufhört. Das ist natürlich richtig, aber ich finde es traurig, daß solch mütterliche Hündinnen diese

164

streßvolle Zeit ohne Hilfe durchmachen müssen. Hormonbehandlung kann helfen; es gibt auch homöopathische Mittel. Ihr Tierarzt wird Sie an einen Fachmann verweisen, wenn Sie das wünschen. Dieses Verhalten ist bei sehr mütterlichen Hündinnen nicht ungewöhnlich und vergleichbar beim Menschen mit Frauen, die Babys stehlen. Beim Menschen wissen wir, daß Hilfe nötig ist, warum nicht beim Hund?

Falls Sie mit ihr züchten wollen und sie das dominante Gehabe ablegt, wäre sie vermutlich eine wundervolle Mutter. Wollen Sie nicht züchten, dann halte ich für sie selbst eine Sterilisation am besten. Aber auch hier betone ich die Notwendigkeit, ihr dominantes Verhalten vorher zu mindern (siehe Rückstufung des Rangs S. 148).

Strafe

Strafe hat als Ausbildungshilfe keinen Zweck. Aber bis noch vor kurzer Zeit wurden Hunde auf diese traditionelle Weise ausgebildet (siehe Zwang S. 195). Die Gefahr bei Anwendung von Strafe liegt darin, daß der Hund etwas Falsches lernt. Das Beispiel unter Gehorsamsausbildung (S. 105) von dem Hund, der andere Hunde angreift, zeigt den Unterschied zwischen straf-orientierter und positiv-bestätigender Erziehung. Ich habe nun immer wieder betont, daß Hunde durch Belohnung lernen, und selbst dann muß die Belohnung mit der erwünschten Tat zusammentreffen, spätestens jedoch binnen 2 Sekunden, um den erwünschten Lerneffekt zu erzielen.

Die meisten Leute stimmen dieser Ansicht sofort zu, doch wie steht es um die schöne Theorie in der Praxis? Der Mensch gehört zu den straf-orientierten Wesen. Lassen Sie uns folgende theoretische Szene durchspielen und beweisen, wie rasch die meisten Leute auf die Strafe zurückkommen:

Stellen Sie sich vor, Ihr Hund läuft frei im Park. In etwa 50 m Entfernung bellt er eine Mutter mit Kind an und beißt schließlich das Kind. Sie brüllen 'Hier, Fido!' und er kommt sofort zurück. Loben Sie ihn dann?

In der Praxis kaum jemand, die meisten würden ihn verprügeln, weil er das Kind gebissen hat. Wenn Sie dann noch der Polizei erzählten, daß Sie den Hund dafür gelobt haben, daß er sofort zurückgekommen ist, würden Sie schwerlich auf Verständnis stoßen, wahrscheinlich auch nicht vor dem Richter.

Das Problem der Menschen ist, daß sie Werte nicht von geradlinigen Lernprozessen unterscheiden können. Hunde und andere Tiere verlassen sich ausschließlich auf ihren Instinkt. Fühlt sich der Hund durch Mutter und Kind bedroht und greift dann den schwächeren der beiden an, ist das vollkommen normales (wenn auch nicht hinnehmbares) Hundeverhalten. Denken Sie daran, Hunde beißen! Er kommt zum sicheren Hort seines Besitzers zurück und wird bestraft. Das läßt ihn künftig bei der Rückkehr vorsichtiger werden, sagt ihm aber keineswegs, daß er Kinder nicht beißen darf. Man muß sein aggressives Verhalten getrennt sehen. Dieses Beispiel lehrt, daß wir nicht sehen, was wir wirklich lehren wollen, sondern wir überdecken alles mit menschlichen Werten und stiften Verwirrung. Wir sind meist zu schnell mit Strafe bei der Hand, für das, was er falsch macht, anstatt zu loben, was er richtig macht. Aber versteht der Hund überhaupt, was wir ihm beibringen wollen?

Wird Strafe als erstmalige Ausbildungshilfe angewandt und der Hund lernt das Falsche, dann stiften wir nicht nur Verwirrung, sondern wir fördern Mißtrauen. Wo Strafe im Namen der Erziehung noch immer angewandt wird, sehen wir unter Stubenreinheit (S. 199).

Streß

Obwohl beim Menschen voll anerkannt, zieht man Streß selten bei Verhaltensstörungen des Hundes in Betracht. Humanmediziner wissen, daß Streß eine Hauptursache für viele psychische und physische Krankheiten ist. Doch wir kümmern uns wenig darum, wie unsere Hunde mit dem Streß unserer modernen Umwelt fertig werden.

Nehmen wir einen Hund zum ersten Mal zu einem Erziehungskurs mit, halten wir sein Verhalten für Angst: Er speichelt, legt die Ohren an, klemmt die Rute ein, hinterläßt Schweißabdrücke auf dem Boden, manchmal läßt er Urin ab. Leider lautet der gute Rat zu oft, er wird sich schon dran gewöhnen. Wir bedenken dabei nicht, daß anhaltendes Aussetzen der angsteinflößenden Umwelt den Hund noch mehr belastet. Wie auch der Mensch, ist der Hund nicht mehr in der Lage, damit fertig zu werden.

Während ich dieses Buch schreibe, haben wir die dritte Woche im Golfkrieg. Ich hörte einen Humanpsychologen über das Thema Streßbewältigung im Kampfbereich. Einen Soldaten aus der Angstzone wegzuholen, belohnt den Körper, so daß er bei der nächsten Konfrontation wegläuft. Theoretisch verstehe ich das. Ist aber der Gegner nicht bereit, etwas leiser zu schießen, kann ich mir nicht erklären, wie der Streß an Ort und Stelle abgebaut werden soll. Wir brauchen unsere Hunde der angstvollen Situation nicht auszusetzen, wir können sie wegtun und uns neue Wege zum Ziel ausdenken. Steht der Hund auf dem Hundeplatz unter Streß, kann er nicht lernen. Mit Hilfe eines guten, privaten Ausbilders können wir ihn umgehen und dem Hund beibringen, was wir wollen.

Diese Art Reaktion nennt man negativen Streß. Er tritt nicht nur auf Hundesportplätzen auf (ich möchte unbedingt hinzufügen, daß die meisten Hunde sehr gut damit zurechtkommen), sondern man sieht es in Wartezimmern bei Tierärzten, meist zeigt sich extremer Haarausfall und im Falle meines Akita Inu, zittert er und rennt davon, wenn er kann. Glücklicherweise werden unsere Hunde diesem Streß nicht so lange ausgesetzt, um langfristig physisch oder im Verhalten gestört zu werden. Aber Streß in der häuslichen Umgebung kann den Hund sehr stark beeindrucken, da er ihm täglich ausgesetzt ist. Ehestreitigkeiten, häufige Streitereien unter Alkoholeinwirkung, widerspenstige Teenagerkinder, sind oft auslösende Faktoren für Problemverhalten bei Hunden.

Dies ist einer der Gründe, weshalb meine Kollegen und ich die Probleme mit der ganzen Familie besprechen. Nicht daß diese Informationen wichtig wären, aber sie vermitteln uns bestimmte Hinweise. Wir sind durchaus in der Lage, das Gespräch taktvoll dahin zu lenken, wo wir den Auslöser des Problems vermuten. Oft führt das zu einer zweiten, mehr privaten Besprechung mit dem besorgten Besitzer, um ihm klarzumachen, daß das Verhalten des Hundes in den Händen der Familie liegt.

Hunde reagieren auf Streß mannigfaltig. Negativen Streß haben wir beschrieben. Viele Hundebesitzer haben schon selbst erfahren, daß sich Hunde bei Familienkrach verziehen. Dies ist für die meisten Hunde normal und keine Ursache für Probleme. Nur ein andauerndes Aussetzen bedeutet Streß. Einige Besitzer beschreiben, daß sich der Hund während eines Streits sehr auffällig benimmt, als wolle er Schiedsrichter spielen. Dies nenne ich positive Reaktion und führt nur in der Übertreibung zum Problem. Dieses Verhalten wird oft als Ungehorsam ausgelegt, besonders im Hundesportbereich. Der Hund, der ansonsten alles ruhig hinzunehmen und zu bewältigen scheint, tobt plötzlich wie ein kleiner Welpe herum, besonders dann, wenn sich der Besitzer bemüht, dem Hund etwas beizubringen, das er offenbar nicht versteht. Der Besitzer wird ärgerlich, der Hund benimmt sich wie verrückt. Menschen handeln ähnlich, wenn sie eine Situation überspielen wollen und plötzlich Witze machen oder kindisch lachen. Dieses Verhalten zur Streßbewältigung führt letztlich zu positivem Streß, falls die Ursache nicht beseitigt wird.

Einige verhaltene Hunde konzentrieren ihr Streßbewältigungsverhalten auf sich selbst. Nicht selten hört man von Selbstverstümmelung unter gewissen Bedingungen. Kratzen, Pfotenlecken oder Beknabbern bestimmter Körperteile sowie Flankenlecken sind klassische Symptome. Sie können auch medizinische Ursachen haben. Erst wenn der Hund unter bestimmten Umständen so reagiert, daß eine Streßreaktion vermutet werden kann, sollte nach der Ursache geforscht werden.

Wie Menschen, werden auch Hunde regelmäßig Streßsituationen ausgesetzt. Ebenso wie Menschen, können einige Hunde besser oder schlechter damit fertig werden. Da ich in zwei verschiedenen Umgebungen arbeite, einmal in einer sehr entspannten, gemütlichen Atmosphäre in meiner Praxis in Surrey und in einer Tierarztpraxis in London, sehe ich den Unterschied des Verhaltens je nach Umgebung.

In der gelockerten Atmosphäre sind die Besitzer am Anfang etwas gespannt. Wie in Kapitel 4 beschrieben, neigen dominante Hunde oft zu hyperaktivem Verhalten. Angebotenes Futter reißen sie mir normalerweise gierig aus den Fingern. Ich vermute, es liegt daran, daß der Hund die Unsicherheit seiner Meute spürt und deshalb seine Führernatur herauskehrt. Wenn sich der Hund als Führer sieht, aber von seinen Erbanlagen dafür nicht ausgestattet ist (im Wolfsrudel wäre er dann nicht Alpha-Figur) führt das zu, wie ich es nenne, Führungsstreß. Dieser Typ Hund hat seine Führungsrolle nicht erst jetzt eingenommen, sondern er hatte sie vorher schon. Wie oft auch bei Menschen, die Verantwortung über die Maßen belastet, kann das verheerende Auswirkungen auf die Gesundheit haben – ganz sicher aber hat es verheerende Auswirkungen auf das Verhalten. (Diese Theorie wurde wissenschaftlich bislang nicht bewiesen. Ich hoffe, in Zukunft mehr in dieser Richtung zu forschen. Meine Bemerkungen unter Epilepsie (S. 95) scheinen meinen Verdacht zu bestätigen).

Andererseits verhalten sich Hunde, die ich in der Tierarztpraxis sehe, vollkommen anders. In dieser Umgebung sind nicht die Menschen, sondern die Hunde unsicher. Sie zeigen verstärkten Haarausfall, sie sind still und unauffällig. Meist lehnen sie Futter ab. Beides sind Streßreaktionen und sollten als solche erkannt werden. Es spielt aber keine Rolle, wie der Hund mit Streß fertig wird, sondern ob der Hund über einen langen Zeitraum und regelmäßig Streß bewältigen muß.

T

Telefon und Television

Ziemlich häufig beklagen sich Menschen darüber, daß ihre Hunde irgend etwas anstellen, sobald sie ans Telefon gehen. Sie wollen hinaus, bellen unaufhörlich, wollen spielen, meist mit etwas, das sie nicht haben dürfen, z.B. einem Schuh oder Wäschestück. Einige Hunde werden sogar gegen ihre telefonierenden Besitzer aggressiv. Etwas seltener, aber es kommt vor, daß Hunde bei bestimmten Fernsehprogrammen stören, insbesondere Serien, die man unbedingt sehen will. Fast immer handelt es sich um Aufmerksamkeitheischen. Sehen wir einmal mit den Augen eines Hundes und begreifen, wie einfach sie das lernen.

Die erste Übung mit dem Welpen ist Stubenreinheit. Der Hund soll lernen, zur Gartentür zu gehen, zu bellen (oder sonstwie anzuzeigen) um hinausgelassen zu werden. Passiert dies zum ersten Mal, rennen die Menschen von überall herbei – aus der Toilette, aus dem Bad, vom Telefon und Fernsehen. Der Welpe wird überschwenglich gelobt und darf dann hinaus. Was uns betrifft, hat er sein Lernziel erreicht. Aber ahnen wir, was der Welpe alles gelernt hat?

Nehmen wir z.B. das Telefon und überlegen, was es für den Welpen bedeutet. Betritt ein Mensch den Raum, kümmert er sich stets um den Welpen, streichelt oder spricht mit ihm. Nur wenn das Telefon klingelt, tut er es nicht. In diesem Falle kommt er ins Zimmer gelaufen, beachtet den Welpen nicht und spricht statt dessen mit einem dummen Stück Plastik. Der Welpe weiß nicht, daß am anderen Ende eine Person spricht. Dieses Verhalten verwirrt ihn. Es ist eine interessante Tatsache, daß ein verwirrter Hund die Übung ausführt, die ihm zuerst beigebracht wurde und die er am besten kann – meist Sitz.

Da der Mensch den demonstrativ sitzenden Hund gar nicht bemerkt, versucht er es mit einer anderen Übung, für die er vorher belohnt wurde: er geht zur Tür und wimmert. BINGO! Sofortige Belohnung! Der Mensch sagt zu dem Plastikstück: 'Moment mal, der Welpe muß raus', legt den Hörer hin und lobt den Welpen. Wir haben es hier mit dem Beginn eines Lernverhaltens zu tun. Die Handlung wird belohnt und daher wiederholt. Bei Gesprächen mit Hundehaltern stellte ich fest, daß 50% der Hundeblasen in direkter Verbindung mit dem Telefon stehen.

Ebensowenig wird der Welpe beachtet, wenn er ein Spielzeug anbringt. Hebt er etwas Verbotenes auf, wird er durch die prompte Aufmerksamkeit seines Besitzers belohnt. Das sind keine logischen Denkprozesse, sondern einfache Reaktionen auf die Verwirrung, die der Mensch durch das unverständliche Reagieren auf das Telefonklingeln stiftet.

Es hört sich zwar wie ein Scherz an, aber meine Kollegen und ich wurden gefragt, warum Hunde ausgerechnet eine bestimmte Fernseh-Dauerserie stören. Meist handelt es sich um ein Programm, das die ganze Familie ansieht. Normalerweise sieht Vater Sport oder Nachrichten, Mutter bevorzugt Rateshows, die Kinder Popmusiksendungen. Meist schaut also irgendeiner nicht hin und kann dem Hund die Aufmerksamkeit schenken, die er verlangt. Sitzen aber alle wie gebannt vor dem Apparat, verhält sich der Hund nicht schlimmer, es fällt nur auf.

Frage:

Wie kann ich meinem Hund abgewöhnen zu bellen, wenn das Telefon klingelt. Ich lebe allein, mein Hund ist mein ständiger Begleiter. Ich glaube, er ist eifersüchtig, wenn ich mit anderen rede. Ich muß zugeben, daß ich bisher nicht zu ärgerlich über sein Bellen war, denn ich möchte seine Wachsamkeit nicht unterdrücken, aber es scheint immer schlimmer zu werden. Wenn ich ihn wegsperre, dann kratzt er an der Tür und bellt noch lauter.

Antwort:

Mit ihm zu schimpfen hat nichts mit seiner Wachsamkeit zu tun, noch hilft es Ihnen bei der Problemlösung. Weil sie alleine mit Ihrem Hund leben, belohnen Sie jede Wachsamkeit. Sein Verhalten am Telefon zu belohnen, bestärkt ihn ebenso als ob sie mit ihm schimpften. Beide Male geben Sie dem Hund die Aufmerksamkeit, die er verlangt. Wie bei Kindern, kommt es nicht darauf an, ob die Reaktion gut oder böse ist. Wir müssen die Belohnung, die er aus seinem unmöglichen Verhalten erfährt, vermeiden. Zunächst müssen Sie verstehen, daß er nicht eifersüchtig ist – er sieht oder weiß nichts von der Person am anderen Ende der Leitung. Er weiß nur, daß Sie ihn nicht beachten (ich fürchte, er bekommt zu viel Beachtung, wenn nicht telefoniert wird).

Zunächst muß die Belohnung vermieden werden. Eine Geräusch-Abwehrtherapie ist in diesem Fall ideal. Während des Telefonierens machen Sie ein Geräusch, das dem Hund als unangenehm bekannt ist – auch wenn das Gespräch einzig geführt wird, um das seltsame Geräusch zu erklären. Sinn ist, den Hund nicht zu beachten, sondern sein Aufmerksamkeitsheischen unangenehm zu gestalten (siehe Anhang, Geräusch-Abwehrtherapie, für Einzelheiten). Den Hund nach dem Telefonat zu belohnen, ist am Anfang noch nicht sinnvoll. Es besteht die Gefahr, daß er eine Belohnung erwartet und er noch aufgeregter wird. Der Hund muß lernen, daß er sich während des Telefonierens ruhig zu verhalten hat.

Bitten Sie Bekannte und Freunde um Trainingsanrufe, damit Sie nicht jedem Anrufer Ihre Geschichte erzählen müssen.

Tierarzt

Die neue Wissenschaft der Verhaltenstherapie nimmt in Großbritannien immer mehr Raum ein. Das Bewußtsein ändert sich allmählich, aber es gibt immer noch genug 'alte Hasen', die die Besitzer beschuldigen, ihren Hund nicht richtig erzogen zu haben und selbst am Verhalten des Tieres schuld sind. Wie ich in diesem Buch mehrmals betone, ist Erziehung wichtig. Aber es ist viel wichtiger, das Tier zu verstehen, mit dem wir leben. Einige Tierärzte halten strikte Disziplin für die Lösung und empfehlen nach wie vor die zusammengerollte Zeitung, um das Wörtchen Pfui zu unterstreichen, oder die Nase des Welpen in sein Häufchen zu stecken, damit er stubenrein wird. Es sind glücklicherweise nur wenige, aber es gibt sie noch. Dankenswerterweise erkennen immer mehr Tierärzte den Wert der Verhaltenstherapeuten, die sich Zeit für die Klienten nehmen können, Probleme zu diskutieren und straffreie Programme zur Problemlösung erstellen. Natürlich wären auch viele Tierärzte in der Lage, solche Problemlösungen zu bieten, aber mit einem Wartezimmer voller kranker Tiere haben sie einfach nicht die Zeit dafür.

Ich schrieb diese Zeilen, um den aufgeschlosseneren Tierärzten zu danken, daß sie den Wert unserer Arbeit erkennen. Ich hoffe, daß die von uns empfohlene Behandlung gut von den Klienten aufgenommen wird und Erfolge die Empfehlung lohnen. Ich hoffe auch, daß künftig die Verhaltenstherapie in der Tiermedizin eine ebensolche Bedeutung erlangen wird wie in der Humanmedizin.

Gerade, als ich diesen Abschnitt schrieb, erhielt ich folgenden Brief von einem ehemaligen Klienten. Mit seiner Erlaubnis gebe ich ihn auszugsweise wider, denn er bestätigt die Erfolge der erwähnten Technik.

'Randolph, mein Cairn Terrier und ich haben Sie im Dezember in Ihrer Praxis in Surrey konsultiert, und dann wieder im Februar in London. Sie erinnern sich vielleicht, daß er während des Besuchs ein rechter Unhold war und Sie seine Ernährung umstellten. Innerhalb einer Woche stellten wir eine Veränderung fest: 1. Er beruhigte sich zeitweise, 2. hörten seine Vorderläufe auf zu zittern, 3. schleifte er sein Hinterteil nicht mehr über den Boden (Würmer und Analdrüsen wurden überprüft, ohne Befund).

Nach unserem Besuch im Februar in London empfahlen Sie uns ein Dominanz-Rückstufungsprogramm und Randolphs Probleme mit dem Tierarzt zu besprechen. Er verschrieb einige Bach-Blüten-Heilmittel, die eine große Wende brachten. Wir ließen ihn im April kastrieren. Nun schläft er tagsüber tatsächlich wie ein normaler Hund.

Er hat sich so weit beruhigt, daß er etwa 20 Worte verstehen lernte, aber er hat noch immer seinen Dickkopf. Ihre 'Trainingsscheiben' erwiesen sich als außerordentlich wertvoll. Leider habe ich sie am Wochenende verloren und fühle mich, als fehle mir ein Arm. Bitte senden Sie mir neue.

Vielen Dank für Ihre Hilfe. Wir haben zunächst nicht geglaubt, Randolph behalten zu können, aber er ist nun eine liebenswerte Quelle des Vergnügens. Er wird niemals ein bequemer Hund werden, aber immerhin dürfen wir ihn behalten.'

Tierheimhunde

Einiges von dem, was Sie jetzt lesen, habe ich schon an anderer Stelle in diesem Buch geschrieben, weil die Eingewöhnung eines Tierheimhundes ein eigenständiges, vollständiges Kapitel sein sollte. Leider warten Tausende von Hunden in Tierheimen auf ein gutes Heim. Viele Menschen sind bereit, einen dieser Hunde aufzunehmen anstatt einen Welpen zu kaufen, aber solch einen Hund zu retten ist keine leichte Aufgabe. Der neue Besitzer ahnt die Probleme nicht, die auf ihn zukommen können.

Wählen Sie einen Hund, der zu Ihrem Lebensstil paßt.

Damit diese Menschen ihren neuen Gefährten besser verstehen, wiederhole ich manches aus dem Buch noch einmal in konzentrierter Form.

Jeder hat Mitleid mit einem Tierheimhund. Mangels Informationen durch den Vorbesitzer vermuten wir, daß er an der Autobahn ausgesetzt oder halb verhungert aus einem Gartenhäuschen befreit wurde, oder man hat ihn einer grausamen Familie abgenommen, die ihn vorsichtshalber jeden Morgen verprügelte, falls er was anstellen sollte. Leider gibt es tatsächlich solch traurigen Fälle, aber die meisten Hunde wurden aus guten Gründen im Tierheim abgegeben.

Dieses Kapitel soll Ihnen helfen, Ihren Hund besser zu verstehen und zu begreifen, daß alles, was bisher mit dem Hund passiert ist, Vergangenheit ist. Für Sie zählt nur die Zukunft.

Sicherlich beeinflussen frühere unangenehme Erfahrungen das Verhalten des Hundes. Aber wir müssen begreifen, daß jeder Hund ein Einzelwesen ist und wie er sein neues Leben mit neuen, unbekannten Menschen sieht.

174

Ehe wir den Hund verstehen können, müssen wir zunächst den Unterschied zwischen Mensch und Hund klären. Für Menschen ist es normal, Gefühle wie Trauer und Besorgnis auszudrücken, Hunde tun das nicht. Es ist vollkommen normal für einen Menschen, Gefühle wie Toleranz und Vergebung zu zeigen, Hunde tun das nicht. Es ist vollkommen normal für Menschen, in Zeitabläufen zu denken und voraus zu planen. Hunde können das nicht. Deshalb passiert normalerweise folgendes, wenn wir einen Tierheimhund aufnehmen:

1) Man hat Mitleid und glaubt, dem Hund sei Schreckliches zugestoßen

2) Man läßt dem Hund seinen Willen, weil er sich wohl fühlen soll, keine unangenehmen Erinnerungen durch Maßregelung geweckt werden sollen, ehe er sich eingewöhnt hat.

3) Man nimmt sich vor, den Hund zu erziehen, sobald er sich eingewöhnt hat.

Der Hund lebt JETZT. Er liegt nicht da und grübelt, wie das Leben einst war. Erinnerungen an frühere Begebenheiten werden nur durch bekannte Geräusche, sichtbare Gegenstände oder Gerüche ausgelöst. Eine vertraute Stimme kann Freude oder Angst hervorrufen, ebenso wie die vertraute Form einer zusammengerollten Zeitung oder eines Steckens, der in einer bestimmten Position gehalten wird. Bestimmte Gerüche, wie Holzschutzmittel, können die Angst auslösen, in einem Schuppen eingesperrt zu sein, aber so lange diese Dinge nicht auftreten, gilt für den Hund: 'aus den Augen aus dem Sinn.'
Wir haben einen typischen Parson Jack Russell Terrier aus dem Tierheim. Sobald wir eine Zeitung zusammenfalten, wird sie zum aggressiven Monster. Offensichtlich hatte der Vorbesitzer Chip mit einer zusammengerollten Zeitung bestraft. Eine dumme, erfolglose Methode der Hundeerziehung. Deshalb gerät sie außer sich, sobald wir eine Zeitung falten. Wir könnten sie nun desensibilisieren und ihre Wut übergehen, dafür einen Leckerbissen reichen, bis sie das Zeitungsfalten mit der angenehmen Erfahrung verbindet. Wir haben es uns leichter gemacht, wir falten in ihrer Gegenwart keine Zeitung mehr zusammen.

Dieses Beispiel ist das erste von vielen, bei dem es wichtig ist, den Hund zu verstehen. Wir wissen nicht, was dem Hund vorher zugestoßen ist. Wenn etwas Bestimmtes aggressives Verhalten auslöst, sollten wir nicht unbedingt die Einstellung haben: 'Mich knurrt kein Hund an!' Handelt es sich um eine Angstreaktion, dann verstärkt Strafe die Angst und damit die Aggression.

Grundsätzlich ist der Hund ein zum Haustier gemachtes Meuteraubtier. Die meisten könnten in freier Wildbahn überleben. Streunende oder verirrte Hunde passen sich rasch an ein Wanderleben an, tun sich mit anderen Hunden zusammen und bilden wildlebende Meuten. Glücklicherweise wird das in Großbritannien nicht geduldet. Aber in manchen Ländern werden solche verwilderten Hundemeuten zur echten Bedrohung.

Im verwilderten Zustand bauen sie rasch eine Rangordnung auf. Innerhalb der Gruppe hat ein hoher Rang seine Vorrechte. Die Instinkte eines jeden Rudelmitglieds ändern sich nicht, wenn die Meute aus einer Mischung von Mensch und Hund besteht.

In welcher Umgebung auch immer ein Hund sich wiederfindet, er braucht nur zwei Tage, um sich anzupassen und etwa 14 Tage, um die Umgebung zu erforschen und herauszufinden, wie er seinen Rang aufbauen kann. Wir müssen uns dieser Tatsache bewußt sein, wenn wir einen Hund aus dem Tierheim übernehmen und ihm viel Eingewöhnungszeit lassen, ehe wir die Hausordnung festlegen.

In der wilden Meute frißt der Ranghöchste zuerst, er wählt den Schlafplatz; geht allen anderen durch enge Passagen voraus; führt die Meute an; verteidigt sie und hält sie zusammen. Diese Vorrechte hat auch der Haushaltsvorstand. Dieser Rang gehört rechtmäßig uns, er wird aber allzu oft dem Hund übergeben.

Wenn wir dem Hund diese Vorrechte unbeabsichtigt überlassen, übernimmt er auch die Verantwortung, die die Rudelführung mit sich bringt. Folge ist ein Problemhund.

Die Hinweise zur Rückstufung des Ranges zeigen uns, wie wir all diese Bereiche kontrollieren können.

Der Ein-Hund-Haushalt

Selten übernehmen Menschen die Verantwortung für einen Hund, wenn sie kein festes Heim haben, in dem sie ihn halten können. Vielleicht ist dies ihre erste Erfahrung mit einem Hund, oder die Eltern hatten einen, als sie noch Kind waren. Oft nehmen Menschen einen Hund aus dem Tierheim als Nachfolger für einen geliebten, verstorbenen Hund. Da dies mehr oder weniger auf Sie zutrifft, befassen wir uns nun damit, wie wir den Hund in einen Haushalt einführen, in dem er als einziger Hund leben wird.

Wie schon gesagt, dauert es nur zwei Tage, bis sich der Hund an die Umgebung gewöhnt hat und 14 Tage, um die Schwächen seiner Meutegefährten abzuschätzen, damit er seinen Rang aufbauen kann.

Es dauert meist 4 Wochen, bis der Mensch die Gewohnheiten des neuen Hundes kennt. Bis dahin ist es zu spät: der Hund hat Sie um deutliche zwei Wochen geschlagen!

Was immer Sie auch über seine Vergangenheit denken, er hat sie vergessen. Er hat sich der neuen Umgebung angepaßt und sich gesagt: 'Das ist in Ordnung für mich.' Innerhalb weniger Tage weiß er genau, wo die Vorrechte des Ranghöchsten liegen und kann damit beginnen, sie einzunehmen. Wir vermuten, daß sich der Hund eingewöhnt.

Meist bemerkt niemand, was passiert. Ich zähle gar nicht mehr die Aussagen: 'In den ersten Wochen hat er sich gar nicht gemuckst, und nun bellt er unaufhörlich.' In Wirklichkeit hatte der Hund zunächst nicht das Recht der Verteidigung. Nachdem ihm zwei Wochen lang Vorrechte eines hohen Rangs eingeräumt wurden, hat er nun instinktiv auch die Rolle des Verteidigers übernommen – Sie haben sie ihm gegeben!

Natürlich sollen unsere Hunde bellen, wenn Fremde kommen. In der Wildnis warnen Hunde (oder Wölfe) vor herannahender Gefahr. Bellen soll Hilfe herbeirufen. In einer gut geordneten Meute reagiert der Rudelführer auf die Warnung, der Warner hat seine Aufgabe erfüllt, der Rudelführer trifft nun weitere Entscheidungen. Wenn der Hund nicht aufhört zu bellen, nachdem Sie die Lage überprüft haben, dann sollten Sie darüber nachdenken, warum er das Gefühl hat, verteidigen zu müssen. Als Rudelführer muß es Ihnen überlassen bleiben, wer das Lager betreten darf oder nicht. Als Mitglied Ihrer Meute hilft Ihnen der Hund nötigenfalls beim Angriff auf den Eindringling. Keinesfalls darf der Hund in Ihrer Gegenwart diese Entscheidung treffen.

Im Falle eines Einzelhundes neigt man viel eher dazu, ihn frei im Hause herumlaufen zu lassen, als wären es zwei oder drei. Wir lassen mehrere Hunde sorglos in einem Raum, aber ein einzelner tut uns leid, wenn er so alleine da liegt. Auch wenn wir nur zum Briefkasten gehen. Wir beschwören damit herauf, was der Verhaltenstherapeut Trennungsangst nennt. Wenn wir nicht aufpassen, führt das zu einer Überanhänglichkeit, die es unmöglich macht, den Hund allein zu lassen. Die Trennungsangst drückt sich in verschiedenen Formen aus: Verschmutzen des Hauses, Zerstörungswut, Heulen und Bellen, Türen und Fenster Zerkratzen, um zu entkommen und uns zu folgen. In ernsten Fällen kommt es zur Selbstverstümmelung mit teilweise schrecklichen Verletzungen. Das ist nichts anderes als Nagelkauen beim Menschen, um Streß abzubauen.

Nach meiner Erfahrung ist das bei Tierheimhunden das häufigste Problem. Wie ich schon sagte, neigen wir dazu, wiedergutzumachen, was dem Hund nach unserer Vermutung Schreckliches widerfahren ist. Viele Besitzer lassen den Hund im Schlafzimmer schlafen, anstatt ihn in die Küche zu sperren. Viele nehmen einen Tierheimhund erst gar nicht, wenn nicht ständig jemand im Hause ist, um ihm Gesellschaft zu leisten. Auch hier gilt die 14-Tage Regel, ehe sich Probleme auftun. Weil der Hund 24 Stunden am Tag mit seinen Menschen zusammensein durfte, mit im Schlafzimmer schlief, und von Raum zu Raum folgte, selbst mit uns aufs Klo gehen wollte, glauben wir, ihm nicht zumuten zu können, allein zu Hause zu bleiben. Die Probleme beginnen. Es ist verkehrt, den Hund bei der Rückkehr für Missetaten zu strafen. Wir steigern nur seine Furcht, denn der Hund lernt, alleingelassen zu werden bedeutet nachfolgend Strafe.

Vorbeugen ist besser als heilen. Soll der Tierheimhund Einzelhund sein, fangen Sie sofort mit der Klarstellung der Rangordnung an. Geben Sie dem Hund das Gefühl, geliebt zu werden, aber stellen Sie auch sicher, daß Türen geschlossen werden können, wenn Sie im Hause umhergehen. Vom ersten Tage an lassen Sie ihn 10 Minuten alleine in der Küche, damit er lernt, daß Ihre Rückkehr eine willkommene Belohnung bringt. Das ist genau so, als sagten wir unseren Kindern: 'Ich gehe jetzt einkaufen, wenn Du brav bist, bringe ich Dir was mit.'

Der Mehrhundehaushalt

Hunde sind Menschen haushoch überlegen, was klare Regeln und Ordnung betrifft, wenn wir sie lassen. Sofern der Hund dem Ihren in Rasse, Größe, Alter, Geschlecht und Dominanzgrad nicht ähnlich ist, werden sich die Hunde rasch aneinander gewöhnen und in vollkommener Harmonie zusammen leben.

Zunächst sollte man bei der Aufnahme eines Tierheimhundes daran denken, einen vollkommen gegensätzlichen Typ zum eigenen zu wählen. Man sollte sie auf fremdem Gelände miteinander bekanntmachen, vorzugsweise auf ganz neutralem Grund, damit kein Hund irgendwelche Revieransprüche stellt. Nachdem man ihr Verhalten an loser Leine beobachtet hat, läßt man sie zusammen laufen und Hunde sein. Der eine Hund mag sich dem anderen gegenüber dominant aufspielen, aber das ist normal. Hunde nehmen sich die Rechte, die der andere nicht für sich beansprucht. Sie machen das unter sich aus, wenn man sich nicht einmischt. Die Gefahr besteht dahin, daß wir eingreifen und die Harmonie zerstören, entweder zerbrechen wir die übliche Zeremonie der Rangklärung in dominant/unterwürfig, oder wir schimpfen mit dem einen Hund, weil er angefangen hat und erhöhen damit den Rang des anderen. Normalerweise gibt es beim Austragen der Rangordnung – so wüst sie auch aussehen mag – keine Verletzungen. Es ist wichtig, daß die erste Begegnung an der Leine ziemlich passiv verläuft.

Wurde ein Hund verletzt, sollte man sich fragen, ob die Hunde im Temperament zusammenpassen. Wenn nein, dann lassen Sie sich von den Tierheimbetreuern beraten, ehe Sie eine endgültige Entscheidung treffen. Ihr Entschluß, einen Tierheimhund aufzunehmen sollte nicht damit enden, daß Sie und Ihr Hund an Lebensqualität einbüßen; andauernde Streitigkeiten zwischen den Hunden sind anstrengend für alle Beteiligten. Früher oder später muß eine vernünftige Lösung gefunden werden. Je früher, desto besser.

Verlief die erste Begegnung korrekt und Sie sind der Meinung, daß die Hunde zusammenpassen, lassen Sie sie auch zu Hause Hunde sein. Das Problem liegt darin, daß der Hundebesitzer glaubt, der erste Hund im Hause sollte der Ranghöhere sein. Wir gewähren diesem Hund gedankenlos Vorrechte des Ranghöchsten, das führt zu Problemen. Menschen achten den Älteren, aber Hunde nicht. Sobald sie zu Hause sind, müssen sie ihre Rangordnung austragen. Es hat dabei keine Bedeutung, ob einer davon schon länger im Hause war oder nicht. Wir sollten diese Tatsache hinnehmen. Den falschen Hund zu bevorzugen kann zu großen Schwierigkeiten führen.

Die meisten gut geführten Tierheime betreuen auch noch nach der Übergabe. Der Hundebesitzer sollte diesen Service in Anspruch nehmen, wenn Zweifel auftreten. Ein paar gute Tips können enorm hilfreich sein. Fragen Sie nicht um Rat, kann es dazu führen, daß der Hund zurück ins Tierheim geht und irgendwann eingeschläfert wird, weil es immer schwieriger wird, ein Heim für ihn zu finden.

U

Ungewöhnliche Fälle

Gelegentlich stoßen meine Kollegen und ich auf ungewöhnliche Fälle. Eine Frau förderte die dominante Aggression ihres Rüden, weil sie ihn an der Brust saugen ließ (Ja, Sie haben richtig gelesen, das ist wahrhaftig passiert – und es war ein erwachsener Rüde!). Hunde, die Glühbirnen haßten und einer Person, die drunter herlief auf den Rücken sprangen, um sie mit dem Kopf zu zerschlagen. Hunde, die bei Neumond heulen, auch wenn er bewölkt ist. Doch der ungewöhnlichste Fall, der mir begegnete, war der Hund, der Angst vor Knochen hatte.

Frisky war eine zwei Jahre alte Bull Terrier-Kreuzung. Er hieß ursprünglich B'stard nach einer Fernsehfigur. Die Besitzer änderten seinen Namen, da sie sich genierten, ihn laut im Park zu rufen. Meine erste Reaktion auf Friskys Angst vor Knochen war, gib ihm keine. Doch das Problem lag tiefer. Seine Besitzer, Peter und seine Freundin Claire, brachten jeden Morgen vor der Arbeit Frisky zu Claires Mutter. Dabei kamen sie am Schlachthof vorbei. Jedesmal geriet Frisky in helle Panik. Zerrten sie ihn vorbei, wurde er aggressiv. Da sie kein Auto besaßen, mußte Claires Mutter ihn mit dem Auto abholen.

Seine Angst vor Knochen hatte jedoch nichts mit dem Schlachthof und dem möglichen Geruch des Todes zu tun. Wir haben keine Ahnung, was in einem Hund vorgeht. Später stellte sich heraus, daß sie am vorherigen Wohnort keinerlei Probleme hatten. So wie ich anfangs reagiert hatte, gaben sie ihm keine Knochen. Vor ihrer Ankunft in meiner Praxis legte ich einen frischen Markknochen auf die Wiese vor meinem Büro (ich wollte wirklich selbst sehen, wie der Hund reagierte). Man hatte mich gewarnt, sobald er den Geruch aufnähme, gerate er in Panik und bisse um sich. Zugegeben, ich erwartete die Symptome einer Futter-orientierten Aggression.

Aber wie Unrecht ich hatte! Nachdem ich nun alle Einzelheiten seines Tagesablaufs und seines Verhaltens unter bestimmten Umständen aufgenommen hatte, alles war vollkommen normal, führten wir ihn an einer langen Leine hinaus auf die Wiese. Sobald er den Geruch witterte, wurde er am ganzen Körper steif, die Pupillen weiteten sich, sein Nackenfell sträubte sich, und etwa 10 Sekunden lang verharrte er reglos. Dann brach er in wilde Panik aus. Er warf sich in die lange Leine. Als er nicht weiter kam, tobte er herum. Plötzlich schien er zu bemerken, daß er nicht weglaufen konnte, weil ich die Leine festhielt. Er stürmte auf mich los. Ein wütender Bull Terrier ist eine Sache für sich. Ich setzte all meine Erfahrung und Kenntnis in Hundeverhalten ein, um seinen Angriff abzuwehren. Kurz gesagt, ich geriet in Panik und ließ die Leine los. Frisky rannte durch meine offene Bürotür, die ausgerollte Leine schlug hinter ihm her und trug noch zu seiner Angst bei. Wir fanden ihn hinter einem Aktenschrank, zitternd wie Espenlaub.

Meine ganze Familie hält sehr viel von homöopathischen Heilmitteln, insbesondere der Bach-Blüten-Therapie (S. 81). Deshalb konnte ich Frisky ein paar Tropfen 'Notfalltropfen' gegen seine Angst geben. Das hört sich an, als koche man Fledermausflügel und Drachenpfoten in einem Hexenkessel, aber es hilft wirklich in vielen Fällen. Dies hier war ein Notfall, und da es keine schädlichen Nebenwirkungen gibt, versuchten wir es. Peter und Claire waren überrascht, wie schnell er sich erholte. Obwohl wir den Knochen weggenommen hatten, wollte er am Ende der Sitzung noch immer nicht hinausgehen.

Normalerweise würde ich für derartige Phobien ein Angst-Desensibilisierungsprogramm (siehe Desensibilisierung S. 91) empfehlen. In diesem Fall aber war die Reaktion so übertrieben, die Panik so gefährlich für Hund und Mensch, daß ich diese Therapie nicht für zweckmäßig hielt. Das Problem konnte umgangen werden, aber auf Kosten und mit Hilfe von Claires Mutter. Ich schlug vor, sie sollten sich vom Tierarzt an einen Homöopathen überweisen lassen, der ganz gezielt diese Angst behandelte. Später hörte ich, daß sie das auch befolgten mit starker, aber nicht vollkommener Besserung. Endlich fanden Peter und Claire eine Lösung: sie zogen um, kauften ein Auto und sorgten dafür, daß er niemals in die Nähe eines Knochens kam.

Die meisten Klienten beginnen eine Sitzung mit den Worten: 'Sie sind unsere letzte Hoffnung!' Viele Fortschritte wurden durch die neue Wissenschaft der Verhaltenstherapie erzielt, aber es braucht die Peters und Claires dieser Welt und deren Hunde, um uns zu zeigen, daß wir zwar durch das Studium des Verhaltens die Denkweise des Hundes verstehen, aber wir werden niemals ganz verstehen, wie das Gehirn eines Hundes arbeitet.

Unterwürfigkeit

Dieses Verhalten beschreibe ich in Kapitel 5 unter U, Urinieren. Folgender Fall zeigt, wie man dieses Problem bei einem erwachsenen Hund überwinden kann.

Ähnlich wie im Fall unter Spiele (S. 160) betraf dieser einen 2jährigen Golden Retriever-Rüden, der bei der Heimkehr seiner Besitzer ein Bächlein fließen ließ. Ich stellte nach wenigen Minuten fest, daß es sich um unterwürfiges Urinieren handelte. Es dauerte jedoch einige Zeit, um die ausgesprochen dominanten Hundebesitzer zu überzeugen, daß es sich um nicht beeinflußbares und für einen Hund vollkommen normales Verhalten in Gegenwart eines ranghöheren Tieres handelte. Sie glaubten, er strafe sie dafür, ihn alleingelassen zu haben. Wie Sie sich vorstellen können, schimpften sie bei der Rückkehr stets mit dem Hund, was den Hund in seiner Unterwürfigkeit nur noch bestätigte. Entgegen dem ersten Anschein liebten die Leute ihren Hund sehr und machten sich viel Mühe. Sie verstanden einfach nicht, warum er sich so benahm und es auch nicht unterließ, obwohl er nach ihren Worten wußte, was er falsch machte. Nachdem wir das Mißverständnis zwischen den Spezies (Mensch und Hund) geklärt hatten und sie sich an das folgende Programm hielten, war das Problem schnell überwunden.

Sie sollten die Tür öffnen, aber anstatt sich dem Hund zu widmen, ihn hinaus in den Garten zu sich rufen. Das bedeutete, daß sie keine volle, dominante Erscheinung vor dem Hund darstellten, sondern eher eine unterwürfigere Rückenansicht; außerdem würde er im Garten urinieren, wo es niemanden störte. Anstatt den Hund zu streicheln und zu begrüßen, sollten sie ihn sitzen lassen und mit einem Leckerbissen belohnen. Damit würde er an etwas anderes denken, denn Sitzen für Belohnung lernen Hunde schon sehr früh und schnell, so daß er es auch gut kann. All das sollte die bisherige Begrüßungszeremonie durch neue Erfahrungen bei der Heimkehr der Besitzer ersetzen.

Nun mußten wir das allgemeine Selbstvertrauen des Hundes aufbauen, dazu kehrten wir einige Prinzipien der Rangrückstufung (S. 148) um. Besondere Aufmerksamkeit galt den Wettkampfspielen wie Tauziehen, die der Hund gewinnen sollte. Anfangs wurde mir gesagt, daß der Hund nicht spiele. Ganz einfach, weil er keine Gewinnchance sah. Nun sollten sie, sobald er sich für das Spielzeug oder den Lappen interessierte oder gar zuschnappte, loslassen und ihm das Gefühl des Sieges vermitteln.

Nach ein paar Tagen spielte der Hund mit ihnen Tauziehen und sie berichteten, daß ein deutlicher Wandel in seinem Allgemeinverhalten stattgefunden hatte. Er schien ein wenig triumphierend durchs Haus zu laufen. Ich habe mich gefreut, daß er auch wesentlich weniger urinierte. Sie freuten sich über den erzielten Fortschritt, doch die schönste Belohnung für mich war, daß sie ihren Hund nun ein wenig besser verstanden.

Ich riet ihnen, den Hund nicht allzu hoch in der Rangleiter steigen zu lassen und mich bei eventuellen Problem anzurufen. In einer Konsultation von einer bis zwei Stunden lerne ich meine Klienten recht gut kennen. Viele wurden gute Freunde. Es mag sich deshalb seltsam anhören, daß ich froh war, von diesen Leuten nie wieder gehört zu haben.

184

V

Verstärkung

Es gibt zwei Formen der Verstärkung: positiv und negativ. Eine positive Verstärkung ist etwas, das im Zusammenhang mit der Handlung die Wahrscheinlichkeit erhöht, daß diese Handlung wiederholt wird.

Eine negative Verstärkung ist etwas, das der Betreffende vermeiden möchte. Jeder, der einem beliebigen Tier oder Menschen etwas beibringen will, kann eine der beiden Hilfen anwenden. Ein Verhalten zu trainieren, ob der Hund nun über ein Hindernis springen oder ein Kind ins Töpfchen machen soll, erreicht man am ehesten, wenn man unangenehme Erfahrungen vermeidet.

Leider werden immer wieder neue Erziehungsbücher veröffentlicht, die Neandertalmethoden empfehlen. Ein Teilnehmer einer meiner Korrespondenzkurse in Hundeverhalten und Studienlehrer am Animal Care & Canine Studies Institute (Tierpflege und Hunde Studien Institut, Ascot, England) sollte ein Buch, das kürzlich erschienen war, besprechen. Darin empfahlen die Autoren, wie man am besten einen Welpen in der Nacht beruhigt:

'Wenn er heult, dann schütteln Sie ihn heftig, achten Sie darauf, daß sie den Nacken nicht zurückbiegen. Hilft das nicht, dann ist es Ihr Fehler, weil Sie nicht ärgerlich genug waren. Das Ziel der Übung ist zu ängstigen, nicht zu verletzen.'

Mein Schüler schrieb dazu: 'Ich wage nicht an die Empfindungen dieses sensiblen Welpen zu denken, nachdem er eine solche Maßnahme erfahren hat.'

Karen Pryor, eine amerikanische Expertin für Meeressäuger sagte: 'Strafe ist eine Lieblingsmethode des Menschen. Wenn sich jemand fehlverhält, denken wir zuerst an Strafe. Schimpf mit dem Hund, gib dem Hund einen Klaps, kürze das Gehalt, verklage die Gesellschaft, foltere den Gegner, überfalle sein Land usw.' Das Problem ist aber, was tun wir, wenn wir merken, daß die Strafe nicht hilft? WIR STRAFEN UM SO MEHR!

Bis zu einem gewissen Grade kann Strafe beim Menschen nach einer Tat Erfolg haben. Aber nur deshalb, weil wir logisch denken können – Ich sitze im Gefängnis für ein Verbrechen im vergangenen Jahr. Ich sitze nicht gerne, deshalb werde ich nie mehr etwas Strafbares tun. Andere Tiere besitzen diese Fähigkeit

185

nicht. Deshalb verwirrt sie die Strafe für ein unerwünschtes Verhalten. Manchmal erreicht sie sogar das Gegenteil von dem, das wir beabsichtigten.

Frage:
Mein zwei Jahre alter Deutscher Schäferhund ist sehr aggressiv gegen andere Hunde, wenn ich dabei bin. Egal ob Rüde oder Hündin, Welpe oder erwachsener Hund, sobald er einen Hund sieht, greift er an. Sehe ich den Hund zuerst, rucke ich an der Leine, verlange Fuß, drehe mich um und gehe in eine andere Richtung. Sieht er ihn zuerst, überrumpelt er mich. Ich bin zwar ein großer, kräftiger Mann, aber er hat mich schon ein paar Mal umgerissen. Ich habe ihn zur Ausbildung gegeben. Als ich ihn abholte, rannte er mit vier oder fünf anderen Hunden frei herum und machte überhaupt keinen Ärger. Der Trainer erzählte, daß seine Helferin mit ihm an der Leine durch die Stadt ging, und daß sich der Hund überhaupt nicht an anderen Hunden störte. Keiner der Ausbilder hatte mit ihm Probleme. Ich habe ihn nun kastrieren lassen, aber das machte keinen Unterschied. Glauben Sie, daß er mich beschützen will, und was kann ich dagegen tun?

Antwort:
Schutzverhalten kann eine Rolle spielen. Sie sollten die Hinweise im Kapitel über Rückstufung des Ranges (S. 148) befolgen, damit der Hund Sie als Beschützer des Reviers betrachtet. Ich glaube eher, daß die Art und Weise Ihres Verhaltens den größten Einfluß auf das aggressive Verhalten Ihres Hundes hatte. Die Tatsachen, daß er sich nicht gegen bestimmte Hunde wendet (alle Hunde, egal welchen Status sie haben), daß er frei mit fremden Hunden läuft, daß er mit anderen Menschen nicht aggressiv wird, deuten darauf hin, daß er von Natur aus nicht aggressiv ist. Deshalb muß er das Verhalten gelernt haben, und Sie sind der Auslöser.
Denken Sie aus der Sicht des Hundes. Sobald ein Hund am Horizont auftaucht, geben Sie ihm einen scharfen, wahrscheinlich schmerzhaften Ruck am Halsband und gehen in eine andere Richtung. Da dies nicht passiert wäre, wenn der andere Hund nicht erschienen wäre, muß es Schuld des Hundes sein. Die Gegenwart eines anderen Hundes wird zum Vorboten für eine Stra-

fe. Wenn ich Ihr Hund wäre, würde ich den Hund auch verjagen, ehe Sie ihn sehen. Andere Leute haben ihn nicht bestraft, deshalb zeigte er beim Anblick eines Hundes auch keine Aggression.

Ich kann verstehen, daß der Besitzer unsicher wird, wenn der Hund sich aggressiv verhält. Deshalb reagiert er übertrieben. Es gilt nun:

1) das Vertrauen zu stärken

2) die Erwartungshaltung des Hundes in Gegenwart eines fremden Hundes zu ändern und die Aggression zu mindern.
Dies kann folgendermaßen geschehen:
a) Statt der Halskette ein breites Lederhalsband umlegen, damit keine Schmerzen mehr auftreten können.
b) Von einer kurzen, behindernden Leine umstellen auf eine starke Flexi-Leine. Das erweitert den Freiraum des Hundes und hat deshalb an sich einen beruhigenden Effekt.
c) Legen Sie ihm vorübergehend einen weichen Maulkorb um (Mikki-Maulkörbe sind ideal und im Tierhandel zu bekommen). Damit kann er keinen Schaden anrichten, sollte er unverhofft mit einem Hund zusammenkommen. In erster Linie aber dient er dazu, Ihnen ein Gefühl der Sicherheit zu vermitteln. Dieser Maulkorb behindert die Bewegungsfreiheit der Kiefer, so daß er nicht beißen kann, aber man kann dem Hund einen Leckerbissen reichen, was zur nächsten Stufe gehört (lassen Sie ihn nicht zu lange bei heißem Wetter um).
Gehen Sie mit ihm dreimal am Tag, teilen Sie seine Futterration entsprechend in drei kleinere Portionen auf und nehmen es in einer Plastiktüte mit auf den Weg. In den folgenden Wochen wird der Hund nur bei Spaziergängen gefüttert, mit je einer Portion, nachdem er einen Hund getroffen hat.

Das ganze läuft so ab: Sehen Sie einen anderen Hund, lassen Sie ihn vorstürmen, was er sicherlich aus Gewohnheit tut. Bremsen Sie die Leine erst, wenn er abbremst, damit Sie Ihre Spannung nicht auf den Hund übertragen. Stoppen Sie ihn nur, wenn er zum Angriff ansetzt – durch das Halsband verspürt er keinen Schmerz. Aber sagen Sie nichts Negatives. Rufen Sie ihn sanft zu sich zurück und geben Sie ihm Futter und setzen den Spaziergang fort. Wiederholen Sie das, bis er sein Drittel aufgefressen hat und gehen nach Hause. Halten Sie immer ein wenig Futter in Reserve, falls Sie doch noch einem Hund begegnen.

Das sieht zunächst zwar so aus, als belohnten Sie ihn dafür, den Hund anzugehen, es hat aber in Wirklichkeit einen anderen Effekt. Da er nicht gestraft wird, weder körperlich noch mit Worten, wird er den anderen Hund bald als Vorboten zum Futter betrachten. Sind Sie so weit, daß er Sie anschaut, sobald ein Hund auftaucht, können Sie den Maulkorb ablegen. Sehr bald können Sie die Futterration gegen einen Leckerbissen, ein Spiel mit seinem Lieblingsspielzeug, oder auch nur Lob austauschen.

W

Welpen

Bei der Auswahl des Welpen, besonders im Falle des ersten Hundes, gibt es einige goldene Regeln zu beachten, die sich auf lange Sicht auszahlen.

1) Ehe Sie sich für eine Rasse entscheiden, lernen Sie alles über sie: Auslaufbedürfnisse, Größe und Fell, ererbte Instinkte, fragen Sie sich – ob dieser Hundetyp zu Ihnen paßt.

2) Gehen Sie nur zu einem Züchter, der Ihnen die Mutter der Welpen zeigen kann. Mißtrauen ist angebracht, wenn die Mutter nicht da ist. Vielleicht hat sie Wesensfehler, oder der Züchter ist in Wirklichkeit nur ein Händler und die Welpen wurden irgendwo anders geboren (ich bespreche Welpenproduktionsstätten an-schließend).

3) Wollen Sie einen Familienhund, dann wählen Sie nicht den Welpen, der sofort auf Sie zurennt. Das könnte der dominanteste des Wurfes sein, er WÄHLT SIE. Möglicherweise die erste von vielen Entscheidungen, die der Hund trifft. Haben Sie kein Mit-leid mit dem stillen Welpen in der Ecke, der vom Rest der Wel-penschar nicht beachtet wird. Er könnte zu ängstlich und unter-würfig für das Familienleben sein. Sie brauchen einen Welpen mit Selbstvertrauen, aber nicht zu viel.

4) Verabreden Sie die Abholung mit dem Züchter zwischen der 8. und 9. Woche. Bis zur 7. Woche, der sog. Prägungssphase, lernt der Welpe Hund zu sein. Es ist deshalb außerordentlich wichtig, daß er diese Zeit mit Mutter und Geschwistern verbringt. Zwischen der 7. bis 14. Woche, der Sozialisierungsphase, lernt der Hund in menschlicher Umgebung zu sein. Jede Woche nach der 14., in der Welpen menschlichen Umgang versäumen, bin-den sie zu sehr an andere Hunde. Nach der 14. Woche, sofern sie nicht in einem lebhaften Haushalt mit vielen Besuchern auf-gewachsen sind, können sie unter dem sog. Zwingerkomplex lei-den. Solche Hunde binden sich niemals richtig an Menschen. Auch wenn sie mit uns leben, so bevorzugen sie den Umgang

mit anderen Hunden. Das ist der Typ Hund, den ich nicht unbedingt gerne als Haushund hätte.

Weitere Informationen finden Sie unter Sozialisierung (S. 158).

Nun zurück zu den Welpen-Massenproduktionsstätten, die ich schon erwähnte. Dort züchtet man Welpen nur zum Geldverdienen. Viele werden unter schrecklichen Bedingungen aufgezogen – in alten Wohnwägen, Schrottautos, zugigen Scheunen und Hütten. Die Mütter werden oft schon von den vier Wochen alten Welpen getrennt, um sich rasch für den nächsten Wurf zu erholen. Die Welpen werden in Kisten ohne ausreichend Wasser und Futter zusammengepfercht, zur Autobahn gefahren, wo sie den Händlern übergeben werden. Von dort aus werden sie an ahnungslose Menschen verkauft, die bald feststellen, daß der Hund krank ist – meist leidet er an einer Magen-Darm-Infektion. Bis dahin hat sich die Familie an den Welpen gewöhnt und bezahlt eine Menge Geld, damit er gesund wird. Manche Welpen werden mit eindrucksvollen Ahnentafeln verkauft, aber diese sind meist wertlos, denn jeder kann sich ein Ahnentafelformular drucken und aus einem beliebigen Zuchtbuch Ahnen abschreiben.

Der Hundehandel ist bestens organisiert und macht nach außen hin einen guten Eindruck. Aber wenn ein Welpe zwischen 65 und 90 Mark kostet und dann mit einer falschen Ahnentafel für 650 bis 750 DM verkauft wird, macht es Sinn, sich ein gutes Image aufzubauen, damit das Geschäft auch weiterhin blüht.

Es gibt viele Bemühungen, den Hundehandel zu stoppen, aber das ist schwierig. Es bleibt uns nur, Welpenkäufer aufzuklären. Wenn jeder, der einen Welpen kauft, darauf besteht, die Mutter zu sehen und sich beim örtlichen Tierarzt über den Züchter erkundigt, falls die Mutter nicht gezeigt werden kann, manchmal gibt es ja gute Gründe dafür, dann würde der Absatz rasch stocken, und die Welpenproduzenten wären aus dem Geschäft.

Würgehalsbänder

Immer wieder weise ich in diesem Buch auf Würgehalsbänder oder Kettenwürger hin. Ehe sich die Leser entrüsten, ich weiß, daß man sie heute Zughalsbänder nennt. Zur Zeit des I. Weltkriegs kamen sie erstmals aus Deutschland nach Großbritannien. In einer damaligen Zeitschrift beschrieb man sie als barbarisch und grausam. Viele Jahre lang hießen sie weiter Würgehalsbänder, sogar in den Ausbildungsrichtlinien für Polizeihunde. Ich weiß nicht, seit wann sie nun Zughalsbänder heißen. Dies klingt zwar freundlicher, aber in der Hand des Laien sind es nach wie vor Würgehalsbänder, denn sie tun genau das – würgen. Ich finde es nicht gut, daß man sie in jedem Tierbedarfsladen kaufen kann, ohne Anleitung, wie man sie dem Hund anpaßt, handhabt, ob der Hund druckempfindlich ist usw. (siehe Sensibilität S. 156). Meine Ablehnung beruht auch auf der Tatsache, daß ich viele Hunde erlebe, die ihre Besitzer mit hervorquellenden Augen und blauer Zunge in meine Praxis zerren, weil sie durch das zugezogene Halsband kurz vor dem Erstickungstod stehen – und dennoch zerren sie wie wild. Häufig stelle ich Muskulatur- und Gewebsschädigungen im Nackenbereich fest, hervorgerufen durch den ständigen Druck der Kette. In allen Fällen sagen mir die Besitzer, daß sie die Kette nur gekauft haben, damit der Hund aufhört zu zerren.

Ich habe schon seit Jahren keine mehr benötigt, und halte sie deshalb für unnötig. Sie werden nur deshalb von den Hundebesitzern so häufig gekauft, weil sie allgemein als Standardmaßnahme gegen das Ziehen angesehen werden, ohne daß man eigentlich darüber nachdenkt (siehe Zerren S. 192 für Alternativen).

Z

Zerren

Ziehen an der Leine halten die meisten für ein Erziehungsproblem. Bei der Durchsicht meiner Unterlagen stellte ich interessanterweise fest, daß über dieses Problem am meisten geklagt wurde. Man suchte mich zwar nicht aus diesem Grunde auf, aber fast alle dominanten Hunde zerrten an der Leine und zeigten entsprechende Verhaltensprobleme. Im Abschnitt über Gehorsamsübungen (S. 105) sind Frage und Antwort dafür ein klassisches Beispiel.

Meiner Meinung nach verändert man das Dominanzgehabe eines Hundes nicht, indem man ihn dazu bringt, bei Fuß zu gehen. Reduziert man jedoch die Dominanz, zieht er nicht mehr an der Leine. Der Instinkt befiehlt dem Hund, daß er niemals vor einem dominanten Tier herzulaufen hat. Das gleiche gilt für Menschen. Die Hälfte meiner Klienten absolvierte mit den Hunden einen Ausbildungskurs, wo Leinenführigkeit und Bei-Fuß-Gehen zu den wichtigsten Ausbildungszielen gehört. Warum ist das Ziehen an der Leine dann das häufigste Problem bei dominanten Hunden? Die Antwort ist einfach – zu lernen, was das Wort Fuß bedeutet, bedeutet nicht, daß der Hund auch gehorcht, wenn er seinen Herrn nicht als Rudelführer anerkennt.

Daraus ergibt sich, daß alle Bemühungen, den Rang des Hundes unter den des Herrn zu setzen und all seine Privilegien auf den Herrn zu übertragen umsonst sind (siehe Kapitel 3), wenn man den Hund nach wie vor auf einem Spaziergang vor sich her gehen läßt. Der einfache Akt des Sich-Führen-Lassens anstelle des Geführt-Werdens gibt dem Hund seinen vormaligen hohen Rang zurück. Dazu konstruierte ich vor einiger Zeit eine Halsband-Leinen-Kombination genannt Mikki Walkee (siehe Anhang). Ich fand sie außerordentlich nützlich in Verbindung mit einem allgemeinen Rangreduzierungsprogramm, denn es erlaubt dem Hund natürlich zu gehen und seine Körpersprache zu zeigen, aber er kann nicht ziehen.

Frage:

Mein Berner Sennenhund ist sehr stark – ich bin es nicht! Trotz Erziehung zieht er an der Leine. Will er irgendwo hin,

zieht mich einfach mit. Es ist nicht nur anstrengend, sondern sicherlich auch gefährlich mit ihm zu gehen.
Ich habe verschiedene Halsbänder ausprobiert, aber er kämpft so dagegen an, daß er dabei seine Nase wund scheuert. Was kann ich dagegen tun?

Antwort:

Hunde, die sich jeder körperlichen Einwirkung widersetzen, sind meist sehr dominant. Es wäre klug von Ihnen, Ihren Tagesablauf zu überprüfen und herauszufinden, ob Sie nicht seine Dominanz fördern. Kapitel 3 gibt Ihnen einige Hinweise, wie Sie seine Einstellung ändern können. Mikki Walkee (Anhang) scheint von Hunden, die sonst auf kein Halsband reagieren, sehr gut angenommen zu werden. Im Fachhandel wird es Ihrem Hund angepaßt. Wehrt sich Ihr Hund auch dagegen, müssen Sie es auf andere Weise versuchen, die ebenfalls keine Kraft erfordert.

Viele Hunde sprechen gut auf die Flexi-Leine (Markenbezeichnung) an. Bevor ich die Technik beschreibe, sollten wir verstehen, was in einem ziehenden Hund vorgeht. Sobald der Hund an der Leine zieht, hat er etwas, dem er sich entgegensetzen kann. Daß Druck Gegendruck erzeugt, ist eine bekannte Tatsache. Leicht verständlich, wenn Sie sich vorstellen, jemand wolle Sie am Ärmel packen und wegzerren. Sie würden sich wehren und dagegenziehen. Der wissenschaftliche Name ist negative Thigmotaxis. Stoppt man die Flexi-Leine nicht, gibt sie keinen Widerstand – der Hund kann lediglich schneller laufen als Sie. Durch Zurückziehen der Leine und halbes Drücken der Bremse vibriert die Leine. Dies überträgt sich auf die Vorhand des Hundes. Seine Beine wackeln, und der Schritt wird unterbrochen. Sobald der Vorwärtsschritt unterbrochen wurde, lassen Sie die Bremse frei.

Drei oder vier Wiederholungen bringen dem Hund bei:
1) Es gibt nichts zu ziehen.
2) Jedesmal, wenn er schneller als sein Herr laufen will, fangen seine Beine an zu tanzen, was ihn daran hindert, schneller zu laufen.

Diese Technik erfordert einige Übung. Am besten übt man zu Hause und befestigt die Leine zunächst an einem festen Gegenstand, ehe man sich am Hund versucht. Wenn die Mikki Walkee nicht hilft, können Ihnen die Händler auch die oben beschriebene Technik vorführen.

Zerstörungswut

Frage:
Warum macht mein Hund alles kaputt, wenn ich ihn alleine lasse? Er ist ein drei Jahre alter Mischling namens Ben. Bis etwa vor einem halben Jahr gab es keine Probleme. Dann fuhr mein Mann drei Wochen auf Geschäftsreise. Ben war sehr schlecht gelaunt, als er zurückkam. Danach begann er mit seiner Zerstörungswut.

Antwort:
Er will nicht alleine gelassen werden, ist meine kurze Antwort! Als Ihr Mann verreist war, übernahm Ben die Alpharolle. Sie haben ihm diesen Rang unbewußt zugebilligt – vielleicht durfte er in dieser Zeit im Schlafzimmer schlafen.
Wenn ja, kein Wunder, daß ihm die Rückkehr Ihres Mannes nicht paßte. Drei Wochen mehr Aufmerksamkeit und mehr Privilegien sind mehr als genug, um dem Hund zu zeigen, welche Rolle er in seiner Umgebung spielen kann. Ben muß nun rasch wieder auf den Boden der Wirklichkeit zurückgeholt werden, nicht nur, weil Sie das Recht dazu haben, sondern auch zur Sicherheit Ihres Mannes. Wenn Ben glaubt, in seiner Abwesenheit die Führung übernehmen zu müssen, wird er bei seiner Rückkehr zum Konkurrenten. Lernt Ben aber, daß Sie der Boß anstelle Ihres Mannes während seiner Abwesenheit sind, wird es keine Probleme bei der Rückkehr geben, egal, wie lange er auch weg war.
Was die Zerstörungswut betrifft, einen Hund allein einzusperren, der sich als Boß betrachtet, ist etwa als ob der Lehrling zum Direktor sagt: 'Setzen Sie sich schon mal da drüben in diesen Raum und warten auf mich, ich werde gleich mit Ihnen sprechen.' Es ist unmöglich, daß ein ranghöherer Mensch in einem Raum auf Anweisungen eines rangniedrigeren wartet. Wenn allerdings der Direktor dies dem Lehrling anwiese, würde er selbstverständlich widerspruchslos warten. Ob Sie oder Ihr Mann nun Direktor des Hauses sind, spielt keine Rolle. Wesentlich ist, daß sich Ben seiner Rolle als Lehrling bewußt wird. Es handelt sich

194

also um eine Art Beklemmung, die aber nicht auf Anhänglichkeit beruht. Kapitel 3 gibt Ihnen einige Hinweise zur Lösung des Problems (siehe auch Kauen S. 128).

Zwang

Es ist eine traurige Tatsache, daß Hunde Jahrzehnte lang mit der Einstellung erzogen wurden 'Du Hund, ich Mensch, ich sage du mußt'. Gehorchten sie nicht, wurden sie dazu gezwungen. Das Wörterbuch definiert Zwang folgendermaßen: Durchsetzen eines Verhaltens entgegen dem normalen Wunschverhalten. Das drängt mir kein Bild harmonischen Zusammenlebens zwischen Mensch und Hund auf, wie es sich jeder vorstellt. Interessanterweise bilden wir andere Tiere nicht mit Zwang aus, noch lernen wir selbst unter Zwang. Wir können unter bestimmten Bedingungen Handlungen gegen unseren Willen ausführen, aber wir lernen daraus nur, denjenigen zu meiden, der den Zwang auf uns ausübt. Wir laufen Gefahr, mit diesem Anwendungsprinzip unseren Hunden das gleiche beizubringen. Wäre es nicht besser, den Hund dazu zu bringen etwas zu tun, wofür er belohnt werden kann? Ihm also beizubringen etwas zu tun, weil er es gerne tut? (siehe Verstärkung S. 185).

Frage:

Ich besuche seit einiger Zeit einen Hundeausbildungskurs, trotzdem legt sich mein Hund nicht hin, wenn ich es verlange. Ich habe alles ausprobiert, was man mir geraten hat – ihn hinter den Schulterblättern zu Boden drücken und gleichzeitig mit der Leine am Zughalsband den Nacken herunterziehen und auf die Leine treten, damit der Hund unten bleibt; alles was dabei rauskommt ist ein Ringkampf. Kriege ich ihn dazu, sich hinzulegen, muß ich ihn festhalten. Sobald ich loslasse, springt er wieder auf. Wir sind nun so weit, daß er beim Kommando Platz davonrennt, oder aber an der Leine herumtobt. Können Sie mir einen Rat geben?

Antwort

Sie haben Ihrem Hund beigebracht, daß das Wort Platz Vorspiel zu einer äußerst unangenehmen Erfahrung ist. Das ist eine normale Reaktion aller Lebewesen, auch von uns Menschen. Das heißt, wenn Druck ausgeübt wird, erfolgt automatisch Gegen-

195

druck. Es gibt dafür den herrlich wissenschaftlichen Ausdruck negative Thigmotaxis (Druck erzeugt Gegendruck). Denken Sie aus der Sicht des Hundes darüber nach: als er das Wort Platz zum ersten Male hörte und keine Ahnung von seiner Bedeutung hatte, drückten Sie ihn zu Boden, und er automatisch dagegen. Dieser Widerstand erzeugt mehr Druck, der Ringkampf beginnt. Er hat nicht gelernt, daß Platz hinlegen bedeutet, sondern 'hochdrücken'.

In der Hundeausbildung ist es wichtig, dem Hund beizubringen, was wir in Begleitung eines bestimmten Wortes von ihm wollen. Benutzen wir dazu eine Methode, die Druck ausübt, erreichen wir das Gegenteil, denn er konzentriert sich auf den Gegendruck anstatt auf den Lerneffekt. Ich schlage vor, das Kommando auf 'legen' zu ändern, ein Wort vor dem er keine Angst hat. Bieten Sie ihm einen Leckerbissen unter einem flachen Couchtisch an, so daß er sich legen muß, um ihn zu erreichen. Sein Hinlegen begleiten Sie mit dem Wort 'legen' und geben ihm den Leckerbissen. Nach ein paar Übungen versteht er, was er tun muß, um belohnt zu werden. Danach kann man den Couchtisch weglassen. Im Laufe des Tages wird diese Übung drei- oder viermal wiederholt, ohne den Hund zu langweilen. Sie ist sehr einfach, sehr effektvoll und vollkommen zwanglos.

Anhang

Wohnungszwinger

Hunde sind von Natur aus Höhlenbewohner. Die meisten Familienhunde suchen sich ihre Lieblingshöhle in einer Ecke oder unter einem Tisch. Es ist deshalb sehr vernünftig, wenn Sie dem Hund eine Höhle bieten, die Sie dorthin stellen können, wo es Ihnen paßt. Hunde gehen gern hinein und fühlen sich dort sicher und entspannt. Hat sich Ihr Hund seine Höhle unter einem Tisch oder zwischen zwei Sesseln geschaffen und Sie sperren ihn dann in die Küche, dürfte er kaum ruhig und entspannt schlafen.

Wir wissen, daß wir mit Welpen Entwicklungsphasen durchstehen müssen, wie z.B. die Stubenreinheit oder die Kauphase, die unsere Geduld hart auf die Probe stellen. Ergreifen wir die falschen Maßnahmen, wird der Hund uns gegenüber mißtrauisch. Das letzte, das wir in der Hund-Mensch-Beziehung brauchen können ist Mißtrauen, besonders in der intensivsten Bindungsphase. Doch gerade in dieser Zeit ist der Welpe am anstrengendsten. Den Welpen oder älteren Hund an einen verschließbaren Wohnungszwinger zu gewöhnen ist ideal für die Erziehung zur Stubenreinheit und dem Kauzwang bei Welpen, ebenso bei der Zerstörungswut älterer alleingelassener Hunde.

Der Wohnungszwinger ist ein abgeschlossener Käfig in der Größe des Hundebetts, in dem sich der Hund strecken, aufstehen und drehen kann. Größer ist Platzverschwendung. Eine Lücke in der Einbauküche mit einer beweglichen Barriere als Tür versehen, oder eine ruhige Ecke an anderer Stelle im Haus, die mit einiger Phantasie umfunktioniert werden kann, reicht aus. Die meisten größeren Tierbedarfsgeschäfte verkaufen Reisekäfige aus Drahtgeflecht. Man kann sie flach zusammenfalten und bequem wie einen Koffer überall hin mitnehmen. Außerdem haben sie eine verschließbare Tür.

Besonders komfortabel ist das eigens zu diesem Zweck entworfene 'Wunderheim' (Wonderhome,. Athag Ltd. (UK), Carlyon Road, Atherstone Industrial Estate, Atherstone CV9 1LQ). Es besteht aus einem Fiberglasunterteil, das als Hundebett benutzt werden kann und einem separat rasch darauf anzubringenden Käfig mit Tür. Nach meiner Erfahrung fragen sich Menschen, die ihr Leben lang Hunde hielten, aber erst vor kurzem solch einen

197

Wohnungszwinger anschafften, wie sie wohl jemals ohne ausgekommen sind. Ein solcher, eigens zum Zweck konstruierter, leicht transportabler Wohnungszwinger ist sicherlich eine gute Langzeitinvestition.

Einen Welpen daran zu gewöhnen ist einfach. Besonders vom ersten Tage an. Wird der Hund später daran gewöhnt, sollte die Tür zunächst offen bleiben, damit sich der Hund frei hinein und heraus bewegen kann. Legen Sie vertrautes Bettzeug und Spielzeug hinein und stellen dort den Wassernapf ab. Füttern Sie den Hund im Käfig, ohne ihn zuzuschließen. Sobald er sich von selbst öfter mal reinlegt, können Sie die Tür während der Futterzubereitung schließen. Dann wird er im Käfig bei geschlossener Tür gefüttert. Steht der Zwinger in der Küche und er kommt während des Kochens herein, schließen Sie ihn ein, sprechen mit ihm gelegentlich und reichen ihm einen Leckerbissen durch die Maschen. Der Hund muß sich bei geschlossener Tür im Zwinger befinden, wann immer Sie ihm einen Leckerbissen geben. Er soll lernen, daß die geschlossene Tür auf einen Leckerbissen hoffen läßt. Er darf sich nicht weggeschlossen vorkommen.

In dieser Gewöhnungszeit darf er keine Gelegenheit haben, andere Schlafplätze zu benutzen. Schimpfen Sie nicht mit dem Hund, sondern verbarrikadieren Sie sie und verhindern einfach den Zugang. Halten Sie sich zurück und schicken Sie nie Ihren Hund in den Käfig, wenn Sie sich über ihn geärgert haben. Besonders wenn schon zwei Sekunden nach dem Ereignis vergangen sind.

Diese Art der Isolationsstrafe mag bei einem Kind helfen, den Hund aber verwirrt sie vollkommen – er gehorcht nur, weil er Ihrem offensichtlichen Zorn ausweichen will. Wir sind dann überzeugt, er fühle sich schuldig und wisse genau, was er falsch gemacht hat. Er WEISS ES NICHT, aber er WEISS daß Sie aus unerfindlichen Gründen sauer sind. Wiederholt sich dieses mehrmals, lernt der Hund, daß es nur sinnvoll ist in den Zwinger zu gehen, wenn Sie schlechter Laune sind.

Für den Hund bedeutet die Höhle Sicherheit. Etwas Gemütliches, das er leicht verteidigen kann (instinktiv). Der Zwinger soll zur Höhle des Hundes innerhalb des Lagerplatzes (Ihre Wohnung) werden. Benutzen Sie einen Käfig, erreichen Sie den Höhleneffekt durch ein darüber gehängtes Tuch, das dem Hund feste Wände vortäuscht.

198

Bei den meisten Hunden dauert die Eingewöhnung nur zwei oder drei Tage. Bei manchen vier, aber selten länger. Man sollte nicht drängeln, denn die Vorzüge, wenn ein Hund gerne diese Höhle benutzt, sind enorm.

Hier nur einige Beispiele.

Stubenreinheit des Welpen

Kein Hund beschmutzt gerne sein eigenes Nest, das lernen Welpen schon sehr früh. Welpen müssen häufig Bächlein und Häufchen machen. Sie dürfen nicht zu lange Zeit von ihrem Toilettenplatz ferngehalten werden. Doch man kann den Kleinen in seinem Zwinger einsperren, wenn gerade keine Zeit ist, ihn zu beaufsichtigen. Aus dem Zwinger bringt man ihn geradewegs in den Garten auf seinen bestimmten Löseplatz, wo er seine natürlichen Bedürfnisse unter großem Lob erledigen kann. Je größer die Belohnung, desto schneller der Lernvorgang. Besonders wenn Sie ein Malheur an unerwünschter Stelle vollkommen unbeachtet lassen. Welpen lösen sich genau so, wie Kinder in Windeln machen. Strafe für normales Welpenverhalten stiftet Verwirrung und Mißtrauen und verzögert aufgrund der Furcht des Welpen den Lernvorgang erheblich.

Kauen und Zerstörungswut

Beim Zahnwechsel wollen Welpen kauen, das ist nun mal so. Ausnahmen sind selten. Manche Hunde gehen durch eine zweite Kauphase, wenn sich die neuen Zähne im Kiefer festsetzen, etwa zwischen dem 6. und 9. Monat.
Es handelt sich um ein körperliches Bedürfnis, und in Ihrer Abwesenheit bietet sich ein Tischbein geradezu an. Sperren Sie ihn mit einem erlaubten Kauspielzeug in seinen Zwinger ein, schonen Sie nicht nur Ihre Möbel, sondern auch Ihr Verhältnis zum Hund. Es fällt außerordentlich schwer, einen Hund liebevoll zu begrüßen, wenn Sie die Küche in Stücke zerlegt vorfinden.

Schutz von Besuchern und Kindern

Die Einstellung 'Liebe mich und liebe meinen Hund' ist ziemlich eigensüchtig. Manche Menschen mögen einfach keine Hunde oder haben sogar Angst vor ihnen. Manche reagieren all-

199

ergisch auf Hundefell. Auch wenn sie den Hund lieben, wollen Kinder manchmal ohne ihn spielen. Ein Hund, der sich gerne in seinem Zwinger aufhält, braucht nicht ständig zurechtgewiesen zu werden, weil er aufdringlich zu Besuchern ist oder die Kinder stört. Das heißt nicht, daß er jedesmal weggesperrt wird, wenn jemand kommt – das wäre für den Hund eine negative Erfahrung – aber hin und wieder erhält es Freundschaften, wenn der Hund mit einem leckeren Kauknochen in seinem Zwinger untergebracht ist.

Heiße Hündinnen; schmutzige Hunde nach einem Spaziergang und das Telefon klingelt gerade beim Eintreten; Hunde nach einer Operation; Hotelaufenthalte oder Besuche.
Die Liste ist endlos, wir brauchen den Hund nur richtig daran zu gewöhnen und unsere menschlichen Gefühle zu überwinden, daß der Zwinger ein Gefängnis sein könnte. Wir müssen ebenso begreifen, daß der Zwinger für den Hund ein sicherer Hort ist.

Geräusch-Abwehrtherapie
Im Laufe der Jahre fand ich die Geräusch-Abwehr als wirksames Mittel, ohne Zwang die unerwünschte Tätigkeit eines Hundes zu unterbrechen. Richtig angewandt, gibt sich der Hund selbst die Schuld für die unangenehme Reaktion und unterbricht alles, was er gerade tut. Der größte Nutzen liegt darin, daß der Hund die unangenehme Erfahrung nicht auf den Besitzer überträgt und damit das Verhältnis zwischen Hund und Herrn nicht gestört wird.
Meistens benutze ich etwas, das ich 1984/85 entwickelt habe und 'Hunde-Trainings-Scheibe' nenne. Es handelt sich um verschiedene Bronzescheiben, die einen bestimmten Ton erzeugen. An dem Geräusch selbst ist nichts besonderes – weder Ultraschall noch besonders hoch – es ist einfach ein Geräusch, das sich anders als alle anderen anhört. Trifft dieses Geräusch mit einer bestimmten Tätigkeit zusammen, dann wird der Hund im Laufe der Zeit diese Tätigkeit vermeiden. Die Wirksamkeit dieser Methode beruht vollkommen auf seiner Durchführung. Soll sie erfolgreich sein, muß das Verhalten des Hundes einem absehbaren Muster folgen.
Ich benutze Leckerbissen bei der Einführung der Scheiben. Ich lasse den Hund in meinem Büro frei laufen. Ich sitze auf der

einen, die Besitzer auf der anderen Seite des Raumes. Ich rufe den Hund und gebe ihm drei oder vier Leckerbissen und sage jedes Mal dabei 'Nimm'. Wortlos lege ich einen Leckerbissen vor meine Füße. Will der Hund ihn aufnehmen, werfe ich die Scheiben neben das Futter und hebe beides, Futter und Scheiben, sofort auf. Dabei spreche ich wieder mit den Besitzern und beachte den Hund nicht. Ich möchte nicht mit dem gerade Passierten in Zusammenhang gebracht werden. Ich tue so, als sei der Hund schuld. Zuerst schnüffeln die Hunde weiter nach dem Futter, offenbar haben sie das plötzliche Geräusch und Ankommen der Scheiben nicht bemerkt.

Etwa fünfzehn Sekunden später wiederhole ich das ganze. Nach vier oder fünf Wiederholungen geht der Hund schon und legt sich zu seinen Leuten, wenn ich das Futter auf den Boden lege. Er hatte ein AHA-Erlebnis. Gibt er mir Futter, kann ich es nehmen. Legt er es auf den Boden, dann nicht. Sie lernen, daß das Herangehen an das Futter eine Reaktion hervorruft. Nun braucht man die Scheiben nur noch zu schütteln, um den Hund von seinem Vorhaben abzubringen.

Dieses Geräusch kann dann eingesetzt werden, um jegliches unerwünschtes Verhalten zu unterbrechen. Jedes Mal geht der Hund zu seinen Besitzern zurück. Tut er das, wird er jedes Mal tüchtig gelobt, denn der Besitzer muß immer Sicherheit und Geborgenheit für den Hund bedeuten. Die Scheiben sollten niemals benutzt werden, um Ärger abzureagieren oder als Wurfgeschosse – sie sind lediglich eine Reaktion auf unerwünschtes Verhalten. Es beunruhigt den Hund, und er hat das Bedürfnis, bei seinem Herrn Schutz zu suchen.

Nehmen wir als Beispiel ein Problem und sehen, wie die Scheibe wirkt. Der Hund rast zum Briefschlitz und zerfetzt die Post, mit Ausnahme der Rechnungen. Briefträger und Hunde sind Erzfeinde – ebenso wie der Zeitungsjunge und der Milchmann. Der Grund liegt darin, daß diese Menschen täglich in sein Revier eindringen. Der Hund bellt wütend, sie gehen weg. Der Hund weiß nicht, daß sie auch ohne sein Bellen gegangen wären; er hat in seinen Augen die Eindringlinge erfolgreich abgewehrt. Es genügen zwei, drei Mal und der Hund weiß genau, wann wer kommt. Der ganze Ablauf wird für ihn zu einer einzigen Belohnung. Besucher sind nicht absehbar und gehen auch nicht weg. Leider haben Briefträger, Zeitungsjunge und Milchmann keine Zeit, um sich mit dem Hund anzufreunden; könnten sie es, gäbe es weniger Probleme.

Wie aber können wir Abhilfe schaffen? Wir bitten jemanden, um eine bestimmte Zeit am Briefschlitz zu rütteln. Rast der Hund zur Tür, werfen wir die Scheiben an die Tür (Achtung nicht an eine Glastür!), genau zu dem Zeitpunkt, an dem der Hund dort ankommt. Wir sagen kein Wort. Wir wollen die Aufmerksamkeit des Hundes nicht ablenken. Zehn Minuten später wiederholen wir das, auch diesmal kommen keine Briefe durch den Schlitz. Beim dritten Mal kann ein Brief durchgeschoben werden, aber der Hund wird ihn kaum sehen, denn er ist nicht an der Tür. Am nächsten Morgen müssen Sie rechtzeitig vor dem Briefträger auf sein, denn der Hund kennt den Ton seines Fahrrades oder Autos, deshalb sind die Umstände etwas anders als bei den Übungen.

Nur wenige Hunde reagieren nicht auf die Scheiben. In solchen Fällen benutze ich ein Alarmgerät, das für den Personenschutz entwickelt wurde. Auf einer Gasflasche befindet sich eine Pfeife. Drückt man auf den Sprühknopf, wird Gas frei und die Pfeife ertönt. Man muß aufpassen, daß man dem Hundeohr damit nicht zu nahe kommt, denn manche Hunde bekommen sonst Angst davor. Dieses Gerät kann man nur zur reinen Abwehr einsetzen, während man mit den Scheiben dem Hund so allerlei beibringen kann, wenn das eigentliche Problem überwunden ist. Dennoch ist das Alarmgerät eine nützliche Hilfe, die nach dem gleichen Prinzip arbeitet – unerwünschte Handlungen erzeugen unangenehme Reaktionen.

Dog Training Discs sind u.a. erhältlich bei: Heiland, VET Vertriebsgesellschaft mbH, Albert-Schweitzer-Ring 5, D 22045 Hamburg, Tel. 0049 (0)40 66 987 100.

Andere Abwehrmethoden

Ziel der Abwehr ist, eine bestimmte Handlung für den Hund unangenehm zu machen. Ich bin gegen Elektroschock, es sei denn, das Leben des Hundes hinge davon ab und alle anderen Methoden haben versagt. Selbst dann muß er von einer erfahrenen Person angewandt werden, die die Reaktion des Hundes versteht. Vorher muß der Hund vom Tierarzt gründlich untersucht werden. Diese Methode wird in den USA, Deutschland und vielen anderen Ländern häufig mißbraucht. Hierzulande werden

202

leider an Hundevereine Werbebroschüren über Schockhalsbänder verschickt, und ich fürchte, daß sie in die falschen Hände geraten und als Strafe auf Entfernung angewandt werden. Ich möchte hinzufügen, daß ich solche Schockhalsbänder nicht besitze.

Bei der Abwehrtherapie verlasse ich mich auf Dinge, die keine Schmerzen verursachen und wenn irgend möglich, nicht vom Besitzer ausgehen. Wo Geräusch-Abwehr nicht angewandt werden kann, weil eine dritte Person erforderlich ist, benutze ich Fallen oder Geschmacks-Abwehr.

Nehmen wir an, Ihr Hund durchwühlt ständig den Mülleimer in der Küche. Ein Problem, das nur sehr schwer behoben werden kann, weil das Wühlen immer mit Belohnung für den Hund verbunden ist. Wir können den Eimer natürlich wegschließen, wenn wir nicht da sind, aber damit erteilen wir dem Hund ja keine Lektion. Einmal vergessen wir es, und schon schlägt der Hund wieder zu.

In den meisten Scherzartikelläden gibt es kleine, harmlose Knallfrösche, die durch eine Feder ausgelöst werden. Er kann in diesem Falle durch den Deckel der Mülltonne gehalten werden. Sobald der Druck nachläßt, gibt es eine kleine Explosion. Füllen Sie den Eimer mit Zeitungspapier und legen darauf ein in Soße getränktes Küchenpapier. Der Hund glaubt, es gäbe herrliche eßbare Schätze zu finden.

Sobald er den Kopf in den Eimer steckt, bekommt er durch den Knall einen Schock. Findet er den Mut, den Kopf noch einmal hineinzustecken, gibt es keine Belohnung. Zwei oder drei gezielte Wiederholungen, und der Hund legt diese Angewohnheit ganz schnell ab. Wie jede andere auch, wo diese Methode angewandt werden kann.

Geschmacks-Abwehr kann man anwenden, wenn der Hund gerne gefährliche oder äußerst wertvolle Dinge anfrißt (immerhin ist Kauen ein lösbares Verhaltensproblem). Das Benagen von Elektrokabeln fällt mir in diesem Zusammenhang ein. Dafür benutze ich etwas, das 'Bitter Apple' heißt. Man verhindert damit das Benagen von Bandagen, Wundenlecken und alles andere, sofern es richtig angewandt wird.

Kaufen Sie zunächst ein billiges Parfüm, das Sie gut verdünnt in eine Sprühflasche geben. Dann brauchen Sie eine Flasche Bitter Apple und ein Papiertaschentuch. Tränken Sie es mit Bitter

Apple und legen es auf den Boden. Ein paar Zentimeter vor dem Tuch sprühen Sie das verdünnte Parfüm auf den Boden und rufen den Hund. Bis er am Tuch angekommen ist, haben seine empfindlichen Geruchszellen den Parfümduft schon erfaßt. Stecken Sie das Tuch in seinen Fang und halten ihn ein paar Sekunden lang zu – bis der Hund es ausspuckt. Er wird niesen, speicheln, spucken, seine Nase auf dem Teppich reiben und versuchen, den ekelhaften Geschmack loszuwerden.

Bitter Apple kann dann auf alles (ausgenommen polierte Flächen), das Sie schützen wollen, gesprüht werden. Sprühen Sie stets ein paar Zentimeter vor dem Gegenstand das Parfüm auf den Boden. Der Hund kommt heran, riecht das Parfüm und erinnert sich an den häßlichen Geschmack, der dem Geruch folgte. Das Parfüm dient zur Vorwarnung vor allem, an das der Hund nicht herangehen soll, auch wenn Sie letztlich das Bitter Apple gar nicht aufgesprüht haben. Für unsere Nasen verschwindet der Parfümduft, aber für die Hundenase ist er noch lange, lange Zeit vorhanden.

Dann gibt es noch Wasser. Wir arbeiten nach dem gleichen Prinzip, daß Aktionen Gegenreaktionen hervorrufen. Ein im rechten Moment genau gezielter Wasserspritzer aus einer gründlich gesäuberten Sprühflasche hat auf manche Hunde eine großartige Wirkung. Viele Leute glauben, es nütze bei ihrem Hund nichts, da er Wasser liebe. Aber ein kurzer, scharfer Strahl gegen die Nase ist etwas ganz anderes als im Rasensprenger rumzutoben oder aus dem Wasserschlauch zu trinken.

Wie bei allen Abwehrmethoden ist die Durchführung entscheidend, ebenso darf sie nie als Bedrohung oder Ausdruck von Zorn verwendet werden. 'Aktionen führen zu Gegenreaktionen' ist das Motto bei der Anwendung von Abwehrmaßnahmen.

Mikki Walkee (Halsband-Leinen-Kombination)

Es handelt sich um eine Kombination von Halsband und Leine. Sie ist das Ergebnis fast 20jähriger Forschung von meiner Frau Liz und mir, um ein wirksames Mittel gegen das Ziehen zu entwickeln, ohne daß der Hund gewürgt wird oder Druck auf den Nasenrücken bekommt. Es beruht auf dem Halfter-Prinzip und der alten Tatsache, je höher das Halsband sitzt, desto weniger Widerstand erfolgt. Mikki Walkee wurde bei vielen Rassen erprobt und befolgt das Prinzip: Der beste Weg ein Tier zu führen ist, am wenigsten Widerstand zu erzeugen. Die Mikki Walkee wird durch ein Nasenband gehalten, und der Hund wird kurz unterhalb des Ohres geführt. Das wichtigste an dem Modell ist ein Clipverschluß. Wurde Mikki Walkee dem Hund angepaßt, wird weder an der Kehle noch sonstwo am Kopf des Hundes Druck ausgeübt. Aus der Sicht des Hundes gibt es keinen Druck, dem er Gegendruck entgegen bringen kann. Folge: ruhigere, besser zu kontrollierende Hunde.

Paßt man schon dem Welpen ein Mikki Walkee an anstelle des traditionellen Halsbandes, wird er niemals lernen zu ziehen. Das bedeutet, daß das Problem später auch nicht korrigiert werden muß (am häufigsten beschweren sich Hundebesitzer, die sich einem Hundeausbildungsverein anschließen, daß ihre Hunde an der Leine ziehen). Mikki Walkee wächst mit dem Welpen mit, man braucht deshalb nicht ständig neue Halsbänder und Leinen zu kaufen.

Mikki Walkees sind in großen, gut assortierten Tierbedarfshandlungen erhältlich.

Association of Pet Behaviour Counsellors (Verband der Heimtierverhaltenstherapeuten)
In Kapitel 1 erwähnte ich die Gründung dieses Verbandes. Ich bin stolz darauf, ein Gründungsmitglied zu sein. Meine Praxis hat seitdem erheblich zugenommen, und mit Hilfe meiner Kollegen können wir nun den Tierärzten in London und Südengland unseren Service anbieten.

Vieles, was ich in diesem Buch beschrieben habe, kann auch ohne Beratung durch einen Experten bei Problemhunden angewandt werden. Aber einige Probleme, insbesondere im Zusammenhang mit Aggression, müssen sorgfältig geprüft und ein entsprechendes Rehabilitationsprogramm erarbeitet werden. Wenn Sie Zweifel haben, wie Sie Ihr persönliches Problem überwinden können, dann sollten Sie zunächst mit Ihrem Tierarzt sprechen mit dem Ziel, Sie an ein Mitglied der APBC (oder V.I.E.T.A., siehe Seite 206) zu überweisen.

Die Stärke der APBC liegt in der Vielfalt der Erfahrungen, die seine Mitglieder einbringen. Tiermedizin, Psychologie und klinische Psychologie, Biologie, Zoologie, Ethnologie – ebenso wie Fachleute in der Hundeausbildung, die viele Jahre Erfahrung in der Polizeihund-, Blindenführhund-, Behindertenhund- und

Heimtierausbildung haben. Dem Verband sind auch einige der international führenden Verhaltenswissenschaftler angeschlossen, unterstützt durch ein Team von wissenschaftlichen und tierärztlichen Beratern.

APBC, The Hon Secretary, Association of Pet Behaviour Counsellors, 157 Royal College Street, London NW1 9LU.

Aus dem deutschsprachigem Raum wenden Sie sich bitte an Ihren Tierarzt oder schreiben Sie an: **V.I.E.T.A.** (Verband der I.E.T.-Absolventen).

V.I.E.T.A. ist der größte Verband von tierpsychologischen Beratern und Beraterinnen für Heimtiere im deutschsprachigen Raum. Gründer und Präsident ist der bekannte Verhaltensforscher und Tierpsychologe Dr. sc. Dennis C. Turner. Die Mitglieder haben alle den berufsbegleitenden I.E.T.-Weiterbildungskurs besucht und erfolgreich mit Zertifikat abgeschlossen. Durch weltweite Kontakte sind Kursteilnehmer und Mitglieder immer über die neusten Erkenntnisse der Heimtier-Ethologie und Tierpsychologie informiert. DCT-INFO, ein vierteljährlich erscheinender Newsletter, informiert über Kursdaten, Verbandsaktivitäten, Adressen von kompetenten Beratern und Beraterinnen, Heimtierprobleme, neuste Themen aus der Wissenschaft (populär geschrieben) und vieles mehr.

Weitere Informationen über V.I.E.T.A., Kurse und DCT-INFO erhalten Sie bei: I.E.T., Vorderi Siten 30, Postfach, CH-8816 Hirzel, Fax 0041 (0)1 729 92 86.

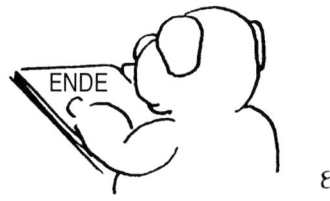

ENDE

ε.